생태적 회개

사)한국가톨릭문인협회
2024년 사화집

황금마루

생태적 회개

• 발간사 •

진리를 향한 희망의 외침으로

이인평 아우구스티노 이사장

　사단법인 한국가톨릭문인협회 회원 여러분, 안녕하십니까? 한 해를 마무리하면서 추수한 2024년도 사화집 『생태적 회개』를 출간할 수 있게 된 것을 하느님께 깊이 감사드립니다. 원고를 모집할 때부터 주제를 〈생태·희망〉으로 잡았는데, 이는 자연환경과 인간의 내적 상태가 날로 황폐해 가는 것에 대해 의식하지 않을 수 없기에 제시한 주제입니다.
　이미 여러분도 아시는 바와 같이 프란치스코 교황께서도 '생태적 의식'은 자연스럽게 '생태적 회개'의 단계에 다다르게 되었고, 인간이 편리성을 추구한 나머지 오히려 과학 문명의 속도를 따라갈 수 없을 정도로 세상이 점점 삭막해지면서 절망감을 증폭시키는 사이에 더욱 희망이 필요한 메시지의 반영임을 공감하게 합니다. 재물의 욕망에 사로잡혀 끊임없이 훼손되고 파괴되는 자연의 위험성을 경고하면서 근본적으로 반성과 회개를 통해 창조 질서의 악순환에서 돌아서야 한다는 것에 대한 동참을 요구하는 사명감을 일깨워주고 있습니다.
　하느님께서 창조하신, 인간에게 필요한 아름다운 자연환경이 지금 순간에도 지각없이 파괴되고 있다는 사실을 외면할 수 없는 절박함에 대해 가톨릭 문인으로서 말해야 하는 문학적 가치는 교황님의 생각과 맥이 같은 것입니다. 그러므로 이번 주제인 〈생태·희망〉은 우리 앞에 직면한 참된 삶의 가치를 생각하게 하는 주제이면서 전 지구적 암울한 미래를 예감하여 어떻게 하면 하느님이 보시기에 좋은 방향으로 희망을 이루어나갈 것인가를 판단해 보게 합니다.

이미 수많은 학자와 자연환경 전문가들이 지구가 얼마나 중병을 앓고 있는지의 위험성을 학술적 이론과 수치로 제시하고 있지만, 신앙을 지닌 우리 문인들이 느끼고 있는 감성적이고 영적인 촉각으로 말해주는 문학 작품들은 독자들에게 더욱 심층적으로 밀착된 공감대를 불러일으킬 것입니다. 그러기에 작가로서 말하지 않을 수 없고 쓰지 않을 수 없는 사명감으로 작품성의 기량을 발휘해야 하는 목적의식이 언어로 표현되어 태어난 것입니다.

바로 여기에 부합하는 작품들이 이번 사화집에 담겨 있습니다. 작품 곳곳에 표현된 대다수 회원의 의식이 생태적 회개에서 출발하여 진리를 향한 희망의 외침으로 예언자적 목소리를 지니고 있고, 주제에 따른 핵심의 언어를 다양하게 묘파하면서 이미 각자의 삶에서 보고 느끼고 체험한 생각들이 모자이크처럼 그려져 있습니다. 작금의 자연환경 상태는 바로 우리 시대의 가장 심각한 문제인 까닭에 장차 지금 말하지 않으면 안 되는, '생태적 회개'라는 지침이 필요했던 현실에 대해 더는 늦출 수 없는 경종을 울려주고 있기에 그만큼 소중한 결실이 아닐 수 없습니다.

사실 모든 환경 문제는 자연과 인간의 갈등을 보여주고 있습니다. 이는 곧 하느님을 대적하고 있는 갈등이면서 하느님의 뜻을 거스르고 배반한 양상이기도 합니다. 누군가 하느님의 입장을 말해야 하는데 자기 입장에 치중한 나머지 하느님을 외면해버림으로써 생태계의 파괴와 미래에 대한 절망을 합리화해 버린다면, 결국 그럴 수밖에 없다는 청맹과니 같은 처사들이 끝내 세상을 책임질 수 없는 곳으로 견인한다는 것을 생각할 때, 우리의 적극적인 외침은 바로 하느님의 뜻을 알아차린 예언자적 결실이기도 합니다.

이 사화집 안에는 안타깝게도 이미 고인이 되신 회원들의 작품도 함께 들어있습니다. 끝까지 환경에 대해 외치는 목소리가 거듭 울려 오기도 하였습니다. 모든 작품은 끝내 유작일 수밖에 없기도 하다는 생각에 이르면, 이 한 권의 사화집은 훗날에도 우리 협회에 부여된 공동체의 울림을 지니고 있으리라는 것을 깨닫게 합니다. 세월이 덧없이 흐를지라도 함께 마음을 모아 발간한 이번 사화집이 오래오래 각별한 의미의 숨결을 지니고 있을 것이기 때문입니다.

매년 발간하는 사화집은 대대로 소중한 결실입니다. 옥고를 보내주신 회원 여러분께 깊이 감사드립니다. 내년에는 더 많은 회원의 원고가 실리기를 바라겠습니다. 이번에도 표지를 입혀주신 조광호 신부님께 감사드립니다. 제목 글자는 영남일보사에서 만든 '구상시인체'에서 집자하였기에 감사드립니다. 바쁘신 중에도 원고 모집과 장르별 취합, 편집, 교정, 교열에 애쓰신 임원 여러분께도 감사드립니다. 또한 이 자리를 빌려 우리 협회의 발전을 위해 그간 물심양면으로 도움을 주신 분들께도 거듭 감사의 말씀을 올립니다.

앞으로도 모든 회원이 은총 안에서 건필하기를 손 모아 빌겠습니다. 문학적 보검을 뽑아 진리를 사수하는 다양한 창작을 통해 하느님의 뜻을 의식하고 찬미하는 주제들로 풍성한 보람을 누리기를 기도하겠습니다. 감사합니다.

· 목차 ·

발간사　　　　　　　　　　　　　　　　　　　　4

시

강계순 크리스티나	나무의 노래	20
강병숙 안젤라	콜럼버스의 공중부양	21
강영순 소화 데레사	명동성당 웨딩마치	23
강진주 로사	가면 이벤트	24
강현주 아녜스	소리는 덤이다	26
고명지 데레사	빗방울 전주곡	27
고연희 베로니카	그늘 방	28
고정애 헬레나	생각의 차이	29
권영춘 바올로	축복받은 씨앗 한 알	30
금시아 세실리아	흙터지느러미	31
김경숙 세실리아	시작은 또 다른 끝자락에	32
김경인 안젤라	소의 휴일	33
김계영 레지나	둥굴래 마을	35
김귀자 마리아	보이지 않는 길	36
김도연 아녜스	자연의 품에 안겨	37
김동연 베로니카	처서	38
김맹선 모니카	오열하는 오월	39
김문중 필로미나	가을 하늘	40
김석호 다미아노	천사로 솟은 해	41
김선진 안젤라	우리가 잊고 있는 사이	42
김성춘 비오	시인과 새	43

김수복 스테파노	은하수 흘러가다	44
김숙경 크리스티나	'어깃장 꿈'	45
김숙자 소화 데레사	애호박	46
김애란 비비안나	희망, 날다	47
김영순 율리안나	'강릉 바다 부채길'	48
김영자 클라라	늙은 어부 방코센	49
김예태 글라라	시험 보는 날	50
김오민 데레사	강릉, 여섯 개의 달	51
김용하 필로미나	나무 교향곡	52
김월준 파스칼	숲을 생각한다	54
김윤하 엘리사벳	구애 세레나데	55
김윤희 이레네	안부	56
김은 모니카	파라다이스	57
김인숙 로사	봄의 시력	58
김재홍 사도 요한	밥 한 톨	59
김정인 아녜스	왜 여기에 있는가	60
김정자 베아따	달맞이꽃 노을	61
김조민 안토니오	내 이름이 꽃처럼 피어났다	62
김주혜 비비안나	다시, 길 위에서	64
김준식 마오로	바람을 기억하며 한 생을 산다	65
김지훈 안토니오	십자가의 길	66
김철호 다니엘	해녀 찬가讚歌	67
김춘성 F살레시오	궁휼으로 가는 개망초	69
김춘호 프란치스코	끈	70
김태호 라우렌시오	솔씨 하나가	71
김현정 막달레나 마리아	양파의 시	72
김현주 아녜스	빛나는 봄	73
김혜순 젬마	살붙이 '겨레'	74
김효정 베로니카	빙산이 녹는 속도	76

김후란 크리스티나	지구는 살아있다	77
나고음 크리스티나	너 아니면 누가	78
남민옥 데레사	참나리꽃	79
노강 아가다	감나무 산통이 있었다	80
노미영 글라라	희망	81
도종환 아우구스티노	상선암에서	82
마정임 오틸리아	희망의 아이콘	83
마해성 시릴로	소원 기도	84
박복금 스콜라스티카	아연을 품다	85
박봉준 요셉	단풍 밥상	86
박상옥 시몬	이사 가는 날	87
박수화 마리아	소설 무렵	88
박온기 실비아	숲의 세계	89
박종국 베드로	비 때문에	91
박진호 치릴로	희망	92
박현숙 세실리아	이제, 그만	93
방지원 세실리아	소명召命	94
배종영 마태오	모여있는 생태生態들	95
배효주 엘리사벳	우기	96
백옥희 데레사	자기소개서	97
변재섭 안토니오	새똥 철학	98
서복희 로사	정직한 세월	99
서정순 요안나	달밤 명상	100
서혁수 스테파노	거룩한 낮과 밤	101
성정희 아녜스	숲의 찬가	102
손현진 요셉피나	성체 현시	103
송경애 발바라	싱크홀	104
송미란 프란체스카 로마나	서이말 등대	105
송병숙 에스텔	사막여우	106

송복례 헬레나	냉이꽃	107
송영미 마크라	진리의 생명 꽃	108
송종근 알렉산더	제주도	110
신경희 마리안나	희망이 꽃피고 있었구나	111
신달자 엘리사벳	침묵 피정	112
신정 까르멜다	석벽石壁 끝에 핀 꽃	114
신중신 다니엘	원더풀 가창오리 떼	115
심정자 세라피나	생태 공원에서	116
안서경 아녜스	변명	117
안용석 안드레아	잠겨버린 희망	118
안윤자 벨라뎃다	바다에 내리는 비	119
양미숙 에스델	이팝나무 꽃말	120
염경희 마리아	새벽 미사 가는 길	121
염형기 스테파노	테살코스테	122
오두섭 펠릭스	새하얀	123
오정국 다니엘	재의 얼굴을 노래하다	124
오정숙 라파엘라	하얀 연기	125
오주리 로사	장미의 고사枯死	126
원유존 마르코	남극을 날다	127
유수화 아녜스	달마중	128
유안진 글라라	뭔가 잘한 듯이	129
유혜련 아녜스	걷기 14	130
윤평현 세례자 요한	신망애信望愛 집	131
윤호병 빈첸시오	발렌타인 성인에게 바치는 기도	132
이경애 로사	빈자의 제물	133
이경철 암브로시오	강화 동검도東檢島 채플	135
이광용 암브로시오	열대야	136
이권형 바오로	지난	137
이금연 제노비아	작은 천사의 미소	138

이기영 바오로	설화산 5월 비빔밥	139
이도훈 바오로	스크램블	140
이돈배 베르나르도	청성곡淸聲曲	141
이만형 라르고	축복을 향하여	142
이명림 엘리사벳	희망	143
이명옥 마리아	그루터기에 축복이 피어나다	144
이문진 스테파노	자귀나무 꽃그늘 아래서	145
이방원 헬레나	주님의 자비	146
이봉하 티모테오	아무렇지도 않다는 듯이	147
이서은 노엘라	나비의 작은 날갯짓	148
이수산 수산나	기원祈願	149
이순옥 세레나	봄날의 서정	150
이순희 도미니카	순례자의 길	151
이승남 율리아나	시 지어 가는 숲	152
이승용 데레사	그'곳'	153
이승필 글라라	외로운 별	154
이승하 프란치스코	침묵으로 소통하다	155
이신강 발바라	이영순 엘리사벳	157
이안옥 요안나	새롭게 하소서	158
이애진 수산나	시간의 흔적	159
이옥진 글라라	해무	160
이은봉 아우구스티노	녹두 알 너덧 되	161
이인평 아우구스티노	쇠뜨기	162
이정옥 베아타	아름다운 축제	163
이정희 요안나	감나무	164
이철희 세례자 요한	사람의 길	165
이해인 클라우디아	산과 바다에서	166
이현원 베드로	도로 위의 십사가	167
이화은 요안나	이 시대의 파수꾼들	168

임병호 안토니오	고향에 와서	169
임수향 데레사	그러므로 빛나리라	171
임지현 마틸다	지우개	172
장순금 젬마	악수	173
전길구 라파엘	스노우 사파이어	174
정병운 바오로	들꽃 예찬	175
정성완 레오나르도	가을 나비	176
정연순 에우프라시아	사해에서 듣다	177
정영숙 아녜스	2024, 새해기도	179
정운헌 율리아	몽돌해변에서	180
정정례 율리안나	꿈틀꿈틀한 식사	181
정주연 베로니카	참 좋다	182
정지윤 베로니카	무시할만한 수준	183
정채원 로사	북극의 8월	184
정해현 베네딕도	오솔길 옆 개구리 바위	185
정혜영 글라라	중력과 은총의 마가렛	186
정호승 프란치스코	마음이 가난해지면	187
정호정 글라라	너의 이름은 지상선地上仙이니	188
조갑조 아녜스	한 곳으로 부는 바람	189
조순애 마리아	계약	191
조육현 미카엘	사랑의 향기	192
조창환 토마스 아퀴나스	꽃을 보며	193
조희철 토마스 아퀴나스	빌바오 순례길	194
지시연 체칠리아	나무 수저의 기도	195
지연희 카타리나	은총	196
최복주 세레나	호카곶	197
최연희 루갈다	뽑힌 못을 펴며	198
최영희 율리아나	대정 성지	199
최재환 본시아노	이승에서 못다 부른 노래 5	200

한경 줄리아	노인과 낙타	201
한명림 헬레나	천사가 내 곁에	202
한상호 마르첼리노	포클레인에게	204
한이나 바울리나	벼를 기리며	205
허진아 말지나	봄의 현상학	206
허형만 가브리엘	새벽	207
홍경자 베로니카	언어 쓰레기	208
홍보영 엘리사벳	생태 희망	209
홍선기 젬마	성난 지구	210
홍윤 마리아 세라피나	건넌다는 것	211
홍정숙 리디아	까치	212
홍정희 오틸리아	희망	213
황사라 사라	신생	214

시조

김선희 베로니카	마음과 힘겨루기	218
김애자 바르바라	끝날의 소망	219
김창선 세례자 요한	단샘 정원	220
안승남 레지나	계곡의 소나무	221
이경애 카타리나	우리는 하나	222
이용식 안토니오	수액걸이	223
진길자 베로니카	꽃의 마음	224
최성진 프란치스코	마음 빨래	225
최언진 마리아	텃밭에서	226
한분순 글라라	풋마음이 낫는 냄새	227
홍성란 카타리나	어린 고라니	228

수필

강경애 스콜라스티카	마음의 문	230
강해련 유스티나	봄날은 간다	233
김경란 소화 데레사	아버지께 바라는 오직 한 가지	236
김계남 아녜스	생태환경을 지키는 핵심	239
김방윤 소화 데레사	숲의 속삭임	243
김병호 베드로	너의 희망이 무엇이뇨?	245
김산춘 사도 요한	희망의 순례자	249
김옥진 비비아나	음악과 나	251
김정철 대건 안드레아	피아노처럼	254
김치헌 바오로	생태적 회개	257
김태실 글라라	지구의 호흡법	260
남상숙 소화 데레사	기도가 기도를 부르네	263
노혜옥 아녜스	대대로 희망	266
박경옥 베로니카	나 하나 꽃 피어	269
박경희 미카엘라	소나기와 스콜	272
박금아 루치아	댕댕이 신 한 켤레	275
박순옥 세레나	텃밭 학교	278
박순자 엘리사벳	마음길	282
박온화 루시아	희망바라기 꽃	285
박치인 카리타스	어찌 이리 굼뜨냐?	289
소해경 엘리사벳	신비한 비밀	291
송동균 바오로	맑은 대화	294
안영 실비아	피조물 보호를 위한 기도	296
안홍진 알퐁소	목마른 사람들	299
오길순 안젤라	빈첸시오, 그와 춤을 추다	302
유영숙 헬레나	나의 케렌시아	305
음춘야 글라라	두 마음	308

이성림 프리스카	벌목, 틈새의 미학	311
이순아 도미니카	현충원에서	314
이순향 카타리나	패랭이꽃	317
이영우 안젤라	발톱 깎기	321
이영일 젤뚜르다	공동의 집 지구를 살려야 합니다	324
이예선 세라피아	생명들의 하모니	327
이인옥 체칠리아	너의 희망이 무엇이냐?	331
이종옥 엘리사벳	나도 이제 늙었는가 보다	334
정택영 에드워드	열대야 신기록	337
조광호 엘리지오	시간이 그리 많지도 않습니다	341
조한금 카타리나	따고 또 땄다!	344
조한순 마리아 막달레나	이웃집 언니	347
최경자 카타리나	손녀의 마음은 진심이었다	350
최점순 헬레나	생태 위기와 꿀벌	354
최현희 골롬바	천국의 기쁨	358

소설

구자명 임마꿀라따	비 내리는 고모역	362
김은제 리디아	까마귀	366
박광호 모세	환경지킴이 신부님	374
신말수 비비안나	좀머 씨가 걷는 길에는	380
유시연 레아	식물의 비밀	385
이명환 사도 요한나	한반도는 그 자체가 아픔이었습니다	389
전경애 젬마	사랑의 목동	395
정효모 베드로	파멸로 가는 지구	399
최의선 세실리아	홍수	403
홍양순 레지나	나비	407

동시

강순아 레지나	달팽이	412
고영미 세라피나	새해 인사	413
김영 요비타 엘리사벳	물으신다면	414
박광희 소피아	이래서야 되겠어?	415
서희경 세실리아	질소	416
선용 베드로	꽃잎 하나	417
신정아 스텔라	허리 굽힌 나무	418
안종완 테오도라	지렁이의 말	419
오원량 카타리나	버려진 의자	420
이경애 레지나	봄날	421
정금윤 요안나	손뼉	422
정두리 세라피나	고맙다	423
정화 미카엘라	희망의 초록 세상	424

동화

김율희 임마누엘라	모니의 기도	426
박명영 카타리나	동이의 오이도 선사시대	431

희곡

전옥주 가타리나	병아리가 된 부활달걀	438

평론

구중서 분도	신경림 시인을 보내며	448

시

나무의 노래

강계순 크리스티나

멈출 수 없구나
그대 사랑하는 일 나는
멈출 수 없구나
온몸에 푸른 핏줄 세우고
부끄러이 충혈한 꽃망울 터뜨리고
조금씩 키 높이면서 그대에게로 가는 일
겨우내 기진했던 잠
잠 속에 갇혀서 얽혀 있던 천 갈래의 소리
모두 풀어헤치고 그대에게로 가는 일
멈출 수 없구나
온 세상 적시면서 오는 비 온몸으로 받고
껍질 하나씩 아프게 찢으면서
스스로 자라나는 부드러운 팔, 터지는 울음
나날이 깊이 젖으면서 나는
멈출 수 없구나
온몸 구석구석 등불을 켜고
금빛 후광에 싸여서 다가오는
그대 옷자락 한 손에 잡고
긁히는 바람 돌로 치는 징벌에도
그대 사랑하는 일 나는
멈출 수 없구나

콜럼버스의 공중부양

강병숙 안젤라

세비야대성당 중앙 통로
레온, 카스티야, 나바라, 아라곤 왕이
그의 관을 떠받치고 있다
500년 동안이나
수백 명의 관광객이 그를 보러
아니 이 광경을 보러 몰려온다

죽어서도 스페인 땅에 발을 닿지 않겠다는 선언이
기이한 형태의 무덤을 탄생시켰다
그의 유언을 존중한 후손들
세비야대성당에 공중부양으로 관을 안치했다

흙의 품으로 돌아가야 할 몸이 공중에서 미이라가 되어
그는 연옥의 고통을 감내하고 있다
신대륙개척이라는 미명아래 원주민의 삶의 터전을 빼앗은 자
빙하가 녹아 북극곰과 남극의 펭귄을 울부짖게 한 원인 제공자의 형벌

자연을 공존의 벗으로 소중히 여긴
시애틀추장*의 절규가 옳았다
빛나는 솔잎들과 해변의 모래톱
어두침침한 숲 속의 안개와 풀벌레 울음조차
인간이 지켜내야 할 성스러운 존재라고 외쳐대던

신대륙이 좀 더 늦게 발견되었더라면
영웅의 무덤 앞에서 나는 아쉬움을 되새기고 있었다

* 시애틀추장: 인디언 수콰미시족 추장으로서 1854년 미국 정부가 그들을 원래 살던 땅을 떠나 보호구역으로 강제 이주시키려 하자 연설문을 통해서 자연의 소중함을 강조한 것으로 유명하다. 시애틀이라는 미국 북서부의 도시 이름이 이 추장의 이름을 딴 것이라 함

명동성당 웨딩마치

강영순 소화 데레사

명동 한복판에 우뚝 솟은 명동성당
성당 앞마당엔 많은 결혼 축하객들로 붐비어 혼잡스럽다

외손녀 변호사의 신부 웨딩마치 울려 퍼지며
주례신부님의 목소리. 축 기도, 축하 노래 소리
성당 천장을 뚫고 나아가다.

결혼 행진곡 발맞추어 뒷 마당 성모상聖母像 앞으로
줄이어 걸어가며 하객들 축하사랑 넘친 모습 아리땁다

신부, 신랑 쪽 직장 동료들 동창생 모두 새까맣게
젊음 혈기 왕성한 카메라 셔터 찰각찰각 녹색 향기 풍성하다
신록 짙은 푸른 빛 기쁜 마음 살랑살랑 부는 바람결
정자나무 초록 잎사귀 축복을 두 손 빌며 부드럽게 나부끼다

외손녀 신부 부케가 감쪽같이 날개 달아 던져진
곱디고운 축복의 찬란한 꽃다발!
동료 한 친우 품 안에 감쪽같이 쏜 살처럼 안겨 받아낸다
그 순간 쏟아지는 박수갈채 눈이 부시도록
파랗게 채색된 시공들이 현란하게 초월하고 있다.

봄바람 살랑살랑 훈훈한데 흰 머리칼 날리는 늙마에 속내
지난 세월 한없이 야윈 마음들 부러움에 몸 둘 곳 없이
아쉬움 감추지 못하여 애연하다.

가면 이벤트*

강진주 로사

얼굴보다 큰 가면을 만든다
이 가면을 매일 윤이 나도록 닦는다
아침에는 얼굴 대신 가면을 씻는다
누가 나에게 키스하고 싶다고 하면
가면에게 키스하라고 한다

번호를 붙여 구멍을 뚫는다
의자 걸이에 흔들릴 수 있도록
걸어 놓는다
목록을 작성해 돌 위에 하나씩
올려 놓는다 슬프다
생각될 때마다 까치발을 든다

아기의 엉덩이 치켜 오른다
팔꿈치 없는 아기는 코끼리일까?
숨을 쉬어라 무릎 없는 아기는?
구름의 숫자를 세어 본다

방향을 틀어 본다 가면이
뒤통수에 있다 마주 앉은 사람,
구름과 엉덩이, 식빵과 슬픔,
고등어의 눈, 사냥 나기 쉬운 너와 나,

다시 내일이 온다

* 오노 요코 평전에서 카피함.

소리는 덤이다

강현주 아녜스

한참 사랑 중인 풀과 꽃과 곤충들
그중에 귀뚜라미는 으뜸이다
어느 날 아파트 계단 구석의 귀뚜라미를 발견하고
선생님! 하고 부른 적 있다
어느 누가
저음의 구슬을 돌려가며 낮은 곳에서 위로
한 음 한 음 연주하겠는가
연둣빛 허밍을 하며
지상에서 건물로 건물에서 나무로
마음껏 사랑을 노래하는 이여!
글로 가을을 노래하도록 길을 열어준
귀뚜라미, 여치, 찌르레미 선생님!
당신들은 가을밤 음악 선생님이다
이 가을 창밖의 소리는,
덤이다

빗방울 전주곡*
−쇼팽(1810~1849)

고명지 데레사

장대비 지붕 두드리네

빗속 연인 그리는
피아노 두드리네
외출해 돌아오지 않는

비는 더 세차게 두드리네

연인 심장 두드리듯
스페인 마요르카섬에서

* 빗방울 전주곡: 쇼팽과 여류작가 조르주 상드 사랑을 빚은 피아노곡.

그늘 방

고연희 베로니카

무채색 무늬로 겹쳐진 방, 마음의 문을 연다
정맥으로 돋은 나무 우듬지가 지붕이다

바닥 햇살무늬에 겹쳐지는 내 그림자
원하는 게 무엇인지 모르면서 하늘을 올려보는데
기우는 저녁 빛으로 붉다
심장으로 도는 수액, 23.5도의 기울기로 빠르게 또는 느리게
열렸다 닫히는 유채색 하늘, 짙어지는 구름에 휩쓸린다
가까이 있는데 더 가까운지도
이내 어두워지는 시공에서 내가 사라진다
후드득 쏟아지는 빗줄기에 접지하는 하얀 발

축축해지는 발밑의 부드러운 감촉
대지에 꽂는 나무 되어, 음양으로 접하고 싶은 정념
둘이 아닌 한 몸으로 휩쓸리는데, 리듬 타는 새소리가 흥겹다
점점 젖는 곡선이 야위어져, 사랑의 냉기가 돈다

맨발 등으로 튀어 오르는 흑점들
흙바닥에 새겨진 내 발자국
아픔이 클수록 치유되는 그 방, 기어드는 어둠의 문을 닫는다

생각의 차이

고정애 헬레나

예전에
내가 이사했을 때였다

많지는 않아도
없어서는 아니 될
소중히 아껴 쓰는 가구였다

이삿짐센터
짐을 날라 옮기면서
한심하다는 듯
하시는 말씀

다 버리게 생겼구만!

축복받은 씨앗 한 알

권영춘 바올로

천만千萬 줄기의 바람이 부는 이른 봄날
그중 하나의 날개를 타고 달님의 입김으로
자리 잡은 달맞이꽃
생명을 지닌 작은 꽃씨 하나

햇빛과 쏟아지는 몇 줄기 별빛을 받아 가며
험지險地에서 겨우겨우 뿌리를 내렸다
시멘트 담벽 아래로 흐르는
한 방울씩의 물은 감로수甘露水가 되어 목을 축이고
폭풍우 속에선 담벼락에 몸을 의지한 채
시원한 물줄기의 세례를 받으며
임을 만날 그날 밤만을 생각했다

유월 열여드렛날 저녁달이 구름 속을 벗어날 때
눈빛 그윽한 미소로 지난날을 기억하며
꽃잎 날개를 펴고 먼먼 하늘만을 응시했다
그에게 주어진 생의 길이 오직 이곳이었기에
밤마다 그윽한 마음을 품고
하얀 버선발로 찾아오는 임을 맞이했다

고난의 여름날 아픔이 영글어
밤마다 얼굴을 내미는 달맞이꽃 한 줄기

흉터지느러미

금시아 세실리아

내 꼬리뼈 근처에는
끓는 물 속에 살던 물고기가 있다

온도마저 흐릿해져 지느러미만 남은 흉터, 그렇지 흉터지느러미는 전생이 물고기여서

쏜살같이 내달린 적 많았다
살랑살랑 꼬리 친 적 있었다

슬픔은 울음 쪽으로 굳은살이 박이지만 흉터가 꼭 부정적인 것만은 아니어서 어떤 슬픈 흉터는 물고기 지문의 본분으로 온몸을 이끌고 다닌다

휘몰아치는 비탈길이나 급류 앞에서
머뭇거린다거나 뒷걸음질이라도 칠 때면

꼬리 흉터는,

할머니처럼 곱은 손을 내밀거나 부표처럼 발칙하게 도드라져
복숭아벌레처럼 유유한 키잡이가 되고

꿈자리 파도치는 날이면
꼬리지느러미,

나풀나풀 춤추는 한 마리 나비가 된다

시작은 또 다른 끝자락에

김경숙 세실리아

새싹이
시간을 물들이며
온전한
길을 더듬는다.

이끈 바람이
꽃잎 끝에 매달려
상처에
위로의 힘을 더하고

턱까지 차오르는
숨이
끝이 아니듯

거친 서릿발을
받아들이며
단단한 바람은
간절한
길목에 섰다.

소의 휴일

김경인 안젤라

한때 듬직한 일꾼이었다
우리 집 머슴이었던 누렁이
쟁기로 묵은 땅을 갈아엎고 가을 들판을 수북이 등에 지고
해거름에 돌아왔다

커다란 가마솥에 쌀뜨물을 붓고 작두로 잘게 썬 짚과 건초
보릿겨나 콩깍지를 넣고 소죽을 쑤던 아버지

뜨끈뜨끈한 소죽을 구유에 붓고 찬물을 끼얹어 식혀주면
소는 우적우적 맛있게 먹었다

소의 노동력이 더 이상 필요 없는 세상
콤바인 소리가 들판을 누빈다

마블링이 눈처럼 낀 꽃등심 살치살에 열광하는 사람들
더 많은 숫자의 소가 사육장을 채우고
인공 사료를 되새김질하는 소의 방귀와 트림에
메탄가스를 입은 지구의 체온은 점점 올라간다

봄이 되기도 전 꽃들은 한꺼번에 함성을 지르고
밤에도 식지 않는 봄바람에 어긋나는 일기예보
빙하가 사라진 자리엔 모기떼가 극성이고
집 잃은 아기 북극곰은 다시 바다 국경을 넘을 수 있을까

지금 지구의 경고음 데시벨은 진한 붉은 색이다

일주일에 하루는 고기 없는 날

나는 장바구니에 담은 소고기를 다시 진열대에 내려놓고
그 자리에 초록 잎을 담는다

소의 휴일에 지구는 잠시 열을 식힌다

둥굴래 마을

김계영 레지나

어머니가 배 부풀어 빚어놓은 땅에서
둥글게 둥글게 동그란 씨앗이 되고자
함께 이룬 동화 마을이다

둥글게 둥글게 부풀어 질그릇 사이로 통과한 햇살은 설렘
물빛의 무늬 유유히 길어지고
산빛의 울림으로 숨어드는 끝에
정물화로 놓인 항아리 둥그런 허리 모양이다

부정의 기억을 떨치고 둥글게 허락된 서정의 넓이 온순하다

원래 있던 것은
하늘
호수
산
흙과 씨앗
거기에 함께 키운 밭두렁의 웃음소리다

보이지 않는 길

김귀자 마리아

한 번도 가보지 않은 아득히 먼 길
뉘 부르는 소리에 따라 나섰는가

고독한 십자나무 한 그루 무에 그리워
보이지 않는 사랑길 걸으며
기뻤다가, 슬펐다가
때로는 화났다가
목울음 명치끝 아려 와도
외면할 수도, 돌아설 수도 없는 님의 길

햇살에 반짝이는 이슬처럼
서럽도록 느껴지는 바람의 향기
보이지 않는 아름다움 있어
보이지 않는 눈물이 흐르고
지친 발걸음 힘겨워도 눈 깜짝할 새라
소리 없는 위로인가
환희의 빛인가

보이지 않아도 보이는 영원의 길
고이 닿기를
목마른 시름 하나
찬란한 노을빛에 젖어든나

자연의 품에 안겨

김도연 아녜스

산이 손짓하면 바다가 부른다
숲속에 이는 바람의 노래에
꽃들도 새들도 함께 화답한다
흐르듯 머물듯 구름은
온갖 모양 그려내니
가장 아름다운 언어로
시인은 받아쓰고 화가는 그린다
자연과 사람이 모두 일체다
자연이 펼쳐놓은 한 권의 복음서
아무 데서나 말씀들이
아름다운 소리로 다가선다
산이나 바다 그 어디에서든
주의 말씀 들리니 천국이 여기런가
침묵할수록 살아오는 자연의 음성
아름다운 세상 만드신 하느님을
시간과 공간을 초월하여
어디서나 만나니
지상에서 천국처럼 살아가리라

처서

김동연 베로니카

이른 아침
열대야로 설친 잠 떨치고
더위 이겨보려는
발버둥으로
강가 산책길 걸어 본다
처서를 지냈건만
아침저녁 바람도 덧없이
지독한 습도에
불쾌감은 곱으로 불어난다
2018년 지독했던 여름도 처서는 효력이 있었는데
2024년은 맥 빠진다
모두가 애타게 기다렸건만
산업화 이후
인간이 만든 자연 파괴로
겪는 이상 기온이라는데
주님께 '용서하소서'
자비 요청 기도 올려야 하나
도마뱀 꼬리 자르듯
이 더운 여름 기억 날리고
희망으로 가을 맞기 바라며

오열하는 오월

김맹선 모니카

서러움만으로 풀들이 엎드려 우는 것은 아니다

찢어진 마음을 깁는 풀들이 휴전선을 넘어선다

하늘과 오월만이 아는 80년

죽어서야 살아난 민주주의가 다시 오월을 노래한다

푸른 오월의 함성은 핏빛 청춘의 함성

그날의 죽음

그날의 바람

그날의 침묵

신념의 뼈대를 세우고 아픈 시대를 안았다

풀들이 지지 않는 향기로 오월을 노래한다

다시 살아나는 푸른 이름들

해마다 오월은 푸른 향기를 내어준다

가을 하늘

김문중 필로미나

가을 하늘
추억의 그림자를 밟으며
낙엽 위에 그리움의 시
영혼의 그림자를 올려놓고
가을 속에 나
사랑해도 괜찮을까?

떠오르는 태양보다
지는 석양이 더 아름답고 황홀하듯이
누군가를 위해 희망과 기쁨을 줄 수 있다면
삶이 얼마나 아름다운지
그리고
가치와 의미가 얼마나 있는지
자연과 예술에 취하여 사랑하고 싶다.

초연의 미소는
무지개를 찾아가는 가을 향연처럼
노을과 함께 물들어 가는데
나는
흐르는 세월의 예지를 찾으려
인생의 가을을 점검하며 노래한다.

천사로 솟은 해

김석호 다미아노

살맛 나는 새날 마련하고파 하루도 쉼 없이
아침 해 솟았건만 애만 타는 헛수고
밤낮없이 숨 막히는 생지옥 끝내 시원한 푸른 바다에
풍덩 온몸 던지는 피서객 울긋불긋 물보라여

지친 몸, 그래도 끝까지 지칠 줄 모르는 청춘 사랑아
눈부신 천사로 환희 솟았구나
하늘에서 팡파레 울려 퍼진다
바다는 넘실넘실 춤춘다

저 한결같이 부끄러움 없는 발가벗은 아가를 보아라
아장아장 뒤뚱뒤뚱 세상에나 저 눈부신 첫걸음마
아무것도 가리지 않을수록 더욱 찬란히 빛나는
빛이여 어둠의 가슴을 뚫고 높이 솟는구나

온 바다 천방지축 내 달리는 찬란한 아가야 천사야
구름, 새, 바람, 꽃, 보이지 않는 바람까지
너무 좋아라 숨죽여 손뼉 치고 어화둥둥 춤춘다

여전히 한 치 앞이 깜깜한 눈뜬 눈먼 족속들
아무 말도 못 한 채 멍할 뿐이구나

우리가 잊고 있는 사이

김선진 안젤라

우리가 잊고 있는 사이
살아 있는 생명체 빙하가 녹고 있다
인류를 탄생시킨 빙붕氷棚이 비누처럼 닳아진다

지구도 행성도
궤도를 따라 제 갈 길을 가는데
오감으로 녹아든 혓바닥에
마냥 교만의 깃발만 꽂을 줄 알았던

인류가 허둥댄다
인류가 쓰러진다

머지않아
아름다웠던 금수강산
사람이 만들어 간 오만가지 역사들

어느 태양 아래
또다시 눈부시게 빛나고 있을까.

시인과 새

김성춘 비오

늙은 솔숲에서 새들이 운다
흰 똥을 싸면서도 울고
사랑을 하면서도 운다
초록빛으로도 울고 분홍빛으로도 운다
모차르트 선율 같기도 하고
바흐 소나타 같기도 하다

살아 있다고 울고
헤어졌다고 또 운다
사노라면 가슴 뭉클한 일도 많다고
아침에도 저녁에도 운다

시인이여
당신은 무슨 재미로 사는가?
새처럼 마음대로 울지도 못하고
새처럼 마음 놓고 사랑하지도 못하고
시인이여
나는 죽어서도
솔숲의 새 울음 기억할 것이다

은하수 흘러가다

김수복 스테파노

오십 년이 지난 잊혀졌던 친구가 생각난다

보름달이 돌담을 넘어와 기웃거린다

냇가에 앉아 달빛에 조근대던

냇물도 숨이 차오르도록 재재거렸다

'어깃장 꿈'

김숙경 크리스티나

협곡의 전설처럼
꿈을 꾸기도 버리기도 어중간했던
갈증의 시간이 아스라이 갔다
후회하지 않을 거라 내심 장담했고
냉담했던 그 시간 왜 새삼 맵고 시리고
젊음 오만 치기 어린 그림자가 짙을수록
추호도 그리움 따윈 없을 거라
주저 없이 자만으로 무장하기도

그땐 눈에도 가슴에도 스며들어오지 않던
비타협을 통쾌한 결론이라 믿었다
몇 몇십 년이 다 지나
불현듯 회귀하고픈 고약한 어깃장에
의미도 토도 못 다는 묵언수행
어느 날 홀연히 가도 호상일 지금
빛나던 젊은 어깃장을 꺼내 보는 맛도 있으니
꽃에 바람에 텃밭의 생명들에 말을 걸어보는
지금은,
답이다?

애호박

김숙자 소화 데레사

연록색 야리야리한 날씬한 몸매
제발 유리 갑옷을 벗겨 주세요
온몸으로 숨을 쉬고 싶어요
살고 싶어요
호박꽃이라도
안방에서 신방을 치르고
야무진 꿈을 품었지요
씨를 남기고 싶다고요
헐렁하던 옷이
팽팽하게 조여 오더니
엉덩이 살도 가슴살도
모두 유리 갑옷 속에 구겨 박았어요
목을 조여 오는 빡빡한 틀 벗겨 주세요
단단한 몸으로 더 크고 싶어요
늙을 수도 없나요
아니 죽을 수조차 없다니요
겹겹이 조여 오는 유리 갑옷 속에서

희망, 날다

김애란 비비안나

흔들림도 없이 평정심 유지하고
먼 곳을 지그시 응시하는 눈

사방으로 나는 형상의 새들

허공 나는 한 마리 청둥오리 또 기러기
그리고 두 마리 갈매기
불새처럼 영원불멸을 기원하듯
무거운 엉덩이 들어 올리고 비상하듯

몸속 뼈 단풍잎 씨앗처럼 가볍게 비우고
지방 에너지 축적한 낙타처럼
추진력을 상승시키고
날기 바로 전에 물똥으로
몸을 가볍게 비운다. 소나무 씨앗처럼

꿈틀대는 숭고한 땅의 기운
우주의 내재 된 기운까지 끌어모아
시의 날갯짓 하늘에 닿을까?

들어와 앉은 따뜻한 찻잔 속에서도 꿈틀대고
간절한 기원의 마음은
차향茶香처럼 온몸으로 스르르 퍼져 불새 되어 날다

'강릉 바다 부채길'

김영순 율리안나

까마득한 먼 옛날 천지를 뒤흔든 지각변동
선택된 신비의 해안단구의 놀라운 결과물
하느님의 명작품들!
'강릉 바다부채길'

해저 깊숙이 여울진 조화로운 묘미
바닷속 생명체와 한데 어우러진
전지전능한 분의 흔적인 왕바위 퇴적층!
'강릉 바다부채길'

우주 속에 어우러져 빚어진
기암괴석 아름다운 석상들!
자연의 황홀함 속으로 펼쳐지는 *파라다이스Paradise
'강릉 바다부채길'

거센 파도와 비바람에도 바위틈새 해맑은 해국海菊
변함없이 타임머신을 타고 언제나
그 자리를 지켜온 영원불멸의 정원들!
오가며 지친 이들에게 힘찬 용기를 심어주고
외로운 사람들을 위로해 주는 신비한 그곳
'강릉 바다부채길'

* 파라다이스Paradise: 아무 걱정이나 근심 없이 행복하고 편안하게 살 수 있는 곳=낙원

늙은 어부 방코셴

김영자 클라라

종소리를 들었어요?

물고기를 위한 방코셴의 기도는
언제나 깨끗해서
30년 된 그의 낚싯대는
피피섬의 햇살을 끌어안고 있네

햇살의 힘은 방코셴의 기력

바다 위 흔들리는 보트에서 살지만
여덟 살 손녀 아사나와 함께
자그마한 집에서 살 수 있는 날을 꿈꾸는
우락 라와이족 마지막 어부는

커다란 꼬치삼치를 들어 올리고
대어와 사투를 벌인 하루를 내리네
손녀를 포옹하는 가슴으로 종을 치네

가슴 종소리 들어보세요
온 세상의 음악 꽃봉오리 터지는 꿈을

시험 보는 날

김예태 글라라

길을 잃었니
파리한 낮달
내미는 통장엔 잔고가 없구나

바람 일렁이자
여린 속살에서
단내가 난다

청올치처럼 뽀얗고 질긴 후회가
손과 발을 묶는다
목덜미를 조여 온다

그래도 아이들은 큰다
잘 치러낸 답안지로 크지 않고
칭칭 묶고 있는 후회로 자란다

---

* 베드로진서 5징 7절. 때가 이르면 하느님께서 여러분을 높여주실 것입니다. 여러분은 온갖 근심 걱정을 송두리째 하느님께 맡기십시오. 하느님께서는 언제나 여러분을 돌보십니다.

강릉, 여섯 개의 달

김오민 데레사

하늘에
바다에
호수에
술잔에
님의 눈동자에 떠 올랐던 강릉의 달이

지금
찰박이는 물결 속으로 숨어들고 있다.

그러나,
저 모습이 전부는 아니다.

젖은 몸으로
세상을 한 바퀴 돌아서는
다시 은빛으로 찬연히 떠오르는데

그렇게
또 하나 강릉의 달은
간절한 기도로
처연한 그리움으로
내 가슴에서 날마다 날마다
더 크고 둥글게 떠오르고 있다.

나무 교향곡

김용하 필로미나

유칼립투스 지휘봉은
월계수 가지였다

여자들은
라벤더 오일에 손을 씻고
객석에 앉아
로즈마리 향에 취해 눈을 감았지

천둥소리 온실을 메우고
살벌한 가운데 시계조 나무 십자가에 달린 사람
늑골에서 피가 흐른다

실로폰 가락에 휩싸인
남한강 유채꽃 마을 안개 속
천사 나팔 소리에 귀 기울인다

줄기찬 빗소리가 지붕을 때리고
번개에 가슴은 두근대는데
부랑아로 언제까지 버틸 수 있나

먼 이국에서 오신 손님
바로야사, 페퍼민트, 라벤더
후쿠시아, 란타나가 자리한 가운데

나무 교향곡을 엿들으며 864m의 물안개 위
오르지 못하는 유명산을 바라보았지

숲을 생각한다

김월준 파스칼

숲은 도시에서 살기를 원願한다
바람막이 하나 없는
삭막한 도시에서
사람들을 돌보며 사는 것을
하나의 낙樂으로 여기고 있다
더구나 코로나 시대에
숲에서 산다는 것이
얼마나 좋은 일인지도 모른다
코로나바이러스를 절반이나 줄일 수 있다니!
숲을 생각하지 않을 수 있으리
숲은 마음 밖에서만 사는 것이 아니라
마음 안에서도 푸르게 자란다

구애 세레나데

김윤하 엘리사벳

짝짓기를 위한 새소리가 허공 가득하다

설레는 새들의 푸릇한 발걸음이
건반인 듯 통통 나뭇가지를 옮겨 다니고 있다

하늘에 펼쳐지는 멜로디
어느새 새의 눈빛을 닮아있다

슈베르트, 하이든의 리듬으로
이파리마다 초록의 음표를 기록하는 새소리

서로에게 하는 새들의 노랫말이 궁금해지는 동안
새들은 은혜로운 날개를 펄럭이고 있다

노래하는 사이에도 짝을 찾지 못한 새들은
깃털을 부풀리며 암컷 쫓는 발걸음이 빨라진다

구애의 새소리가 여기저기 쌓이는 장자호수공원의 아침
나뭇가지 사이로 햇빛이 축제인 양 쏟아지고 있다

안부

김윤희 이레네

이리저리 다 끊기고
생사조차 잊혀지고
질긴 숨만 갖고 있다
부치러 가는 시인의
안부 방식
시집 상재

파라다이스

김은 모니카

책꽂이에 먼지가 수북이 자고 있다
한 권 툴툴 털어 속을 들여다본다
낯선 활자들이 주렁주렁 입을 내민다

열기가 오른다
덮어버리자
나가자

숲속 발자국 없는 길을 걷는다
산새 한 마리 조잘거리며 앞에 앉아있다.
아무 데나 가고 노래를 부르고
근심이 없다

새가 되어 날고 싶다

구멍이 난 세상은
꿰매어 살아가야 하기에 힘들어

날개를 달고
너처럼 단순 언어로 지껄이고 싶다

봄의 시력

김인숙 로사

천근의 무게로 내려앉은 내 눈꺼풀로
캄캄한 세상의 불안이 전신을 타고 오른다
주인을 향해 총을 쏘는 면역체의 반란으로
근무력증이라는 의사의 진단이다
팔을 휘둘렀는데 다리는 침묵하는
세포의 내란을 겪는다

태돌 달린 눈꺼풀엔
캄캄한 밤이 계속된 지 꽤 오래되어서
내 눈을 보살펴주는 것은
오로지 눈감은 잠뿐이지만
사실 나무들이 피워내는 색색의 꽃들도
봄이 무르익으면 꾸벅꾸벅 졸음에 빠진
꽃들의 낙화를 보게 될 것이라는 것을
나는 잘 알고 있다

근처 안경원에서
나비와 비행기와 말이 함께 달리는 전광판으로
진단받은
나비가 팔랑거리는 봄의 시력으로

마음속엔 달은 기울지 않았다
꽃도 지지 않았고
태양도 변함없이 떠올랐다

밥 한 톨

김재홍 사도 요한

북녘땅에 신앙의 자유를 요구하는
명동대성당 집회를 기다리며
육개장 사발면 하나와
햇반 작은 것 사서
뜨끈뜨끈하고 맛있게 먹었다
이마에 흐르는 땀 닦고
전자레인지는 편의점 것이 제일 좋다 생각하며
혈압약까지 잘 챙겨 먹었다
해월 선생은 사람이 하늘이라고
사람 살리는 게 밥 한술이라고 외쳤는데
밥알 한 톨이 이 틈에 끼어 빠지지 않는다
이것도 밥이라 뱃속에 넣으려
이리저리 혀를 놀리다가
"걸친 것은 누데기 얼굴이야 까마귄데
꽃제비라 우리 이름 어이 이리 고울까"*
하는 북녘 시를 읽다가
배고프면 죽는다는 사실
못 먹으면 죽는다는 사실
밥을 먹듯 말씀을 먹고
새벽마다 기도하던 사람들이
오십 년, 십 년 이미
모두 죽었다는 사실을

* 시집 『붉은 세월』과 소설집 『고발』을 쓴 재북 작가 반디의 시 「꽃제비 노래」 중에서

왜 여기에 있는가

김정인 아녜스

길을 잃었나
청풍유스호스텔 유리 출입문에
사마귀가 붙어있다
망연자실
다음 날도 그대로다
머리와 꽁지가 움직이니
죽진 않았다

도시의 유리창에
사람들이 붙어있다

달맞이꽃 노을

김정자 베아따

붉게 쏟아지는 노을
산마루에 자국을 남긴 채 스러지고
바람 맞이하여 뿌리 내린 달맞이꽃

감춰진 하루의 능선을
기다랗게 타고내려
꽃비 되어 흔드는 바람 소리

월출산 골짝마다 인적을 남겨
꽃이라 불러줘요
그 많은 기다림 어이해요

숨긴 홀씨로 날아가
하얀 구름 닿은 곳에
옹기종기 햇빛 삼킨 꽃

자유롭게 어울리지 못해
왔는지 갔는지 모르는 별처럼
세상 굽이굽이 능선 따라 피었네

내 이름이 꽃처럼 피어났다

김조민 안토니오

열어둔 창문으로 꽃들이 들어온다
꽃잎 위로 숨어버렸던 시간이
바닥으로 붉게 흩어져 내려앉는다

아무도 보지 않는 빛과
기원을 모르는 바람이 몇 겹의 소리로
창문 밖에서 한참이나 기웃거린다

냉장고에 붙여 놓았던 메모를 찢는다

그러는 게 좋겠다고
뜨거운 물에 찬밥을 말며 생각한다

뿌리 내릴 수 있으리라 믿었을까
휩쓸리다가 돌멩이 하나 꽉 잡고
마음 지나갈 때까지 숨죽이면 될 줄 알았다

이제 오지 않는 무언가는 실체가 없어서 좋다

투명한 현재의 바닥에 밥물이 찰박거린다
흔했던 목소리가 비껴가고 비로소 드러난 저녁 위로
내 이름이 꽃처럼 피어난다

며칠이나 엎드려 누워있던 자리에서
오늘이 좋은 향기로 퍼져온다

창문을 닫으면 가득해지는 나를 본다

다시, 길 위에서

김주혜 비비안나

해 질 무렵 길을 나서면 새로운 시간이 몰려온다.
어둠이 녹아내린 명자나무는
핏빛으로 몸을 열고, 색과 빛이 흥건한 곳에
개망초와 싸리꽃이 일어난다
때죽나무가 샹들리에 등불을 들면
봄까치꽃이 노래를 부른다
흰 면사포를 뒤집어쓴 조팝꽃이 어깨동무를 하고
이팝나무를 향해 손을 흔든다
시간이 흐르는 모습이다. 꽃들,
서로의 그림자를 보며 흔들린다
피어나는 꽃은 아름답고, 지는 꽃은 고귀하다고
등을 쓰다듬으며 바람이 속삭인다
고샅길로 접어들자 꽃의 행렬이 늘어만 간다
행복을 필요로 하는 누군가를 위해
위로를 전해야 하는 누군가를 위해
오래전부터 씨앗을 키워온 꽃들과 나란히 걷는다
수많은 추억을 지운 거리
눈물로 아침을 맞아야만 했던 거리
늘 같은 그리움으로 무너지는 거리를
새로운 얼굴로 반겨주는 꽃들과 걸으면
너를 용서하고 싶어져. 이제,
또 다른 아름다움을 이야기하자.

바람을 기억하며 한 생을 산다

김준식 마오로

이 세상에서 가장 먼저
만나는 것은 바람이다
가을은 수척해졌고
겨울이 비스듬히 온다
바람 앞에서
정결한 영혼들은 서로를 알아보고
서로를 향해 위안과 슬픔을 배운다
떠나는 초록에게
무릎을 꿇고
바람과 가을비를 정성껏 빗질한다
그리하여 1,000년쯤 뒤
너에게 보낼 때까지
흐트러짐이 없을 것이다

십자가의 길

김지훈 안토니오

햇살에 서너 번 구워져
흐르는 정오의 음악
사람도 바람도 거리도
나무 냄새 풍기는 거리
나무가 종이가 될 때까지
종이가 다시 나무가 될 때까지
잠시 창을 열고
거리를 불러본다
수많은 발자국들이 걸어온다
그 걸음 기억하는 바닥은 상처투성이다
상처가 무늬가 될 때까지
성부와 성자와 성령의 이름으로
처음과 같이 이제와 항상 영원히
바닥은 길의 얼굴
그 상처에 입맞춤하던
교황 요한 바오로 2세의 둥근 입술

해녀 찬가 讚歌

김철호 다니엘

짙푸른 원시 바다
바람 불고, 눈비 휘몰아쳐도
나신으로 자맥질하는 제주 해녀

고달프고 슬프고 외롭고 즐거웠던 날들
물질 노래로 서로 지지하며 힘 북돋우고
잘 사는 세상 만들기 위해
멀리 험한 일 자원하시는 바다의 목자

세월이 많이 흘러 바다가 아프기 시작했어요.
오폐수 산업폐기물이 흘러들어 몸살 앓았어요.
설상가상 생태계 혼란이 나타나기도 했어요.
독성 해파리, 괭생이 모자반이 푸른 바다를 덮었어요.

검은 기름을 뒤집어쓴 청둥오리,
플라스틱을 삼킨 빈사의 물고기
눈에 빨대 꽂힌 거북이.
바다를 함부로 유린한 처참한 모습에
이제 해녀는 청정 바다 지키는 파수꾼이 되었어요.
진정한 바다의 목자 해녀

이제 와 해녀문화 부족으로 수평선 넘어
세계인의 마음으로 스며들고 있어요.

바다, 자연사랑, 지구촌의 평화를 갈망하며
God bless Haenyeo.
We love and respect Haenyeo.
Forever The Tribe of Haenyeo.

궁宮으로 가는 개망초

김춘성 F살레시오

공원길 모퉁이를 돌다가
어디선가 은밀하게 웅성거리는 소리가 들려 돌아보니
눈에 뜨인 개망초 흰 꽃이 제법 무리를 이루었네요
얼마 전까지만 해도 외로운 꽃 몇 송이 작은 키에 앙증맞더니
이제는 키도 훌쩍 크고 가슴도 팔뚝도 우람하고 목소리도 대차고 굳셉니다
뜻을 모아 굳혔는지 서로서로 가까이 팔짱을 엮고 머리엔 하얀 띠를 똑같이 둘러맸네요
개화기 때 들어와 나라를 망쳤다는 천형에 걸려들어
멸시와 천대와 곡해를 뒤집어쓰고 살아내야 했던
저들의 원통하고, 어이없고, 기막혔던 생애가 흰 꽃으로 올라 승무로 날립니다
고개 들어 바라본 하늘 높이 혁명의 뭉게구름들이 남풍에 얹혔습니다

끈

김춘호 프란치스코

한 탯줄이 아니면서도
나무인 듯 그림자인 듯
너와 나는 절친

남산에서
서클에서
고궁에서
조약돌 같은 인연

청춘도 사랑도
인생마저 나란히
맞물린 이 끈 누가 끊으랴

솔씨 하나가

김태호 라우렌시오

솔방울 속 작은 씨앗이 바람에 날립니다
맨땅에 떨어져 흙 속에 묻히던 날
갈 데 없는 씨앗이 봄을 일으킵니다

내가 이래봬도 늘 푸른 소나무집 자손인데
자랑스런 조상, 가문의 얼을 생각해야지
단단한 껍질 허물어 싹을 틔우고
깊은 숨 몰아쉬며 줄기를 세웁니다

봄여름 따뜻한 날씨에 가시 잎이 돋고
실한 줄기 위에 단단한 등피를 입힙니다
눈 내리는 겨울 지나 높이 자란 나무에는
새들이 날아와 노래하며 둥지를 틀고
겨우살이, 비단벌레까지 구석을 차지합니다

허허, 어느새 저리도 우람한 모습 되었는가
사람들은 혀를 차며 짙은 그늘을 찾습니다
작은 씨앗 떨어진 곳에 자라난 장송長松
솔잎 맺힌 아침이슬이 보석처럼 빛납니다.

양파의 시

김현정 막달레나 마리아

부활 주간 주일 아침
베란다에서 양파는
온 힘을 다해 싹을 틔우고 있었다.

속이 궁금해 갈라 본 양파는
마치 대파의 흰 부분처럼
파란 싹을 힘껏 밀어 올리는 중이었다.

싹둑, 하얀 밑동을 잘라
불고기에 넣어 볶고
싹둑, 싹둑 파란 싹을 잘라
콩나물국에 넣어 끓이고

가족은 아침밥으로
콩나물국과 불고기에 녹여진
양파의 꿈을 먹고 있었다.

나는 양파의 꿈이
나와 가족에게 녹아나기를 기도하며
양파의 시를 틔워 써 내려가는 중이다.

빛나는 봄

김현주 아녜스

많은 씨앗 잉태하고 있을 화단
아침마다 살쾡이 눈이 되어 살핀다

봉선화맨드라미채송화코스모스백일홍분꽃과꽃솜방망이부처꽃
파라솔프록스엔젤로니아
누드베키아천인국숙근쑥부쟁이바람꽃해바라기안개초추명국아
스타 이름 모르는 꽃

집을 짓기 위해 포클레인이 들어오고
올라오는 싹을 하나라도 더 살리려
삽으로 푹 떠서 무조건 옮긴다
마치 전쟁터에서 아이들 구출 작전을 하듯

기름진 땅으로 간 싹
척박한 땅으로 간 싹
그들이 어디에 있든
머지않아 나도 모를 어느 구석에서
꽃 피워 근방이 환해질 때
내 생애 가장 빛나는 봄이 될지도.

살붙이 '겨레'

김혜순 젬마

차박차박 걸으며 질경이를 만날 때면
바짓가랑이에 고향이 만져진다
다양한 피부색 거리에도 질경이가 말을 걸면
DNA 속에
뿌리 찾겠다고 애쓰는 단어가 떠오른다
세계지도에 하나뿐인 남과 북
'겨레'는 팔순 가까이 숨죽여 왔다
'더꺼머리 총각은 정든 님 업고 오고 싶은 길'*
그 길을 기러기에 내주고
겨레는 아득한 고사어 되어
월야천에 서성이는 초승달이었다

실크로드 문명을 규명하려 남한 땅에 발 딛고
겨레의 얼 찾던 정수일*
북에서 남파한 간첩으로
겨레를 외치던 그에겐
이념의 칼에 무참히 짓밟혔다
보라! 옥중서신 '우보천리'
구멍창에 빛줄기 잡아 '겨레'를 노래했다
사라져 가던 단어를 아내와 주고받았다

평화
죽순처럼 움터 올 살붙이들

'겨레'를 품어 본다
뜨거움이 크고 있다.

* 백석: 「창원도」 남행시초
* 겨레: 「소걸음으로 천리를 가다」 정수일 '겨레' 참조

빙산이 녹는 속도

김효정 베로니카

백색 고요한 세상 서서히 무너지네

얼굴만 빼꼼히 보인 채
몸뚱이 물속에 잠겨 미래 생각하다

역풍에 밀린 얼음 바위 각도 틀고
페트라 단단한 무덤 떠내려가네

거대한 섬 떠밀려 가는 건 대단한 일
마음 부서지는 것도 마찬가지지

화산 터지는 줄 모르고 끌어안았는데
급격한 온도 차이 모르는 사이 식었네

날마다 조금씩 파란 눈물 찔끔거리며
슬픈 해빙 녹아내리는 걸 지켜보니

사랑 길 잃고 해일 몰려오는 건 닮았네

지구는 살아있다

김후란 크리스티나

한여름 무더위에
우리 모두 쓰러졌다
엄청난 폭우에
집들이 쓸려가고
무서운 변고가 곳곳에서 일어났다
어지러워라 지구가 몸살을 앓고
삶의 터전 잃은 사람들이
고통의 강을 건너야 했다
다가오는 가을은 어디만큼 오고 있나
산허리 맑은 바람 고대하면서
사람들은 어지러워 비틀거렸다
그때 어디선가 들려오는 소리
"힘들어도 새롭게 일어서라
맑은 가을 곧 오리니
살아있는 지구에서 힘껏 헤쳐가라"
아, 따뜻한 주님의 목소리
어깨를 지그시 누르며 깨우쳐주시네
어디서나 지켜봐 주시는 우리 주님!
그 격려에 무릎을 꿇고
우리 모두 새로운 아침 맞이하네

너 아니면 누가

나고음 크리스티나

저어새가 돌아왔다

멸종위기 저어새가
일 년간 비행훈련과 야생적응 훈련을 마치고
800km를 날아 다섯 마리 중 한 마리만 살아남아
전남 고흥군으로 무사히 귀환했다

살아 왔구나 귀한 생명.

너 아니면 누가 이리 마음 설레게 하랴
땅에 붙이고 선 가느다란 다리, 여릿한 모습을
지구도 숨죽이며 보고 있다

참나리꽃

남민옥 데레사

산길에서
아스라한 그리움으로 만나던 꽃이
어느 발길 따라 도시로 왔나
못 보던 참나리꽃 몇 송이
화단 한 모퉁이에서
여름내 이리 흔들 저리 흔들
낯설게 휘청거린다

푸른 산 새벽안개 오르내리던
고향마을 뒷산
볼 때마다 숲은 멀어지고
산중턱까지 올라간 붉은 지붕들
진달래꽃이며 찔레꽃 피고 지던
산길 사라지고
참나리꽃은 도시로 떠나버렸나
바람도 불지 않는데
꽃의 발걸음 허공에 떠 있다

감나무 산통이 있었다

노강 아가다

감나무 한 그루 심었다
머리를 거꾸로 박고 밤새 앓고 있다
온몸을 부르르 떨기도 하고
거친 숨 몰아쉬어 가지가 바싹 타들어간다
설핏 내가 풋잠으로 떨어질 때
감꽃 봉오리 터뜨리는 소리 질렀던가
밤새 속 끓여 게워낸 감잎들이 수북하다
다리 벌리고 거꾸로 박힌 삶
저 수십 수백의 탯줄에 달린 생의 첫울음 장전하고 있다
사느냐 죽느냐, 까무룩 밀려왔다 밀려가는 발소리들
출산이 다가오고 있는 게다
감나무 이리저리 뒤척이며 생살을 터트리면
생감나무 가지 비명을 토하며
생살을 찢는 거다
온 동네 고샅길이 들썩거린다
몸속으로 빨아들인 물과 태양의 자식들
배꼽이 검질기게 매달려 첫 울음소리 터뜨렸다
아기를 받던 여명의 손바닥이 발그스름하다

지난 밤
산통이 다녀갔다
막 태어난 시 한 소절 가쁜 숨을 쉬고 있다

희망

노미영 글라라

미래를 믿는 날은 날실,
미래를 믿지 않는 날은 씨실,

그렇게 짜는 옷감.

비를 몰고 다니는 이름.

상선암에서

도종환 아우구스티노

차가운 하늘을 한없이 날아와
결국은 바위 위에 떨어진 씨앗의 마음은 어떠하였을까
흙 한 톨 없고 물 한 방울 없는 곳에
생명의 실핏줄을 벋어 내릴 때의 그 아득함처럼
우리도 끝없이 아득하기만 하던 날들이 있었다
그러나 바위 틈새로 줄기를 올리고 가지를 뻗어 세운
나무들의 모습을 보라

벼랑 끝에서도 희망은 있는 것이다

어떤 경우에라도 희망은 있는 것이다
불빛은 아득하고
하늘과 땅이 뒤엉킨 채 어둠에 덮여
우리 서 있는 곳에서 불빛까지의 거리 막막하기만 하여도
어둠보다 더 고통스러이 눈을 뜨고
어둠보다 더 깊은 걸음으로 가는 동안
길은 어디에라도 있는 것이다

가장 험한 곳에 목숨을 던져서
가장 아름답게 빛나는 것이 있는 것이다.

희망의 아이콘

마정임 오틸리아

오륜기 펄럭이는 하늘
태극전사들의 승전보
에펠탑 위로 태극기를 올렸다

예상 못한 올림픽
활, 총, 칼에 이어 태권도 배드민턴의
금빛 물결
금 13, 은 9, 동 10
8위에 오른 쾌거

새내기들의 겁 없는 돌진
품격으로 감동 준 선수들의
멋진 스포츠맨 정신

당차고 쿨하고 맹랑하기까지 한
뉴코리안의 신선함
폭염 속의 소나기처럼 시원했다

대한민국 파이팅!!
환한 내일이 보인다

소원 기도

마해성 시릴로

어르신 침상에 그림들 뭐예요
숨쉬기도 버거운 팔월 요양원 대청소 날
봉사자 물음에 구순 어르신 미소로 답한다
예수님은 큰딸 부처님은 작은딸이 준 것
복잡한데 치울게요 하나만 놓아두고
안돼 어느 구름에 비 올지 누가 알어
내 소원은 복 받아서 천당 가는 거여
어르신 얼마 전에 저랑 세례받았잖아요
'외아들 예수를 믿는 사람은 누구나
영원한 생명을 얻게 하셨다'*
하느님 성경 말씀 자주 들어보셨죠
그럼 세례자로서 굳건히 믿으셔야죠
알어, 작은딸 눈치가 보여서 그냥 둔 거야
실은 조석으로 이 소원 기도를 바치고 있어
한번 봐줘 큰딸이 써준 기도 쪽지야
"부활하신 주님 저에게 선종의 은총을 주세요"
침상의 예수님 호쾌한 웃음 마냥 석양의 붉으레한
햇살이 요양원 창문마다 싱그럽게 여울지고 있다

* 요한복음 3장 16절 인용.

아연을 품다

박복금 스콜라스티카

오늘은 즐겁고 내일은 슬픈
그곳엔 인생 2막도 없는
새로운 꿈이 상실된 도시다

석포역 승부역 지나는 무궁화호 열차는
백두대간 중심을 두려움 없이
낙동강 흐르는 물소리 맞추어
계절을 재단하며 달린다

역사歷史적인 순간을 만나
하늘만 빼꼼히 쳐다보는 석포역사驛舍 공기
한숨 소리 요란하게 골목길을 걷고 있다

난생처음 방문한 영풍제련소
황산 화물열차 인기척조차 둔해진 마을
무단폐수 방류로 탈바꿈한 동네
조용히 수목은 아연의 위협을 받고 울상이다

거대한 오염 분출하는 기계장치 소리
생태계 성장 속도를 안과 밖으로 천천히 묶어 놓고
휘청휘청 어설픈 시간을 죽이고 있다

* 석포역: 경북 봉화군 석포면 석포리 위치
* 원자번호 30번 아연(zn)

단풍 밥상

박봉준 요셉

벚꽃 흐드러진
봄날엔 내가 먼저 이승을 떠나면
홀아비 친구의 문상을 가지 못하는 미안함에
함께 밥을 먹었습니다

오늘 한 끼 밥상은 이 친구가 먼저 이승을 떠나면 뒷모습이 너무 쓸쓸할 것 같아 밥을 먹습니다

창밖의 단풍은 저마다 아름다움을 뽐내지만, 가만히 들여다 보면 이 가을 어딘가 슬픔이 배어있어 괜스레 눈물이 납니다

나는 비록 죄 크지만
주님을 뵐 한 가닥 희망에 웃으며
밥을 먹습니다

이사 가는 날

박상옥(상순) 시몬

성당에서 장례미사가 있었다.
망자를 기억하는 사람들은
망자를 위해 기도하고
송가를 부르고
연도를 드리고
성수를 뿌리고,
향은 망자를 정성으로 품었다.
신부님은
오늘은 망자가 이 땅에 살면서
하늘나라에 정성껏 지어놓은 자기 집으로
이사 가는 날.
그러니까 오늘은
영결식이 아니라 마지막 송별식이란다.

소설 무렵

박수화 마리아

첫눈 내리던 날
입동 지나 공항 활주로로 이륙하는
비행기 날개 위에 입영 후 첫 소식처럼
눈발이 바람 따라 흩날리더니

밤 서귀포 바닷가
주렁주렁 겨울로 익어가는 밀감밭
어깨 위로 센 비바람
성난 파도 무늬로 휘몰아치더니

언덕길 대나무밭에도
서럽고 차디찬 세파의 함성들이
무리무리 창유리에 부딪히고
어딘가 차창엔 굵은 우박들이
기후변화 표징 되어 쏟아졌다지

한밤 사방팔방 널따란 마당을 밝힌다
순금 불빛 세상 속으로
바닷가 언덕 위 하얀 집에도
모처럼 가족들 웃음꽃이 주렁주렁
소설 무렵 동백꽃 등불을 피운다

숲의 세계

박온기 실비아

지천에
널브러진 폭염
그 폭염을 붙잡고
떼창을 부르던 매미들은
온데간데 없어지고

불면의 아침
숲에선
가을의 전령 방울벌레 소리가
허밍으로 발길을 멈추게 한다

간밤에
무슨 일이 일어난 것일까
새벽녘
서둘러 인수인계가 끝났나보다

숲의 세계는
자유가 있되
질서를 파괴하지 않으며
규칙과 규범이 있었다
순환에 충실하고 방임하지 않았다
인수인계는 잘잘못을 묻고 따지지도 않았다

이 네버엔딩스토리는
영원한 내 삶의 의미이다

비 때문에

박종국 베드로

올 농사는 망쳤다
계속해서 쏟아지는 비 때문에
농작물이 다 죽어 버렸다

그러나
아주 망친 것은 아니다
초보 농사꾼에게
많은 것을 가르치고 떠났기 때문이다

비가 쏟아질 것을 대비해
밭고랑은 높이고 물고는 깊게 파내야 한다는 것을

갖은 노력을 해서 가꾸지 않고는
따기도 전에 열매는 썩고 만다는 것을

무엇인가 맛있는 것을 맛보고 싶다면
흘러가는 시간의 여울 속으로
사건의 소용돌이 속으로 뛰어 들어가야 한다는 것을

쉬지 않고 끊임없이 노력하고 활동하는 자만이
뛰어든 세상을 뛰어넘을 수 있다는 것을

그들은 죽음으로써
사는 길을 드러냈다.

희망

박진호 치릴로

수탉이 울면
풀잎에 이슬이 맺혀요
지평선에 반쯤 내민
해님은 궁금하겠죠

수탉의 소리에
빨랫줄 끊어지고
기지개 켜고
눈가에 이슬 맺는 이유를

이제, 그만

박현숙 세실리아

거품 이는 바다 위로 바람이 거닐고
순결하게 펼쳐진 모래 위로
쏟아지는 회색빛 하늘
탁류가 된 파도는
절망의 포로가 되어 가고 있다

형벌을 받은 듯 지구는
이 용광로 같은 광란의 열기로
불안과 격렬 갈등과 궁핍이 난무하다
비정한 문명은 옛날의 기억을 삼켰다

6천5백만 년 전 멸종으로 사라진 이름
이제 전설처럼 흘러갈 북극의 곰

미래생존이라며 코팅된 인쇄물이 쌓인다
메스컴은 연일 인류의 공동대응을 촉구한다
불가능이 없는 세상을 사는 우리는
이제 그만 멈춤으로
지속 가능한 세상을 만들어야 한다

소명召命

방지원 세실리아

    각자의 몸집대로 하늘에서 내려주신 등짐이 있는지. 소외 되고 가난한 이들도 꿈을 꿀 수 있게 공간을 만들어 주신, 소 알로이시오 신부님의 부산 암남동 양지바른 언덕배기〈알로이시오 기지1968〉를 찾았다. 그곳은 헐벗고 굶주리는 한국전쟁 고아들을 위해 마리아수녀회와 학교를 세워, '바른 생각' '삶의 기본기술' '잃어버린 감성 깨우기' 등을 가르쳤던, 소 신부님의 뜻을 이어 자급자족의 텃밭, 목공 기술 교육장, 병산서원을 눈여겨보았다는 서까래가 멋진 풍경마루, 침묵과 사색의 공간까지, 장애인 학생도 휠체어로 이동하며 공부할 수 있는 정다운 건축물이었다.

    그분의 평생 등짐은 무엇이었을까. 세상에서 가장 외로운 이들의 아버지, 젊은 날을 모두 한국의 가난한 이들을 위해 바치신 분. 그분의 소망이 이루어진 건축물이 최우수 대한민국 공간문화 대상, 부산 건축 대상을 수상한 것도, 하느님께서 세상의 진심 어린 시선을 받게 하신 것 아닌가. 돌아오는 길, 뙤약볕 아래 만발한 목백일홍이 아랫마을과 학교를 품에 안듯 굽어보고 있음이 고마웠다. 이 시설이 오래 건재하기를, 깊은 사랑을 실천하신 소 신부님의 시복시성이 속히 이루어지기를 기도했다.

* 소 알로이시오 슈월스 신부(소재건. 1930~1992) 미국 워싱턴 출생. 1957년 사제서품 받음. 1957년 송도본당 주임신부. 1964년 마리아수녀회 창립 1968년 소 알로이시오 학교 세움.

모여있는 생태生態들

배종영 마태오

승용차로 한 시간여를 달려 찾은 생태공원에
옹기종기 생태들이 모여있었다.
마치 팻말을 앞세우고 있는 난민수용소 같은.

옛날엔 어디에나 생태가 널려있었다.
냇가에서 빨아 온 빨래에도, 종일 놀다 들어온 내 바짓단에도,
물소리 옆에서 풀을 뜯다 들어온 소의 발굽에도
생태는 덕지덕지 묻어 있었다.
어스름 저녁 젖은 마당을 느릿느릿 기어가거나
늦가을 논둑길을 튀기도 했었다.

이제 구겨진 양은 세숫대야 같은,
너무 흔해서 아무 곳에나 갖다 버린
마치 소수민족 자치구 같은 생태공원의 이름들
생태라는 말이 마치 멸망한 어느 부족의
이름들을 닮아 가는 것 같다

언제부턴가 생태들은
걱정의 한 종種으로 변해가고 있다.

우기

배효주 엘리사벳

어긋나는 빗줄기는
연일 장맛비가 되고
휘파람처럼 붙어있는
풍뎅이는 삶을 놓지 않는다

잠시 장맛비는 바람이 되고
흔들린다는 것이
온몸을 들뜨게 하는 것처럼
빗줄기는 가끔씩
제자리를 잡으려는 듯
아이의 이마 위를 기웃거리지만
주름살을 찾아내지 못한다

지축으로 떨어져 내리는
날씨와 탄소배출
아스팔트 틈새의 풀처럼

자기소개서

백옥희 데레사

아침이 도봉에서 부평까지 지, 지, 지 열린다
전철이 쭈뼛쭈뼛 승차 위치에 다가와 소개한다

여기서 저기를 이동해 주는 것에 전문입니다
내 의지대로 달리고 당신의 의지 따위 아랑곳 않습니다
저의 기계적이고 사무적인 지시를 지킨다면
정상인 사람의 발이나 물건이 철로에 빠질 일은 없습니다

하지만 원하는 만큼의 평안을 보장하지 못합니다
지옥철이라고 들어 보셨겠지만,
몸 하나 발 하나 디딜 데 없어 손잡이가 잡아줄 뿐입니다
당신이 원치 않는 자동문이 열리고 덥거나 추울 수도 있습니다

장거리 이동할 경우 창밖의 풍경 감상은 자유입니다
고객님의 노약자, 장애인, 임산부석 배려로 많은 소음과
장시간 달려야 하는 저의 일상이 기쁨으로 가득할 것입니다

아참!
아기 분유통, 이어폰, 우산, 운동 가방, 헤어 핀, 화장 케이스,
묵주, 손수건, 여행 가방, 핸드폰, 지갑 등을 잃어버렸을 때
사실을 안 역사 직원에게 분실접수 하면 안내받을 수 있습니다
승차하시겠습니까?

새똥 철학

변재섭 안토니오

산책하다 둑길에서 정수리 한 대 얻어맞았다. 어쩌다,
정말로 어쩌-다 한 번씩 일어나는 일이다.
콩대 하나 집어 들고 밭가 생땅을 잽싸게 후빈다. 그리고 거기,
폭력을 가한 그 향기 나는 거 묻는다.

말하자면, 창공의 새와 땅의 내가 일직선상에 있었다는 거,
새의 먼 데 아래를 지나온 셈이다.
사람이야 먼 데가 정해져 있다지만 어디 비행하는 새야 장소가 따로 있다던가.
나뭇가지에 앉았거나 하늘을 날거나 한 것이다.

해년마다 본다. 거느린 수종과는 전혀 다른 나무들 태어나고 자라나는 정원.
씨 뿌린 적도, 묘목 심은 적도 없다.
의문의 생명을, 그 존재 원인을 눈 부라려 후빈 진실,
아뿔싸, 새의 배설이라니.

선물 아닌 선물에 지구는 더욱 푸르러 가는 중이다

정직한 세월

서복희 로사

참기 힘든 본능
놓기 힘든 욕망
벗기 힘든 육신
너와 나와 우리
정직한 세월 앞에 누구나 가야 한다

해방된 영혼
하늘과 별과 함께
영원히 영원히

달밤 명상

서정순 요안나

저 달은
어찌
눈물도 없이
나를 울리나

드넓은 하늘에서
어찌
잠든 내 얼굴
가없이 어루만지나

얼결에 눈 뜨며
창가로 마중 가니
정겨운 님의 눈길
가슴에 감겨오네

기우는 달빛 품고
흩날리는 벚꽃들
어찌
한 폭의 그림 아니 되리
한 가락 노래 아니 되리

거룩한 낮과 밤

서혁수 스테파노

동쪽 하늘 새벽 찾아와
아침의 문 활짝 열게 하고
만물이 생기 동력 얻는
풍요로운 낮 펼쳐져 힘난다

서쪽 하늘 저녁 다가와
날 저물어 어두움 내려고
품속 안식을 듬뿍 안겨주는
은혜로운 밤 열려 포근하다

밤하늘 달과 뭇별 빛 발하지만
낮 하늘 햇빛만큼 밝지 못하며
낮은 낮, 밤은 밤대로 뜻 충만하니
거룩한 주야 열려 축복받아 감사하다

천지 창조주 하느님 빛을 만드시어
빛을 낮, 어둠을 밤이라 하셨으니
주야장천晝夜長川 기도하고 빌면서
사랑하며 살아가면 평화를 나누게 되리

숲의 찬가

성정희 아녜스

사분사분 무엇을 말해도 끄덕끄덕
큰 나무, 작은 나무, 굽어진 나무
바닥에 엎드린 말라깽이 작은 풀도
꽃을 피우게 하는

벌거숭이로 기어서 가면
다시 읽고 싶은 수필처럼
숲의 문장에서 어머니의 마음을 읽고
하느님의 소리 들을 수도 있는

컬컬한 바람 소리
간지러운 속삭임도
그냥 반기는 몸짓으로
걸음이 날개가 되어 천사가 된 듯

그늘이 있는 곳에서
빛을 보고 백일 아가의 미소 같은
사랑을 잉태하게 하는
숲은 희망을 악수握手한다

성체 현시

손현진 요셉피나

주님이 나를 바라보신다

고개 숙이고
눈 감으면
감은 눈동자는 빛으로 가득 찬다

주님의 빛이 관통하면
모든 것이 드러난다

여기저기 삐뚤어지고 구멍 나고 찢어진 상처
살포시 싸매주신다

눈물을 훔치며 주님을 바라본다
가득 찬 빛이 내 안에서 흘러넘친다
나는 반짝이는 흰 여울 되어 망설임 없이
세상의 바다로 뛰어든다.

주님이 나를 바라보신다

싱크홀

송경애 발바라

모든 일은 그런 거야
두 집 건너 문패처럼 대문에 붙어있던 '개조심'
언제 사라졌는지 우리가 모르는 것처럼 그렇게 오는 거야
쓰나미를 봐
일기예보까지 locked-in syndrome에 걸리는 걸
모든 것은 밤이슬 내리듯 그렇게
정말 아무것도 아닌 것처럼
어느 날 아침 거울을 닦아도 소용없이 우리
귀밑으로 내리는 서리 같은 그런 거야
어느 어제와 비슷한 저녁
해가 제 그림자를 나무에 걸쳐 놓고 졸고 있을 때
하늘 무너져 쏟아지는 소리 땅이 꺼져 무너져 내리는 소리
쓰나미처럼
위로 한 번 안 해 줬던 장기臟器가 무너지고
한 번 만나 본 일 없는 내 가슴 어디쯤에 있을 듯한
'마음'이라는 흔들거리는 아이가
손쓸 사이도 없이 손이 닿지 않는 끝 모를 나락으로
꺼져 내릴 수도 있으니……
지하 공사는 이제 그만
내 안의 내 소리를 듣고 싶어

서이말 등대

송미란 프란체스카 로마나

이보다 더한 원願이 있을 수 있을까
이보다 더한 바람이,
결단이 있을 수 있을까

하소연하는 것이 있어
뒤집히도록 부르짖어야 했다면
눈물을 훔치며 달려갈 곳이 있다면

아리고 아린 곳마다 실핏줄이 돋은 탄식의 자리
깊디깊은 그곳, 꺼낼 수 없는
짙푸른 파도가 더 높이 오를 때,

"주님께 청하는 오직 한 가지,
나 그것을 얻고자 하니,
내 한평생, 주님의 집에 사는 것이라네"*

* 시편 27, 4

사막여우

송병숙 에스텔

알티플라노 고원을 중고 지프차가 달린다
도미노가 쓰러지듯 길들이 눕는다

돌과 바람과 노을이 선인장 가시에 찔려 피를 흘린다
지구 밖 어느 행성인 듯
현실인지 꿈인지 경계 없는 황야에서
길들이 길에 밟혀 길을 잃는다

더 이상 나가지 못하는 길은 길이 아니어서
바람도 바위에 걸려 머뭇거린다
화산과 만년설과 바위들이 아무렇게나 뒹구는 원시의 땅에
사막여우 한 마리 길을 내며 뛰어간다

반가움에 환호성을 지르며 달려가면
호기심도 두려움도 없이 멈춰서는 사막여우

생명체인 우리는 한참을 마주한다
살아남았다는 것 살아남겠다는 것 살아남아야 한다는 것
눈빛으로 오가는 뜨거운 대화

먹이를 찾아 다시 고개를 돌리는 여우의 등 뒤로
붉은 어둠이 쏟아진다

냉이꽃

송복례 헬레나

가느다란 허리로 커서
목을 젖혀 하늘을 향하여

수줍은 듯 당당하게 서서
실눈에 웃음을 머금고

주신 은혜에 감사하며
하느님을 찬미하는 꽃이여

송이송이 맺혀있는
별들의 속삭임

하늘의 사랑법을 알아
세상에 용기를 주는 꽃이여

엎드려서 대궁을 밀어 올린
갸륵한 꽃이여

하느님의 섬세한 손길이
그대의 속까지 어루만지셨구나

진리의 생명 꽃

송영미 마크라

재깍거리는 시곗바늘 소리
먼 곳에서 들리는 듯 아연하다
내 삶에 울퉁불퉁한 것들의 고통
아픔에 피어난 푸른 이끼가 생명을 돋우어 낸다

내가 걸었고 지금도 걷고 있는
울퉁불퉁한 길로 진리를 찾는 중이다

매끈한 삶, 후회 없는 삶은 매력 없는 인생
깎아내고픈 울퉁불퉁한 시간들이지만
상처 난 흔적 자연석 그대로 놔두고 싶다

그 속에서 피어나는 푸른 잎들이
인생의 역동적인 힘으로 꽃을 피우고
생명의 신비체를 깨우치는 지금이 좋다

원한다고 오거나 원하지 않는다고 안 오는
그것들은 사람에 속하는 모순이고 억지이다

무엇을 심으려고도
무엇을 하려고도 고민하지 않고
바람 따라 쓸리왔나 밀려 나가는
바다의 물살에 맡기련다

무한한 세월 속 자연 그대로
유한한 시간 안에 진리의 빛살로 피는 꽃
신이 만들어낸 생명, 작은 피조물인 것을…

제주도

송종근 알렉산더

아마도 저 우주의 한 모서리
하늘 저편에서 뚝 떨어진
자유의 섬
우리네 삶의 어떤 구속도 벗어버린
제멋대로 아름다운 신비의 섬
삶의 원죄의 땅이 아닌
처음 그대로의 모습을 지닌
아담과 이브의 고향
사랑의 섬

바다는 육지를 그리워하고
육지는 바다를 사랑하고
성산 일출봉은
그런 바다와 육지를 보고 즐거워하고
그렇게 밤새
서로를 그리워하고 사랑하고 즐거워하다
동이 틀 무렵
빨갛고 커다란 늦둥이를 낳고야 말았다

희망이 꽃피고 있었구나
−DMZ

신경희 마리안나

시간이 멈추어 선 곳
남북 2km의 남북 한계선
한반도 허리를 가로지르는

이곳만이 평화의 땅이었구나

임진강은 유유히 흐르고
야생이 살아 숨쉬는
새들의 천국 꽃들의 천국

오늘도 파란 하늘엔
유유히 흘러가는 구름과
날아가는 새들과 흘러가는 강물은 경계가 없구나

무장하지 않아 평화로운 시간
야생이 살아 숨 쉬는 천국엔

희망과 평화의 시간이 꽃피고 있구나

침묵 피정

신달자 엘리사벳

영하 20도
오대산 입구에서 월정사까지는
소리가 없다
바람은 아예 성대를 잘랐다
계곡 옆 억새들 꼿꼿이 선 채
단호히 얼어 무겁다
들수록 좁아지는 길도
더 단단히 고체가 되어
입 다물다
천 년 넘은 수도원 같다
나는 오대산 국립공원 팻말 앞에
말과 소리를 벗어 놓고 걸었다
한 걸음에 벗고
두 걸음에 다시 벗을 때
드디어 자신보다 큰 결의 하나
시선 주는 쪽으로 스며 섞인다
무슨 저리도 지독한 맹세를 하는지
산도 물도 계곡도 절간도
꽝꽝 열 손가락 깍지를 끼고 있다
나도 이젠 저런 섬뜩한 고립에
손 얹을 때가 되었다
날 저물고 오내산의 고요가
섬광처럼 번뜩이며 깊어지고

깊을수록 스르르 안이 넓다
경배 드리고 싶다

석벽石壁 끝에 핀 꽃
— 희망

신정 까르멜다

테니스 코트 옆 담벼락에 겨자씨만 한 틈을 뚫고
나무 한 그루가 서 있다
허리가 반쯤 꺾인 채,
나뭇잎을 키운 가지들
불어오는 바람 온몸으로 맞으며 부피를 키우고 있다
푸르다
청춘의 잎, 더욱 붉다
한 방울의 비, 소나기 한 자락 나무 위로 쏟아진다

"저 놈은 석벽 끝에 갖다 놔도 살 놈이야"
어릴 때 골목을 휘젓고 다니던 그놈
궂은 일 마다 않고 팔을 걷어붙이더니 두 달 전에
"누님 제가 조금 아파요"
허리가 꺾인 채
붉던 입술이 파랗게 떠났다

그놈 떠난 자리
석벽 끝에
붉게 피어났다
작은 꽃 두 송이

원더풀 가창오리 떼

신중신 다니엘

신명 하나로의 아름다운 율동이라니
길들어진 것이 아닌
생존을 위해 벌이는 비상이 아닌
저네들끼리 흥에 겨워 물결치는 저 원무圓舞를 보아

금강 하구 공중곡예를,
작은 물새 무리가 수놓는 무욕의 활력으로
거대한 정어리 떼가 경이롭게 바닷속을 휘저어가고
우주에선 은하계 별들의 불가해한 운행 에너지가 소용돌이친다

수만 파닥거림이 지어내는 춤의 광시곡狂詩曲
어지러워라 무한 자유 한 덩어리라니

이 나라 스산한 개펄 풍경 위로
신들린 기운이 몰려 움실거린다
가난이며 한恨인들 그게 무슨 대수냐 듯 엊그제 일인 듯
원더풀 가창오리 떼

비낀 노을이 섧기만 했던 서해안 가을 저녁
살아가며 맺히고 더께진 무거움일랑 털어버리라는
숨 막히는 군무群舞 ─뭉게구름으로 피어오르는 것
하늘이며 바다도 그냥 우두망찰해 할 뿐인 저걸 보아

생태 공원에서

심정자 세라피나

모자람이 없는 붉은 꽃 하얀 꽃
해당화 꽃길

바람이 햇살을 만나고
발길이 꽃길을 만나고
고뇌가 향기를 만나고

만남과 만남이 톱니바퀴로 돌고 도는데

문득, 생각나는 아침 뉴스
어쩌자고 그 길고 높은 대교에서 뛰어내렸을까

그곳에서만 예순한 번째 아쉬운 목숨이라는데
큰 톱니바퀴에 왜 죽음이 슬쩍 끼어들었을까

맞물린 것들이 녹아내리거나 무너져 내리지 않으면
밝은 햇살 예쁜 꽃길 고운 향기만 있을 텐데

틈이 생기고 균열이 커지면 꽃길은 사라지고
꽃 아닌 것만 보인다

여러 가지 꽃이 가장 많이 피는 오월
그 꽃들 중에는 애도의 꽃이 너무나 많다.

변명

안서경 아녜스

아녜스, 너는 다혈질이야
농담하시던 어느 신부님,
-저 그거 아닌데요
-아니긴 뭐가 아냐

이건가 하고 보면 저거 같고
저건가 하고 보면 이거 같아
늘 양날의 칼을 지니고 사나보다
달과 해 사이를, 어둠과 빛 사이를

물인가 하고 보면
차가운 얼음장으로 얼어붙고
꽃인가 하고 보면 칼이더라고
누가 또 그랬던가

하지만 보통은 죽은 듯 산다
낮과 밤을 지으신 분은 하느님이시다,
탓도 돌리지만
다혈질의 그녀, 그건 너무한 오해이시다

잠겨버린 희망

안용석 안드레아

뻐꾸기 울음소리에 녹음이
짙어가는 남한산성
네 번째 스물을 건너온, 나의 강江을
뒤돌아보며
등굽잇길을 걷고 있는데
유엔난민기구로부터
후원을 요청하는 긴급 문자가 왔다
브라질 남부 히우그란지두술 주洲의
93%가 물속에 잠기고
동東아프리카
케냐에서는 삼백여 명의 사망자에
이만삼천여 명의 난민이, 또다시
피난길에 오르며
도시들은 홍수 속에 잠겨버렸다는
아프고 미안하고 안타까운 소식
지금 이 순간에도
생태파괴 기후 위기 속에
눈뜨고 맞이해야 할 재앙처럼
지구는 곳곳에서 울부짖는 소리
점점 높아가고 있는데… 우우 우리는

바다에 내리는 비

안윤자 벨라뎃다

바다에 소낙비 퍼부을 때
파도에 멍이 들어 떨어지는 빗방울
시원의 비밀을 토설해 놓네
구름집에서 떨어지는 빗방울은
바다를 만나 대해를 이루고

방울방울 후드득
하느님이 눈물을 쏟아내나 봐

먹구름과 바다가 너울처럼 춤추며
쏟아놓는 빗줄기
쫙쫙 주룩 주르륵
하느님이 심해를 청소하시네

이팝나무 꽃말

양미숙 에스델

봄날의 서소문 성지 뜨락
휘광이가 피 묻은 칼날을 씻곤 했다는
휘광이 샘가에 이팝나무꽃이 만개했어요
파란 하늘을 배경으로 키 큰 이팝나무
온통 하얀 눈꽃으로 휘감고
눈부신 꽃잎은 하늘하늘 춤을 추는데
천국을 그린 수묵화가 펼쳐졌지요
하늘만 바라보는 등신대로 서서
흐드러진 하얀 꽃망울에 터지는 진혼곡
휘광이가 씻어 낸 붉은 생명의 불꽃이
이팝나무 흰 꽃으로 너울너울
순교하며 외친 마지막 절규
천국에서 만나자던 순교자 유언인
이팝꽃 꽃말인 영원한 사랑을 노래 부르네요

새벽 미사 가는 길

염경희 마리아

어둠의 등을
밀어내고 있는
고양이의 눈빛으로
새벽은 온다
황금빛은
열려 오는 여명의 미소
기도는 이미
하늘에 닿았다

테살코스테

염형기 스테파노

  40페이지쯤, 그런데 42페이지
"어떤 동물의 코를 이식하셨습니까"라는 제목
  지겹도록 생선만 먹었다는 사람들이 피쉬 앤 칩스를 만들었다는데
  의심을 숨기기에 적당한 코가 필요해
  재의 수요일부터 성 토요일까지
  깨진 달걀이 쌓인 동산에서 깨진 그를 기다려야 하니 깨진 생각 들로 코가
  잠들지 못한다
  나를 무너지게 하는 것은 혹시나 하며 걸어둔 십자가
  쿵쿵거려도 무슨 색깔인지 떠오르지 않아 더 참회해야겠네
  코를 막고 나를 칭칭 묶어주는 기도를 해야겠네
  Heil Jesus Heil Jesus
  그런데 기도를 참 엉터리로 배웠나 봐
  손가락이 자꾸 굵어져 손바닥 사이로 잿빛 눈썹이 보인다
  버려진 밤의 테두리로 크루통을 만들어야지
  씹을 때마다 탬버린 소리가 날 테니
  부활절엔 토끼의 강론을 듣고 싶다
  코가 낮아도 사랑받는다는 이야기를
  코와 입, 눈과 귀의 순서를 바꾸면 미래가 뚜렷해질까
  사육제에서 미처 빠져나오지 못한 코들을 꿰어 십자가에 걸어야겠네
  잠들지 못한 생각을 돌리며 묵주기도를 드려야겠네
  맑은 콧물이 멈출 때까지, 기도가 뚜렷해질 때까지

새하얀

오두섭 펠릭스

나는 그때
세상에서 가장 깨끗한 것을 덮고 잤다

양잿물 노랗게 풀어
짚불에 푹 쪄내고

얼음 깬 냇가로 이고 가서
방망이로 때를 뺀
꾸덕꾸덕한 살얼음 덩어리를

살을 에는 바람과 서리
여우볕에 널어
얼렸다 녹였다

바람 잔 어느 밤에
숯불로 곱게 빗겨 낸
솜이불 무명 홑청

나는 그때
세상에서 가장 새하얀 것을 덮고 잤다

재의 얼굴을 노래하다

오정국 다니엘

나의 고통을 받들어 기도 한 줌 끌어내리고
끝내는 빈손으로 쓰다듬는 얼굴

재의 얼굴은 불투명하다

창밖의 어둠 속으로
재의 침묵을 묵상하는 이마가 흘러가고
재의 부활을 노래하는 팔다리가 펄럭이는데

벌판에서 들려오는 목소리들

여태껏 주고받은 들숨과 날숨, 이걸 요약하면
일생이다 눈 덮인 밭이랑처럼
간명한 외길이다 양지 바른 눈밭은
비스듬히 녹아 있고

이제는 누구도 기억하지 않는
죄를 받아 안듯이
재의 얼굴 몇 줌 끌어당겨
오늘 밤의 내 곁에 잠재워 둔다

하얀 연기

오정숙 라파엘라

이 땅에 태어난 인간
하느님이 주신 선물

스스로 먹을 것을 만들고
거할 곳을 만들고
걸칠 것을 만들었다
더 좋은 것을 만들어내기 위해
끊임없이 노력한다

최첨단의 편리함 만큼 쌓이는 쓰레기
차고 넘치는 공해
공해를 바꾸기 위해 쓰레기를 태우고
그 열로 난방을 한다

도시 한 복판
거대한 굴뚝에서는
밤낮으로 하얀 연기를 뿜어낸다

연기를 계속 마시다 보면
욱신욱신 쑤시다가 몸에 이상이 생긴다

실지 생활과 너무도 먼 낙원
자연을 그리워하는 만큼
새로운 세계를 꿈꾸어 본다

장미의 고사枯死

오주리 로사

6월의 공원, 메마른 장미 꽃잎에 죽음의 그늘 스며든다

가녀린 목선 끝, 꽃송아리의 시선은 태양을 그릴지라도

마지막 이슬 한 방울마저 타들어 간 잎사귀에는

먼지바람 불어와 바스락 장미의 손끝 깨어져 간다

검붉은 꽃잎 떨어진 땅, 불티처럼 피어오르는 아지랑이

비둘기는 숨 가쁜 날갯짓으로 분수대로 사라진다

산 채로 죽어가는 존재자 위하여 동정녀의 눈물 흐를지니

로사리오 기도 바치는 여인의 지문에 장미의 혈흔 비친다

실낙원을 슬퍼하며 세상의 모든 장미 이울던 그날의 기억으로

남극을 날다

원유존 마르코

깃털 고르고 춤사위를 하며 구애를 한다
짝을 찾으면 죽을 때까지 변치 않는 알바트로스
알에서 깨어난 새끼를 위해
영하 40도의 눈보라 속에서도 먹이를 찾으러 간다
부빙을 헤치고 바닷속에서 잡은 크릴들을
배에 담아 돌아오는 아버지
빙벽 위의 둥지를 벗어난 새끼는
가족으로 인정되지 않았다
뱃속을 열어 꺼내주는 먹이를 먹기 위해서는
폭풍 속에서도 발톱이 다 빠지도록
둥지에 매달려야만 했다
3m의 날개가 되어도 날지 못하는 늦깎이 새
모든 생명들이 숨을 죽이고 몸을 움츠릴 때
알바트로스는 일어선다
눈보라가 사선을 긋는 절벽에서 몸을 던져
비행에 성공한 자만이 광활한 하늘을 얻을 수 있다
바람에 몸을 싣고
가장 높이, 가장 멀리 날 수 있는 새
대륙과 대륙을 연결하고 극을 잇는다
강한 자만이 살아남을 수 있는 세계에서
오대양 육대주를 날며 먹이를 찾아온 시간

남극의 새는 빙벽을 두려워하지 않는다

달마중

유수화 아녜스

갑자를 한 번 돌고 서 보니,
마음결이 얇아졌다

밤이면, 닳은 마음이 쿡쿡 쑤시니
결마다 생채기 진 시간이 새록새록 그림자 짓고
결마다 쌓인 숨결이 절로 길게 새어 나온다

마음보를 내 맘 가는 대로 펼치고
접고 담고 제끼고 써버린 지금,

소소원 터주에 기대 고질병 좀 털어보자
시 쓰기를 밀어놓고
별 꼬리나 찾으며 어둠이랑 게으름 피워보자

10월 달빛이 저렇게 내 곁으로 젖어오니
한바탕 뒹굴자고 끌어당기면 놀아도 보자

눈치 없이 치근댄다고
하룻밤 연애는 무슨, 시 쓸 새도 없다는
너스레 떠는 변명에게 일침을 주고
소소원 터줏달, 그 속창으로 훤하게 스며 들어가자

뭔가 잘한 듯이

유안진 글라라

김밥을 사러 가는데
낯선 분이 동회를 물었다
자세히 일러주고 가다가
문득 주민센터라 묻지 않고 '동회'라고 묻다니?
그 한마디에 안심이 안 되어
주민센터 앞까지 앞장서서 걸었다

돌아오는 중에도
집으로 돌아와서도
왠지 기분 좋은 시간을 누렸는데
밤도 늦고 늦어서야 저녁밥을 먹으려고
부엌으로 가서야 깜빡을 깨달았다

그럼에도 뭔가 잘한 듯이
오늘 밤은 기분 좋아 금식禁食했다.

걷기 14
-그늘 사랑

유혜련 아녜스

폭군 태양 가슴에 불덩이 안기고
약골 바람 구름 하나 밀어오지 못한다

빌딩도 번쩍이는 간판도 없는
시골 논가 허름한 풀섶 길
묵주 알 굴리며 고이 걷는다

칡 메꽃 사초 달개비 환삼덩굴
더불어 사는 쑥 망초 소리쟁이
제멋대로 자란 풀 뒤엉킨 오솔길

소나무 밤나무 뽕나무 상수리나무
큰 키 어깨 겯고 뙤약볕 막아 주노니
키 작은 나 오롯이 잠기어
이 길이 꽃길인 양 한들거린다

신망애信望愛 집

윤평현 세례자 요한

아무리 힘들다 한들
여기저기 고장 난
당신만 하겠습니까

아름다운 진실은
작은 것에 담겨있고
행복은 땀에 젖어온다는데

스스로 움직일 수 없는 당신께
어깨를 내어 주고
떠먹을 수 없는 당신께 팔이 되어 주고
앉을 수도 걸을 수도 없는 당신
손발톱 잘라주며 기도하며

돌아보면
나는 얼마나 행복한 사람이었나
행복에 겨워
호사를 누리며 살면서도
투정하며 살아온 고장 난 마음

* 신망애信望愛 집: 서울시 서초구 양재동 장애우가 사는 집

발렌타인 성인에게 바치는 기도

윤호병 빈첸시오

 기독교 신자들을 철저하게 박해하던 로마제국의 황제 클라우디우스 2세(Claudius Gothicus, 214~270)의 서슬 퍼런 통치하에서 담대한 용기로 주님의 말씀을 전파하다, 269년 2월 14일, 바로 오늘 참수된 발렌타인 성인(Saint Valentine, 226~269)이여!

 성인을 아꼈던 황제는 성인이 기독교 수용을 요구하자 단호히 거절하면서, 믿음을 포기하지 않으면 쇠몽둥이로 때린 후 참수시키겠다고 위협해도 성인이 끝까지 자신의 믿음을 굽히지 않자, 269년 2월 14일 황제는 플라미니안 성문(Flaminian Gate) 밖에서 참수시켰나이다.

 발렌타인 성인은 양봉가, 약혼한 커플, 연인, 사랑, 행복한 결혼, 젊은이, 친구의 우정 등 다양한 목적의 후원자로서, 자신과 친구가 된 간수의 딸에게 쓴 작별 편지 마지막에 "당신의 발렌타인 으로부터"라고 서명했나이다.

 바로 이 마지막 구절로 인해, '발렌타인 데이'(Valentine Day)이자 성인의 축일인 2월 14일은 연인과 우정과 사랑을 강조하는 날이 되었지만, 초콜릿과 사랑의 상징이 된 '발렌타인 데이'가 어떻게 유래되었는지를 오늘을 기념하는 모든 이들이 기억하면서, 성인을 위해 기도하기를 기도하나이다.

빈자의 제물

이경애 로사

바람이 실어다 준
한 줄기 향기가
무서운 인연이 되었습니다

여인이 낳으신 아들
내 전 존재의 주인 되시고
그 어머니가 내 어머니 되는
기막힌 인연

집비둘기 두 마리
정결례 제물로 바치신
냉이꽃처럼 가난한 여인

자신의 것이라곤
낡고 정갈한 머리수건
가슴의 따스한 고동소리

옹색한 영혼의 살림
변변찮은 재료로
사랑의 식탁 마련하시는
내 어머니

빈자들의 눈물 훔쳐 주시는

자비로운 치마폭 속에
물이 술 되는 기적
매일처럼 길어 내려주시는 분

당신 가슴속에 애틋이 고인
젖빛 목소리 들으려
매일매일 염치도 없이
부르는 성모 마리아

강화 동검도東檢島 채플

이경철 암브로시오

사방팔방
갯벌이다
바다 쓸려간 뻘밭 숭숭
가쁜 숨 내쉰다

질척이며 고꾸라지며 지고 온
십자가 맞춤한 언덕
산사나무 가시 면류관 못 박혀
빛살이 된 동검도 채플

일곱 평 남짓 뻥 뚫린 성당
갯벌 너머 바다 수평선, 솟아오른 마니산과 하늘
경계를 나는 갈매기 울음소리 그대로
창에 들어와 찬란하게 빛난다

붓질 한 번
갈가리 터져오는 빛살의 태초
빛과 그림자 함께
색색 숨결로 무늬져오는 스테인드글라스

질척이는 갯벌 푹푹 빠지는
혼돈 같은 이내 삶 어떻게
은총의 빅뱅Big Bang, 빛살 되느냐 검문하며
나를 발가벗기는 동검도 채플.

열대야

이광용 암브로시오

폭염의 날들이 이어지는 열대야의 기록
언제부터 시작되었는지 기억할 필요도 없다
그래도 시원한 아침을 기대하며 산을 오르는데
여전히 열대야를 예고하는 하루가 앞에 버티고 있다
풀이며 나무들이 신선한 아침맞이를 준비했지만
시절이 하 수상하여 아침다운 아침을 잊은 지 오래
기후 위기의 아침, 그들에게 강요된 열대야
아침이면 시원하게 시작하던 기대와 믿음이 사라져간다
사람들은 이제 산이 준비한 아침은 아랑곳없이
열대야를 예고하는 고집스런 폭염의 날을 피해
먼저 자연이 아니라 냉방된 공간에서의 아침을 찾는다
이미 죽은 역사의 오랜 유기화합물 퇴적층에서
잊혀진 기억들을 찾아내 공격하듯 뜨겁게 불태우고
밀폐된 공간에 마련된 각자의 시원한 하루를 즐긴다
저 능력은 시원한 자기들만의 아침을 독점하기 위해
생명의 산소를 불태우며 계속 죽음의 탄소를 내뿜는 힘
사방에 뜨거운 열기를 공급하면서 독점되는 시원함 같은 것
힘으로 배제하고 힘으로 독점하는 환경을 만드는 일
사랑도 정치 싸움도 종종 열대야처럼
내가 살기 위해서라면 시종 다른 생명을 배척하는 일이었다.

지난

이권형 바오로

여름, 생각하면
뿌듯한 거 있지

처음부터 그럴 생각은 아니었어
더구나 지구를 지켜야 된다든지
어떤 사명감 같은
그런 것은 더더욱 아니었지

피서를 갈 수도 있었지만
그러지 않았어

대야에 발 담그고
이따금 얼음 둥둥 띄우면서
북극곰과 빙하에서 먹이 사냥도 하고
남극 황제펭귄과 허들링huddling도 하면서
시상詩想에 잠기는 거야

에어컨 없이
선풍기 한 대로만, 그렇게

작은 천사의 미소

이금연 제노비아

돌담 밑 작은 틈바구니
뿌리 내린 가녀린 꽃
실바람 타고 살랑살랑
살며시 내민 소박한 미소
피워낸 작은 꽃잎 대견해
지나다 잠시 머문 눈길에
노란 꽃잎 수줍게 흔든다

척박한 땅 위에 내려도
해맑게 꽃피워
누군가의 가슴에
작은 위안 용기 심어주는
민들레 노오란 꽃잎
봄 햇살 머금고 따스히 빛난다

설화산 5월 비빔밥

이기영 바오로

설화산 자연인 삶
최고 참 맛은 5월 비빔밥

경사진 산 텃밭 일구긴 힘들지만
삼립국화, 부지깽이, 원추리,
눈개승마, 두릅, 참취, 어수리,
두루두루 심어

아내가 직접 담근 고추장과
심어 짠 들기름에
이것저것 골라 따서
골고루 함께 섞어
썩썩 비벼 먹는
그 황홀한 맛은
바로 홍익 자연의 맛

삶지도 굽지도 튀기지도 않고
있는 그대로 생 생
다 섞어서 조화로운 상생의 맛

에덴동산 설화산 5월 자연 비빔밥은
향기로운 필하모니 건강 교향악

스크램블

이도훈 바오로

계란후라이는 이제 스크램블
하트 모양이나 동그란 모양은 필요 없어
노른자를 가운데 두려고 애쓰거나
터뜨리지 않으려고 조심할 필요도 없고
화풀이하듯 성질부리듯 마구마구 휘저을 거야.

소금도 고르게 뿌릴 필요 없지
한숨 넣고는 또 휘젓는 거야
첫사랑 이름으로 휘젓고
집 나간 시백(진돗개)이 이름으로도 휘젓고

노른자는 다 알고 있었어
둥글게 부풀어 오른 분노가 지글지글 끓어오르는데
째깍째깍 울리는 타이머 소리

너무 조심조심 살아왔어
동그랄 필요도 없었는데
동그란 프라이팬에선
동그랗게 살아가야 하는 줄만 알았어

살아갈수록 자꾸 모가 나고 삐딱해지는 게
꼭 스크램블 같아
내 이름으로 휘서어버렸어.

청성곡 淸聲曲*

이돈배 베르나르도

대나무 그을린 자국 마디마디에
결은 느리고 잔잔한 가락 사이로
부드러운 달빛 단아한 옷깃을 스친다

옥구슬 구르는 억겁 찾아 나서는
깊은 계곡 우러나는 물소리
수양버들 잎 미풍에 흩날리네
얕은 여울지나 실개천 흐르는
청음을 엮어 풀어 내쉬는
태고의 숨결은 자애롭다

실타래 가락은 가늘고 여리 내려
길다가 느린 고동은 심금을 울리네
하늘을 향해 높이 멀리 펼치는
흩어져 지나는 엷은 떨림에
작은 너울 건너는 긴 긴 밤은 애처롭다.

깊은 곳에 샘솟는 선율이
그늘진 한 여름 고갯길을 넘는다
실바람은 끊어질 듯 이어져
지축 흔들어 깨우는 청아한 순음純音
천상의 부름으로 비단결 울려난다.

* 청성곡淸聲曲: 『요천순일지곡堯天舜日之曲』, 『청성자진한잎』.

축복을 향하여

이만형 라르고

해질녘 좁은 골목
라일락 꽃향기 흩날렸던
귀갓길을 기억하시나요

산과 들에
가을빛이 깊어 갈 때면
빨갛게 불타던 단풍잎 모두
어디로 사라졌나요

상실의 슬픔을
향하여 누군가 곁에서
'무슨 꽃향기, 단풍빛 타령이냐'고
핀잔을 주지만

삶의 행로에서 만났던
결코 감사하지 못한 축복과 위로가
추억으로만 머물고 있는 오늘에야
비로소
그 깊은 뜻을 헤아려
봅니다

희망

이명림 엘리사벳

전쟁터의 국민은
전쟁이 멈추는 게 희망하고
병든 자는 건강 회복을 희망하며
빈곤한 자는 금전이 희망이다

희망은
소망하는 이에게 다가와
밝은 등불이 되어 주는
한 줄기의 빛

사람은
희망으로 살고 절망으로 죽는다
희망이 지상의 모든 이에게 고르게 내려
밝은 지구촌을 만드는 것은 근사한 일이다

그루터기에 축복이 피어나다

이명옥 마리아

그루터기에 불쑥 날아든 풀씨 하나
척박한 틈새에 터를 잡았다

길 잃은 씨앗 하나 다독여
햇살과 바람과 손잡고
너 그루터기,
그렇게 우주를 품었구나

그 여린 잎사귀,
조곤조곤 전하는 이야기에
어느새 나는
무릎을 꿇듯 옷깃을 여민다

자귀나무 꽃그늘 아래서

이문진 스테파노

임 보고 싶어
행여 만날까
바닷가 찻집에 와 기다렸더니
서울 간 임은 오지 않고
밤새도록 철퍼덕거리는 파도 소리
애간장을 다 녹이네

자귀나무꽃 만발한
꽃그늘 아래
임 마냥 품어있는
노랑나비 한 쌍

사랑해요
사랑해요
속삭이고 있네.

주님의 자비

이방원 헬레나

작은 일도
정성껏
기도하는 마음으로 한다.
주님 자비, 주님 자비 베푸소서 아멘

아무렇지도 않다는 듯이

이봉하 티모테오 수사

아무렇지도 않다는 듯이 먹다 버린 음식물
아무렇지도 않다는 듯이 버린 의류
아무렇지도 않다는 듯이 버린 비닐, 플라스틱
아무렇지도 않다는 듯이 버린 산업, 의료 폐기물
… 때문에 산내들이 숨죽어가고 있다

아무렇지도 않다는 듯이 잘라 버린 나무들
아무렇지도 않다는 듯이 뚫고 파헤친 산내들
아무렇지도 않다는 듯이 흙을 대신하는 시멘트
아무렇지도 않다는 듯이 바다에 버린 온갖
쓰레기와 폐그물… 때문에 생명들이 빠르게
우리와 지구에서 사라지고 있다

바로 나와 너 때문에
힘없는 생명은 영원히 사라지고
지구는 아파하고 병들고 있다는 것을
알면서도 모른척하며, 오늘도 우리는
아무렇지도 않다는 듯이 미소 짓고 있다

그럼에도 불구하고
사람들과 공존하는 생명들은 지구는
어떠한 환경 안에서도 사람들에게 희망을
안겨 줄 것이다.

나비의 작은 날갯짓

이서은 노엘라

오, 무심한 나비의 작은 날갯짓이여,
남몰래 쏟아버린 폐유廢油는
비옥한 대지 청정한 바다로 스며들어
건강한 오장육부 까맣게 병들게 하고,
마구 버린 종이 한 장 얻기 위해
밀림 속 나무둥치 사정없이 후려치는 도끼날과
무심코 던져버린 담배꽁초는
울울창창 푸른 숲 베어내고 몽땅 태워
새까만 벌거숭이 황무지 산 만들어
청정공기 부족으로 가쁜 숨 몰아쉬는 병든 가슴들,
5분도 안 되는 거리 걷기 싫어
너도나도 운전대 잡고 나설 때마다
저 북극 빙하 줄줄 녹아내려 삶의 터전 잃은 북극곰들
망망대해 떠돌다 저세상 가게 만들어
온 세상 철철 피 흘리게 하니,
오, 무시무시한 나비의 작은 날갯짓이여,
이제 그만 굳게 닫힌 마음의 빗장 내려놓고
꽃잎 위에 내려앉아
감당 못할 폭풍우 고이 잠재우소서.

기원 祈願

이수산 수산나

자비로우신 님께 의탁하며
나 여기까지 왔사오니
한결같은 사랑으로 항상
보호해 주시기를 간구합니다

급한 일이 있을지라도 서두르지 말며
넘어지면 강물에 빠지듯 낭패를 당하오니
천천히 평화롭게 살아가도록
님께 의지하오니 보살펴주시옵소서

주일 미사 동안
님을 우러르며
찬미 찬송하오리다

봄날의 서정

이순옥 세레나

반짝이던 햇살이
오늘은 수심에 잠겼다
밑동이 베어지는 은행나무
열매 냄새 구리다고
아파트 주민 과반수가 서명했다.

탱탱하던 햇살이
오늘은 주름 가득하다
봄날 내내 부리가 휘도록 나뭇가지 물고 와
높은 나무 꼭대기에
하늘 향해 집 두 채를 지은 까치부부
그런데
그 나무 유난히 키 크다는 이유로
담장나무 높이에 맞추어 절단하기로
아파트 주민 과반수가 서명했다

집 두 채 땅바닥에 나뒹굴고
예고도 없이 보금자리 잃은 까치들
항의 한 번 못하고 떠나가는
새끼까치 어미까치 꺼억꺼억
저네들 보상은 어디서 받나?

순례자의 길

이순희 도미니카

물때에 맞춘 새벽 첫 배
음력 22일, 썰물에 갯벌이 드러난
깊은 어촌의 뿌리
기묘한 점 모양의 대기점도에 닿았다

네 개의 섬과 섬을 잇는 신안 산티아고 순례길
때 묻지 않는 섬 소기점도를 지나며
아주 완벽히 심기를 해야
세상의 어떤 서리에도 뿌리가 말라서 죽지 않듯
끝까지 견디며 버티자

베드로 집에서 가롯 유다 집까지 열두제자
이국적 감성의 건물 찾아 온종일
기적의 체험 15km 26,460보를 걷는다

시린 겨울 지나야 곶감이 깊은 맛 나듯
떠돌다 떠돌다
순례자의 노래 부르고 또 부르며 발이 부르튼
인생은 순례자,
바람 부는 대로 걷는 외로움 속의 순례자

시 지어 가는 숲

이승남 율리아나

갈참나무 사이로 볕이 들어
숲의 가슴마다 에메랄드 곱게 수놓이고
산 벚나무 잎맥을 타고 흐르는 초록 살결

하느님을 닮아 엄위하고 다정한 숲길
고운 새소리 맑은 바람 소리
이끼를 타고 흐르는 골짜기 물소리
다 같이 어우러져 하모니가 되는 정다운 곳

현처럼 타고 흐르는 풍경소리 시인이 되나 보다

새들의 노랫소리 골짜기를 메우고
푸름이 시를 지어 가는 숲

새벽이면 갓난아이 닮은 순수한 미소를
낮이면 침샘 자극하는 파란 피클 맛을
저녁 하늘 별이 돋을 때면
가슴 벅차도록 찬미 노래 부를 수 있음도
당신이 아니시면 이 큰 사랑의 결을 어찌 느낄 수 있을까요

세상 모든 아름다운 자연 만물이 변함없이 영원하기를
사계의 명암을 오래오래 기억하고 느끼고 사랑할 수 있기를
흰 구름 쉬어가는 가을 하늘 푸르고 푸르러 눈물 고이는 맑음에
더 이상 뿌연 먼지가 덮이지 않기를 간절한 마음으로 두 손 모읍니다

그'곳'
－사천항

이승용 데레사

지나가는 여름을 잡아보겠다며
동해 사천항으로 달린다
몇 해 분의 여름을 눈에 담고자
그'곳'으로 달려간다

천국으로 가는 계단인지
지옥으로 가는 계단인지
그곳은 알 수 없는 하늘의 경계
닿을 수 없는 수평선처럼
끊어질 듯 이어지던 가느다란 시간이
소용돌이를 매달며 돌고 있다
거짓 웃음을 짓던 그곳의 핏줄들이
등을 돌리며 지나간다

하늘에서만 보이는 너머의 그곳
더 이상 선을 넘지 마세요

그곳에 소용돌이를 알고 있다는 듯
계단 끝에 내가 서 있다
쉬익 쉬익 숨 고르며 나를 지키고 있다

외로운 별

이승필 글라라

미동 없이
카메라를 응시하는 북극곰의 눈동자 속에
오늘도 길 잃은 별들이 뿌려져 있다

북풍北風이 휘몰아치는 동토
이 땅을 마지막으로 지키는 이방인의 밤이 지나면
그대들은 아는가
공존하는 죽음이 온몸을 감싸고
사지가 떨리는 허기에 흔들리는 그의 남루한 위상을

인자하신 당신이여,
정녕 우리의 가슴에 꽃을 심어놓고 떠난 당신은
우리의 기도를 들어주시리라
북극곰은 신神의 침묵을 묵묵히 견디고 있을 뿐임을

세상보다 아름다운 존재 속에
우리의 하느님이 살아 계시다.

침묵으로 소통하다

이승하 프란치스코

발명을 거듭해 온 인간의 역사
발명왕 강철왕 저축왕 판매왕 전자기파왕
모두가 왕의 부하*
전자기파는 끊이지 않는 파동
인간세계에서 끊이지 않는 정치파동

호수에 돌을 던지면 파동이 일 듯
어떤 매질媒質이나 성질이
진동하면서 에너지를 전달하는 물리적 현상인 파동
 전파, 라디오파, 마이크로파, 적외선, 가시광선, 자외선,
엑스선, 감마선……

성간물질을 뚫고 시공간을 뚫고
우주의 처음부터 시작해 우주의 끝을 향해
도처에 매복해 있는 복병처럼 많은 블랙홀
블랙홀의 막대한 중력에 끌려서 그 주변을
격렬한 속도로 회전하는 물질들이 내는 전자기파

마침내 인간이 너를 이용하기로 했지
1.3mm 파장의 마이크로파로 5G 통신을
너무너무 작은 이 지구에서 전자기파를 이용해
수렁 같은 블랙홀 사진을 찍기도 했다
가시광선보다 파장이 훨씬 긴 전자기파를 이용해

차를 굴리고 인공위성을 띄우고
김정은은 미사일을 연신 쏘아올리고
나는 5G 3.5㎓ 주파수 대역의 소형 기지국으로 출근한다
우리는 모두 입을 봉하고 전자기파로 소통한다
통신하며 존재하는 호모 일렉트로메그네틱 웨이브즈로

* 미국의 정치를 풍자한 로버트 로센 감독의 영화 제목. 1950년 아카데미상 시상식에서 작품상, 남우주연상, 여우조연상을 수상.

이영순 엘리사벳

이신강 발바라

요셉을 만나는 것을
큰 언니가 반겼다

세 살부터 나를 기른
큰 언니
정성을 다해
기르고 가르치고
꽃꽂이며 요리며
예의범절까지

막내 동생을
은수저 집안으로
시집보내며
예수님께 감사드렸다.

나는 큰 언니의 작품이다.

새롭게 하소서

이안옥 요안나

두 마음 두 갈래 길에서
서로 다툼할 때 새롬아, 어서 오소서

고독을 질근질근 씹으며
한숨이 목까지 차오르더라도
희망아, 내 곁을 떠나지 말아다오

세상 모든 것이
내 곁을 다 떠나 홀로 남겨지더라도
사랑아, 여기 머물러다오

헛된 욕망에 젖어
내가 나를 버렸을지라도
성령이여, 나를 차지하여 새롭게 하소서

시간의 흔적

이애진 수산나

모래밭을 빠져나간 발자국은
시간을 흘리고 다닌 모래들의 말이다

썰물에 기대어 흘러간 시간은
모래알의 긴 내일의 이야기다

발밑에서 조금씩 지워지는 기억은
바다 쪽
닿지 않는 먼 곳으로 슬그머니 흩어지고

나는 발등이 소복이 부은 채
썰물에 쓸려가는 가여운 것들의 이름을
작은 입술에 불러보네

모래알의 오늘은 수평선 멀리
하얀 포말로
붉은 해를 등지고 철석이네

해무

이옥진 글라라

아직도 산길에는 해무가 덮어도 그대
산 너머 떠오르는 아침 태양을
보려는 맘 잊으시려는가
산을 오르다 보면 쓸쓸한 발걸음 멈춰 서서
길마다 가시덤불 사랑해야 할 때
무슨 생각으로 평생토록 지켜보았는가
하늘을 올려다보면 어느새 옅어진 해무
목숨은 집으로 돌아가는 길에
바람에 흐르는 구름이 흘러가라 이르기를
무언가를 주지 않을 수 없는 너에게
어느 날엔 환한 웃음으로 떠오를 태양
또다시 휘날리는 이정표를 세우고
살아가는 동안 해무가 끼었다가 다시 걷힌다 해도
흔들리지 않을 마음 촉촉이 적시거든
산산조각 난 기대 추슬러 그대 다시
온 초록으로 물든 산을 오르고 싶어지리라

녹두 알 너덧 되

이은봉 아우구스티노

녹두밭에서 크던 녹두알들
톡톡 튄다 벌써 다 익었나 보다
한꺼번에 베어낸 녹두대
마당 위 멍석을 펼치고 넌다

맑고 깨끗할 가을 날씨
녹두대 금방금방 잘 마른다
아내와 나의 도리깨질 소리
따닥, 따닥, 딱 흥겹다

추수를 다 마치고 보니
소쿠리 속 녹두알 너덧 되
이것으로 무엇을 하나
녹두빈대떡이나 부쳐 먹어볼까

녹두빈대떡에 막걸리 한 잔 먹으러
우루루 모인 동네 사람들
시끌벅적 떠들어대는 모습
생각만 해도 입에 침이 고인다.

쇠뜨기

이인평 아우구스티노

우린 풀이 아니라
숲이다
한여름 땡볕에도
초록을 산다

숲으로 우거진
짙푸른 사랑을 본다
장마통에 빨아올린
열정을 느낀다

마디마디 숨결 같은
생은 더없이 질겨
뜯겨도 뜯겨도 되산다

희망이란 그런 것
너도 살고 나도 사는 것
그렇게 숲이 되는 것

죽기를 무릅쓰고 함께 살아
줄기를 뻗어가며 바람이 쓸 땐
기쁨을 출렁인다

아름다운 축제

이정옥 베아타

퇴색한 대웅전 문살에 쌓인
고색창연한 세월의 아름다움

수평선을 향해 사라지는
돛단배 한 척의 아득한 아름다움

시골 장터를 기웃거릴 때
사람 냄새의 순박한 아름다움

아름다움에 눈시울이 젖는 순간
뜨거운 것이 가슴을 적시지요

아름다움은
높고 낮음을 차별하지 않지요
있고 없음을 구별하지 않지요

길 잃은 그대여 울지 말아요
세상에 지천인 아름다움이
그대를 향해 미소 짓고 있지요.

감나무

이정희 요안나

가을 햇살이 따갑게 내리는 날
까치가 까악까악 기쁜 소식을 알린다

주먹만 한 감이 넓은 잎사귀에 숨어 있다가
툭툭 튀어나와 인사를 건넨다

꽃들에게 마음 빼앗겨
눈길 못 받았던 감나무

꽃들이 가고 난 정원 구석에
화려하게 꽃으로 피어나서
내 마음을 만져준다

묵묵히 모진 세월 잘 버티고 온
어머니 모습으로

어린 시절이 보인다
내 고향 청도가 보인다

사람의 길

이철희 세례자 요한

바람에는 바람의 길이 있다
물에도 물의 길이 있다
눈 시리듯 푸른 물이 금방 쏟아질 듯 투명한 가을 하늘
하늘에도 하늘길이 있듯이
사람에게도 다가가고 싶은
반드시 가야만 하는 길이 있다
늘 이밖에 알지 못한 죄도 사하여 달라고
고백소를 벗어나면
저 건너편 사람의 아들이 서서
"불쌍타 불쌍타" 혀를 치는 소리를 듣고 산 지 30여 년
대죄는 가슴 한켠에 꽁꽁 묶어두고
그저 그 순간 모면할 자잘한 소죄만 주절대고 만 판공성사
왜 이리 부끄럽고 덕지덕지한지
이제 남은 시간이 자꾸자꾸 줄어들고
'자기를 버리고 제 십자가를 지고 따라야 한다'고 하신 사람의 길
목 놓아 울고 울다가 가슴 속 숨겨둔 대죄들을 다 끄집어내
하나도 남김없이 말씀으로 싹 씻어내어
첫 고백처럼 깨끗하게 다시 태어나
남은 시간 짧지만 당당하게 사람의 길을 걸어가
그분께 마지막 고백을 하고 싶다.

산과 바다에서

이해인 클라우디아

산에 가서
바다를 내려다보면
끝없는 수평선이
어머니의 사랑으로
나에게 올라오며
넓어져라 넓어져라
노래를 하고
바다에 가서
산을 올려다보면
위엄 있는 능선이
아버지의 사랑으로
나에게 내려오며
깊어져라 깊어져라
기침을 하고
날마다 내 안에
출렁이는 바다
끄떡없는 산
번갈아 그리움이네

도로 위의 십자가

이현원 베드로

바위에 그림 새기듯
도로 위에 그린 붉은 그림

산악도로에서
가끔 발생하는 로드킬 흔적

노루와 멧돼지가
온몸을 던져
죽음으로 항거해도
문명 이기의 살생으로
지구촌 동물화는 늘어만 가고

길 위에 그린 순교의 표상
피로 물들인 절규

'야생동물에게도 길을 내주세요'

이 시대의 파수꾼들

이화은 요안나

사제로부터 예수를 지키기 위해
신자들이 새벽부터 성당 문을 두드린다

그런 시대가 왔다

배고픈 스님들이 다 팔아먹고
요즘 절집에는 부처가 없다고 한다
스님들의 식보가 유난히 크긴 하지만

정치인들로부터 국가를 지키기 위해
국민들이 하루도 빠짐없이 거리로 나선다
목이 터져라 외쳐도 정치의 귀는 열리지 않는다
돌대가리 자물통으로 귀를 채웠기 때문이다

아름다운 시 한 편을 지키기 위해
독자들이 오늘 밤도 불침번을 선다

배를 끌고 산으로 가는 시인들을 막아야 한다

시인들로부터 시를 지키는 일이
난해 시 한 편을 해독解毒하는 일보다 더 어렵다고 한다

그런 시대가 와버렸다

고향에 와서

임병호 안토니오

햇콩 익어가는 구월
고향에 오면
나는 마을 앞 들판이 된다

산이 되고 언덕이 된다
냇물이 되고
한 마리 새가 되어 날아다닌다

금빛 바람과
논둑길을 걸으면
흰둥이가 앞장서고

뒤에서
고추잠자리들이
몰래 살살 따라온다

개울 건너 저쪽에서
코스모스가
어릴 적 동무처럼 괜히 웃으며
손을 흔드는데

들길에 풀꽃들이
밤하늘 별처럼

피어 있는 마을

아, 구월에
고향에 오면
나는 열두 살 소년이 된다.

그러므로 빛나리라

임수향 데레사

상처 없는 삶이 어디 있으랴
누구에게나 아픔은 있으려니

거부할 수 없는 흔적은
함께 가는 것이다

안으로 삭이고 또 품으면
그것으로 인해 힘이 되는 것이다

오늘의 아픔이
내일의 보석이 되는 것이다

조개의 상처도
굳건한 진주가 되었으리

그것으로 인해
삶을 헤쳐가는 것이다

그러므로 향기를 품은
일상이 되는 것이다

함께 걷는 소중한
동행이 되는 것이다.

지우개

임지현 마틸다

해와 달 틈서리에 서서
나는 지우개가 되었습니다

해를 지우고
달을 지우고

밝음과 어둠을 지우기를
반복했지만

지워지는 건
나 자신임을 알았습니다

사시사철 이러다간
뼈와 살이
하나도
안 남겠지만

지워져야 하는 까닭으로
여기 그냥 섰습니다

악수

장순금 젬마

맹물 같은 음성이 악수를 청한다
손바닥과 손등이 서로 다른 얼굴로
친애하는 이무기여, 안녕하셔요?
측면으로 전해오는 비릿한 촉수에
악력의 온기를 조심하셔요

손바닥 깊은 데 잠복한 침묵의 자객 같은 미소를
뜨거운 말은 몸갈피에 숨기고 둥근 무늬로 웃는
발밑을 조심하셔요

입술이 맹물처럼 웃는 동안
공회전하는 손바닥, 홀연히 나비 한 마리
안녕의 무게를 날개에 얹는다

눈 맞추는 인사는 천천히 택배로 보내셔요
손바닥 간질이는 은유는 아직 일러요
모래바람 뿌연 저녁이 악수를 청하는 내일에게

안녕하셔요?

스노우 사파이어

전길구 라파엘

작은 잎 안에
한 번도 가본 적 없는 나라가 있다

온 세상이 숲이던 곳에
눈 내리고 바람 불어
흰 산들이 듬성듬성 초록 허리를 보이고
쓸려간 눈들이 길처럼 뻗어 있다

잎사귀 한 장에 한 나라

새 나라가 생겨나면
그 작은 나라를 중앙에 두고
한 발씩 밖으로 물러서서
피어날 자리를 내주는

아름다운 나라들의 세계지도
스노우 사파이어.

들꽃 예찬

정병운 바오로

누가
너의 이름 불러준 적 있더냐
그저 들판에 핀 야생화라 부르곤 하더라
가식이란 단어와는 애당초 어울림 없이
외로움 숙명처럼 달고 사는 너

어쩌다 찾아주는 이 있어도
늘 미소 지으며 맞아주더구나
스쳐 가는 한 줄기 미풍에도
까닭 없이 흔들리는 나에게
버티며 사는 모습 보여주는 너

내당內堂에서 손길 타며
이쁨받는 가화佳花라야 꽃이던가
눈 비바람 맞으며
풍찬노숙하는 네가
진정 꽃 중의 꽃인 것을

너는
외로운 들꽃이지만
시인에게는 꽃 중의 으뜸으로 다가온단다

가을 나비
―사랑의 시인을 기리며

정성완 레오나르도

소쩍새 우는
이른 봄부터
그렇게 오도록 울먹이더니
끝내 신선한 피를 수혈해 주고
창천으로
훨훨 날아갔습니다

사해에서 듣다

정연순 에우푸라시아

노을이 녹아내리는 물결에
뜬 송장처럼 죽은 척
심장이 숨죽이고 숨을 쉰다

속이 빈 뼈
부유하는 중력
닫힌 눈 텅 빈
안으로 울리는 공명

우주의 태아
저 살구색 벌거숭이
숨을 쉬는 건

여기
나
혼자

새날을 그러안고
산봉우리 넘어가는 해가 말한다

혼자서는 사랑도
혼자서는 아름다움도
혼자서는 그 무엇도

혼자서는 아무것도 아니라

그건
살아도 산 게 아니라

2024, 새해기도

정영숙 아녜스

내가 알지 못하는 곳으로 홀연히 떠난 당신
어디로 가야 당신을 찾을 수 있을까요
그곳은 내가 갈 수 없는 영원 속인가요
영원의 문은 보이지 않네요
영원히 녹지 않는 얼음 키를 발목에 매달고
백야白夜의 얼음벌판을 수천수만 번 넘고 넘어
얼음기둥으로 서 있어도 열리지 않는 문
보고 싶어도 볼 수 없는 당신
어디로 가야 당신을 만날 수 있을까요
그곳은 현생을 떠나야 만날 수 있는
백야 너머 너머의 흰빛 세상인가요
돌무덤 앞에 꿇어앉은 막달라 마리아처럼
두 손 모으고 기도하는 새해 아침
온 우주, 당신 목소리로 가득 채워지네요
메마른 땅에서 연둣빛 새움이 돋아나고
여기가 거기고 거기가 여기인
경계 없는 세상에서
당신과 함께 숨 쉬는 기적이 일어나네요

몽돌해변에서

정운헌 율리아

이곳에 오면
해와
바람과
물결에
깎일대로 깎여 상처까지 지운
둥근 마음들이 모여 있다
기도를 드리고 있다
벌거벗은 자들의 자유로움으로

길이 너무나 많아서
알 수 없었던 바닷속을
몽돌들은 견디며 잘 지나왔다

지금은 젖은 영혼까지 말리며
가벼워지고 싶은 시간

바위들이 부러운 듯
바라보고 있다

꿈틀꿈틀한 식사

정정례 율리안나

나무 꼭대기 새 집에서
새소리가 흔들린다
원래 흔들려야 새 소리다
그 소리가 가지의 이쪽과 저쪽의 경계를 넘나들고
아슬아슬한 경계의 안쪽엔
아직 흔들리지 못하는 날개들 자란다

둥지에 갇힌 허공을 깨고
쩍쩍 갈라진 햇살 틈에서 나온 새끼들
하루 종일 아지랑이를
어린 새끼에게 물어 나르는 새들
불안의 노란 주둥이들이
눈을 감고 받아먹는 먹이의 무게
그 크기의 허기

꿈틀꿈틀한 식사, 애벌레들이 간지럽게
넘어가는 봄의 목울대
휘파람 소리에 파란 잎이 튄다
봄은 태양들이 몇 배수로 늘어나고
각자 물들일 열매들을 찾아
나뭇가지들은 뒤척인다

나무의 중심을 꽉 잡고 안팎으로 흔들리는 것들
둥지가 새끼들을 붙들 듯, 어미가 봄을 붙들듯이
봄이 한 마음을 붙들 듯이

참 좋다

정주연 베로니카

하늘 시간표를 따라 가을맞이 마른풀을 뽑는 저녁나절
이젠 이 꽃과 나무의 하녀 직업이 벅차다고
여기를 떠나 그 좋고 편하다는
실버타운 이주를 모색해 보기도 하는데

해마다 거실 통 유리문 가득
핑크빛 레이스 꽃무늬 옷자락을 휘날리며
온 집안을 환한 미소로 채우고 환상의 꽃비를 내려주는
오래된 벚나무와 무심히 마주친 눈길
만류하듯 내 손목을 잡아당기는 나무의 낮은 목소리
나는 여기에 이대로 남기로 했다

봄이면 제비꽃밭을
라일락 향기를 보내주는 그이는 누구신지?
내 비밀의 연인

그분은 분명 내게 맞는 죽음도
선물처럼 미리 마련해 두셨으리라
한 발자국씩 그분께로 나아가기로
나는 여기 산밑 집에서 자연사하겠다는 결심을 해본다.
매일을 평온히 그날을 위해 준비하는
노동히는 오늘이 참 좋다.

무시할만한 수준

정지윤 베로니카

독한 질문들이 서서히 사라진다
머리카락에 스며든 빗물들이
발가락으로 새어 나온다
잠복기 따윈 걱정하지 마
빗물은 마셔도 괜찮아, 입의 각도는
무시할만한 수준이야
미니어처에 앉은 전문가들 사이로
오토바이들이 퀵, 퀵 빗속을 달린다
물은 물을 튕겨내는 법이야
씻으면 괜찮아
나는 깨어진 사랑만을 믿는다
비가 전하는 소식은 없어
질문도 대답도 아닌 입들
내가 듣던 목소리, 이젠 그마저
들리지 않았으면 좋겠어
구름의 목을 조르는 손가락들
빗방울의 크기는
무시할만한 수준일 뿐
내리는 빗속에서
우리는 다 잊혀진지 오래야

북극의 8월

정채원 로사

팔을 한껏 벌리고
8월이라고
얼음이 녹는다고
훨훨 춤을 추었나

발밑에서 얼음 갈라지는 소리

북극곰은 어떻게 물개를 잡을 수 있나
발판도 없이
너는 무얼 사냥할 수 있나

발밑에서 얼음 갈라지는 소리

해빙이라고
북극에서 발판도 없이
8월이라고

오솔길 옆 개구리 바위

정해현 베네딕도

오래전부터
난 여기 있었어

풀이 돋고
눈 내리고
나무가 솟았다가 스러지고

언젠가 몇 사람 지나며
뭘 닮은 것 같은 데 떠오르지 않는다 했지

새로 자란 나뭇가지 사이로 그림자와 햇살이 내려와
내 얼굴에
반짝이는 눈을 달아준 날

그날이야 네가
내 등에 앉아
머리를 쓸어 준 날

넌 고개 들어
바람 따라 흥얼거리고
비로소 난
여기 있음이 기뻐졌어

중력과 은총*의 마가렛

정혜영 글라라

버림받은 것은 아무것도 없다

구겨진 알루미늄 캔에 지난 밤이 피어있다

화장실 문 앞
초록 캔
하얀 마가렛

아침은
아무것도 묻지 않는다
마지막 필름은 끊어지고 마가렛은 시들어가고

나는 꽃을 꺾고, 꽃은 나를 꺾는다

견뎌야 한다, 죽음, 고통, 꽃이
있었다

내가 보지 못한
그녀를
기다릴 수 있을 것 같다

* Simone Weil.

마음이 가난해지면

정호승 프란치스코

마음이 가난해지면 지옥도 나의 것이다
당신을 사랑하기 위해 마음이 가난해지면
비 온 뒤 지옥에 꽃밭을 가꾸기로 했다
채송화 백일홍 달맞이꽃을 심어
마음이 가난해질 때마다 꽃 한 송이 피우기로 했다
감나무도 심어 마음이 배고플 때마다
새들과 홍시 몇 개는 쪼아 먹기로 했다

마음이 가난해지면 지옥의 봄날도 나의 것이다
지옥에 봄이 오면 당신을 사랑할 수 있다기에
죽어도 영원히 사랑할 수 있다기에
지옥에 텃밭도 가꾸기로 했다
상추 고추 쑥갓 파 호박을 심어
호박잎에 저녁별을 쌈 싸 먹을 때마다
마음은 더욱 가난한 흙이 되기로 했다
흙을 뚫고 나온 풀잎이 되기로 했다

너의 이름은 지상선地上仙이니

정호정 글라라

이세상살다보면심히괴로울때가있어에라나도신선이나되어볼까죽지도않고마냥즐겁게만지낸다는신선이되어이세상괴로움을면해보면어떨까선도를잘닦아산채로신선이되었다는용신선을만나여덟명의신선으로마냥즐겁게만지내는용신선중에는황어라는여신도있어하부러운눈으로한참을바라보고있었는데어느틈엔가슬며시생각을돌려보니주야장천끝도없이마냥즐겁게만지내는신선들은얼마나무료할까오뉴월땡볕의긴긴한낮으로지루하지않을까팔짝뛰게기뻐할일도하늘에날아오를듯이행복해지는일도알고보면괴로운세상살이에서얻어지는열매가아니던가더기뻐할일도행복할일도따로없을신선들이전혀부럽지가않은거라지지고볶으며콩볶듯이살아가는이세상이그지없이소중해지면서제나름의꿈을가꾸며살아가는살맛나는세상이내가살고있는바로이세상두팔을널리펴기지개한번크게켜느니.

한 곳으로 부는 바람

조갑조 아녜스

우린 소꿉친구였을까요
모래밥을 짓고, 풀 나물에 초록 간을 맞춘 두 입술이
동시에 냠냠거리던

한 사람 얼굴이 달려들어
내 눈에 경련을 일으키네요
알고도 모르는 사람 취급한 것 마냥

취한 바람 같아요
나뭇잎은 아무 데서나 흩날리지 않아요

콧대가 높지도, 비굴하지도 않는
수평선을 잡는 사람에게

꼼짝없이
내가 말 더듬는 어린아이 같아요
책장 속 비밀까지 꺼내어
모이를 나르는 어린 참새처럼
속닥속닥 해부해 보여요

낮밤을 수십 번 바꾸니
열기가 빠져나가요
옹달샘에 가랑잎이 가라앉은 심정일 때

바람 사이로 몸이 붕 떠요, 활공해요

당신을 나르는 그곳으로 두 손을 뻗어요
내일을 마중해요

계약

조순애 마리아

당신이 부르시면
예, 할 뿐
단 한 번 인생 무대는
끝났어
계약은 엄격해서
군소리는 어림없지
진즉부터 우리는 알아

사랑의 향기

조육현 미카엘

열흘 동안 꽃피우려
일 년을 기다리며
향기 품고 결실 맺는 너

가슴속 깊은 곳
차오르는 참사랑

순수한 사랑은
말 없는 꽃나무
향기 뿜어

천리만리 가듯
눈으로 다가가서
멀리 있는 이웃을
말없이 감동시킨다

지워지지 않는
사랑의 향기

마더 테레사 수녀님처럼…

꽃을 보며

조창환 토마스 아퀴나스

아름답고 아련한 것이 꽃 속에 있다
아득한 별빛과 새 날아간 하늘길과
봄 아지랑이 너머에 흔들리는 희미한 빛
오로라 자국 같은 것, 키스 자국 같은 것
멀어져 가는 사람이 남긴 체온 같은 것
바라보는 사람의 따스한 어깨 같은 것
젖은 숨소리와 밤바다의 파도 소리와
목숨 받은 존재들이 지닌 기쁨과 상처들이
모두 다 꽃 속에 스며있어
그대를 어루만지고, 쓰다듬고, 껴안아준다
꽃을 보면서 위로를 받는 날
역병 번진 세상에서도 희망을 본다

빌바오 순례길

조희철 토마스 아퀴나스

21세기가 중세기를 걷습니다
대서양 가의 한적한 바닷가 빌바오 사람들 소망은
1000년 된 낡고 자그만 석회석 수도원에서 미사 드리고
180년 된 굴밤나무 침대에서 단잠을 자고
750년 된 사이프러스 우물에서 물 긷는 것뿐이었답니다
3000년 된 보리밭을 아내랑 아이들과 가꾸면서
라자리오에 영육을 얹혀놓고
빗소리를 들으며
낡은 빌바오성당에서 하루종일 묵상했습니다
북극해처럼 마알간 내 님의 영혼을 모처럼 만났답니다
아침 점심 저녁 물, 몸은 그것으로 허기를 채우지만
영혼은 성찰만으로만 허기가 채워진다는 것 배웁니다
오늘 다리가 아파 못 가도
그리 늦지 않다는 것도 실감합니다
재우쳐 재우쳐 가야할 곳은 머언 공간이 아니라
희망과 욕망의 분별로 지은 자그만 종탑이라는 것을
비와, 고통스런 길 덕분에 만났답니다
대서양 가의 한적한 바닷가 빌바오 사람들 소망은
1000년 된 낡고 자그만 석회석 수도원에서 미사 드리고
180년 된 굴밤나무 침대에서 단잠을 자고
750년 된 사이프러스 우물에서 물 긷는 것뿐이었답니다.
3000년 된 보리밭을 아내랑 아이들과 가꾸면서
21세기가 중세기를 걷습니다

나무 수저의 기도

지시연 체칠리아

일생 나무가 허락한 만큼
아직을 쏟는 작가의 두툼한 손
나무의 살결이 움직이는 대로
여태라는 나무의 개명이 시작되는 순간

나무처럼 무참히 베어진 적 없는 나는
호사를 안고 버젓이 응시
천사라는 이름을 얻고 싶었나보다

미완은 죽어서도 죽은 것이 아닌
소용을 만나고 기다리더니
아침밥을 먹다가 마땅히
나무 수저가 손에 감기자 바짝 고쳐 쥔다

나에게 밥을 떠 넣어주며
자신을 헐어내는 매일의 수고가
나를 위한 기도였음을 다행히
이제야 얄밉게도 어찌어찌 알았나 보다

은총

지연희 카타리나

이른 아침부터 줄줄이 모여드는
고장 난 육신의 양 떼들

성모병원 로비에 앉아 계신 그분의
따뜻한 손과 자애로운 눈빛이 깊다

봄날 무논 가득 파릇한 모를 심듯
치유의 음성이 가득하다

기적이 샘물처럼 솟아나는 일
묵묵한 그분의 은총이지

숨을 고르다가 환한 빛살에
서서히 일어서는 풀잎들

방긋 웃는 소녀의 미소가 꽃처럼 곱다
뒤뚱거리는 걸음 앞에,

그분의 기도가 빛을 밝히는 날

한 편의 시어를 밤새워 더듬다가
흥건히 지친 몸을 이끌고 그분께 달려간다

호카곶

최복주 세레나

날아갈 듯한 바람의 언덕
십자가 탑에 새겨진 카몽이스*의 시구

대서양 바다 시작
유라시아 대륙의 서쪽 땅끝

수평선을 마주한 절벽
절망을 바다로 던지고 있다

뒤돌아서서
희망을 수직으로 세우고 왔다

* 루이스 바스 드 카몽이스: 16세기 포르투갈의 시인

뽑힌 못을 펴며

최연희 루갈다

수북이 쌓인 굽은 못
창고 한구석에서
오랫동안 기다렸다

원래대로 펴지진 않아도
상처야 낫진 않겠지만
일단 재활을 끝냈다

어디에 쓰이게 될까
책상다리에 박히고
벽시계 고리로 쓰이고

결국엔
또 한 번의 망치질로
수명을 다한 것도 있지만

굽히면 굽힌 대로
휘면 휜 대로
제 몫을 다 하고 있다

대정 성지

최영희 율리아나

하얀 순교를 말하려는 것일까
저절로 자라난 클로버가
묘역 잔디 마당에 터를 잡고
하얗게 피어나 향기롭다
한복 차림의 모자상은
정난주 마리아가 어린 아들을
안고 있는 모습을 연상하게 한다
성모님을 닮았다
하얀 순교의 정난주 마리아

이승에서 못다 부른 노래 5

최재환 본시아노

나이가 들수록
닫힌 귀가 열리고
망혼의 그림자도 밟힌다는데.

묵은 상처 뻔할 날 없는
가파른 이승의 끝자락
잡귀과 흥정 없이
어이 예까지 흘러 왔을고

옛이야기 빌리면
망구網球는 이미 저세상 나이,
버리지 못한 욕심 꼬드겨
마음은 훌쩍 백을 넘는구나

하지 동지 지나면
한 해는 끝나겠지만
쌓이는 건 후회와 탄식뿐

안에서 끓고
밖에서 끓고
지구는 터지기 직전인데
못 오를 나무 쳐다나 볼 밖에…

노인과 낙타

한경 쥴리아

낙타의 눈동자에
깊게 가라앉은
앙금 같은 고비사막

손님을 태우기 위해
구부린 무릎을 세우며
천천히 일어서는 낙타 등을
토닥이듯 밀어주는 붉은 모래바람

고단함이 묻어나는 노인의 해진 신발이
터벅터벅 사막에 지문을 찍으며 걸어간다

광활한 사막
세찬 휘파람 소리에 휩싸인
노인과 낙타

하늘, 어느새 감빛으로 짙어지고
이제는 집으로 돌아가야 할 시간

먼 지평선
어디쯤 있을까?
삶의 오아시스는

천사가 내 곁에

한명림 헬레나

2024년 8월 11일
삼각지성당 미사

초등 3학년이 된 손자가 여름방학에
교리 공부 마치고 문답시험 통과하던 날
양손을 땅에 짚고 재주를 넘는 세리머니를 펼쳤다

여자아이는 하얀 드레스
남자아이는 흰색 티에 검은 보타이
참새처럼 종알대던 열네 명 귀염둥이들
가슴에 코사지 달고 촛불로 입장한다

첫 고해에서 신부님께 무엇을 고백했을까?
부모님 말씀 잘 듣겠다고 다짐하지 않았을까
고백소에서 나오더니
주님의 기도를 외우고 있다

온 가족이 함께 성당을 나오는 길
나는 그 작은 손에 묵주를 꼭 쥐여 주었다
한 생애를 같이할 다짐, 약속
주님, 이 순수한 영혼을 악에서 지켜주소서

하늘에 하느님 계시고 그 곁엔 성모님

둥글고 파란 이 지구별에

하늘에서 내려온 별 하나가 내 곁에 있다
바라보는 것만으로도 행복한
우리 가브리엘 천사

포클레인에게

한상호 마르첼리노

물길은

물이 만드는 거야

벼를 기리며

한이나 바울리나

잘 익은 벼를 쓰다듬는다

벼에 밑거름 새끼거름 이삭거름을 낼 때

한 삽 거름을 덜어낸

벼

잎진무늬마름병도

가을태풍의 마지막 고비도 겁내지 않는다

잎이 무겁고 나락이 무거워도

금방 쓰러질 듯 논바닥에 주저앉다가도

마음을 다잡고 힘겹게 일어서는 벼

고봉 햅쌀밥이 너무도 장한 벼

봄의 현상학

허진아 말지나

터널을 빠져나오고
딸칵, 언 손으로 언 자물통을 열 때 들리는 소리
현관을 들어설 때 켜지는 센서 등
다 왔다

물이 흐르고
나무 솜털 터지는 소리
모자와 장갑 없이 걷는 길 추운 생각 햇빛에 말리면
다 잘 될 거라고

외투가 무겁다고 느낄 때
더 가벼워지고

다시 시작하는 거야 스웨터 풀어 짜듯
간판 올리고
지난 창 바꿔 달고
달리는 거지

넘어져도 괜찮아
봄이잖아

새벽

허형만 가브리엘

맑은 빛살이
그물처럼 나를 덮칠 때
나는 비로소 그분의 사랑이
나를 존재케 했음을 깨달았느니

빛에서 나신 빛
이 빛이 지상에 이르기까지
몇 겹의 어둠을 이기며 견뎌냈을까.

새벽 미사에서 돌아오는 시간
빙하처럼 단단한 울음이 녹아내리고
우러르는 하늘은 눈이 시리게 푸르구나

언어 쓰레기

홍경자 베로니카

엘리베이터에 쓰레기봉투 들고 서 있는 위층 주부
멋쩍어하며 "쓰레기가 많아서…"
사람이 가장 잘하는 것이 쓰레기 만드는 일인가보다

생리적 배설물인 대소변은 기본
음식물 쓰레기와 각종 포장지 등 생활 쓰레기
분리수거장으로 매일 내다 버리는데

분노와 증오 탐욕 등 마음속에 쌓인 응어리
때와 장소 가리지 않고 쏟아내니
언어 쓰레기 되어 온 세상이 몸살을 앓고 있다

'말로서 말 많으니 말 말까 하노라'
'유구무언有口無言이로소이다' 하는 이들도 있으나
이것이 능사能事인가

생각 않는 삶의 악습을 바꿀 지혜智慧 구하며
번식繁殖하려는 마음속 찌꺼기 과감하게 걸러내어
매일 내다 버리는 사람이 많아지기를…

생태 희망

홍보영 엘리사벳

땅끝마을 바닷가에
동이 튼다 새벽 바다 갯벌에 나가 저 수평선을 향해
야호~! 새벽을 가른다
갯벌에 기어 다니는 생명들
소라 게 외오라기 기름 찌꺼기에 짓눌려 새까맣게
타들어 간다
새벽인데도 비실비실
검은 갯벌 속에 살고자 하는 생명의 아우성들
그나마 남몰래 밤새도록
참회하는 기도 속에 아침 해가 밝아 온다
빛나는 저 해에 희망적
소망을 담아 하늘 높이 염원의 기도를 들어 올린다

우리의 꿈도 내 꿈도
갯벌의 생명들의 꿈까지
생태 희망이 온다
새벽해 비치는 갯벌 속에서
팔딱하며 게 한 마리 힘차게
튀어 오른다

성난 지구

홍선기 젬마

지구는 불덩이
여기서 뿡. 저기서 뿡뿡.
내 뿜는 매연

대지는 부르르 떨며 오열하여
열대야로 잠을 깨운다.

사람들의 편린은
성난 환경 변화에 독이 품어 난다.

지나친 자연 훼손은
물 폭탄으로 대지를 휩쓸고

에어컨의 시원함은
더더욱 뜨거운 열기를 부른다.

자동차보다 뚜벅이로
에어컨보다 선풍기와 손부채로

하느님께서 주신 선물
아끼고 보호하여 대대손손 길이길이
보존하여 지구의 미소를 보리.

건넌다는 것

홍윤 마리아 세라피나

초록 불 기다리던 아주 잠시
건넌다는 걸 생각했습니다
아주 오래전부터
무언가 내게로 온 것

긴 치맛자락 젖을까
까치발로 냇물을 건넌 달빛처럼

당신에게서 내게로 온 것

담장 곁에서 빨갛게 지다
초여름 손끝의 붉음으로 건너간
봉숭아의 떨림 같은

당신에게서 내게로
건너온 것

지상의 여린 솜털 하나 같은 내가
'아침 별들이 함께 환성을 지르'게 하는
당신의 영원을 설핏 엿봅니다
어쩌다 슬쩍 거기 가 닿을 것도 같습니다

까치

홍정숙 리디아

까치가 집을 지으면 한 해를 산다고 한다
집 근처 대왕참나무에 집 지은 까치들은
몇 년째 한 곳에서 살고 있다
다만 해마다 집을 보수하면서 층수를 올려
길쭉한 항아리 모양의 집이 되었다
올해 몇 번 태풍이 지나갔지만
작은 나무기둥 하나 떨어지지 않았다

까치들은 대왕참나무 요람에서 새끼를 치고
새끼가 총총총 걸음마 하나 보다
축제의 첫날처럼
내 귀를 아코디언처럼 접었다 편다
쉬어가듯 앉았다가 이불 걷듯 가버리는
이웃보다 좋구나

희망

홍정희 오틸리아

이놈의 슬픔은 언제 끝나나?
슬픔에도 끝은 있겠지.

억새밭 힘겹게 벗어나도
비웃듯
슬픔은 길게 누워 있었다.

물기 없는 이파리처럼
꼬이고 쪼그라든 가슴
붉은 해는
나의 두려움 아랑곳하지 않고 산을 넘었다.

청색 땅거미 속에
마른 바람 소리 서성이는
긴 밤이 지나면
눈부신 햇살 찾아오겠지.

내 눈시울 어루만지는
저녁 하늘이 드넓다.

신생

황사라 사라

복숭아 껍질을 벗기고 있어

과즙이 배어 나오고 있지
손끝이 촉촉해져 가

금방이라도 터질 것 같은
여릿여릿한 것들

2.7kg의 딸아이가
처음 나에게 왔을 때도 그러했지

말랑말랑한 살덩어리
그 안에 흐르는 물의 길

고임 없이 흘러가던 신생이
새근새근 잠을 자고 있었지

흠결 없는 것들

둥근 흰 접시 안에 놓인
씨앗 한 알

물이 고여 있던 흔적일까

자잘한 웅덩이들이 패어 있어

내 손등 위로
뻗어 가는 주름살 잎맥들

나는 점점 단단해져 가

시조

마음과 힘겨루기

김선희 베로니카

팔월 초순 바람의 수레에 올라타다
산정호수에 날 내려놓고 쉼 없이 꿈을 꾸다
순결한 꿈 만나라며 속삭이는 저 바람

산등성이 해가 차압 당한 듯 꼼짝 않고
차랑차랑 넘치는 휴가 차량의 하늘 아래
등짐을 내려놓듯이 적막을 불렀다

젊은이와 어린아이 눈길 닿는 곳마다
아이들이 자라나 추억의 책갈피 되고
한여름 햇살만큼이나 휴가 때면 피는 꽃

그래, 그래 그랬었지 그런 때도 있었지
마음 뒤편 줄줄이 엮어 놓은 작품들이
옛날에 이기던 것들 허수아비가 된다

겹쳐지는 시간 속에 허둥대는 자각들
결국엔 귀뚱에 빗대어 단꿈이 숨는다
날 위해 꿈꾸어 온 것 봉사하며 살라 한다

끝날의 소망

김애자 바르바라

남은 생애 어찌 살까
뒤척여 무엇 하나

안락과 삶의 고통
두루 겪은 한평생

문 나서
영靈의 길 떠날 때
감사의 정情 오롯하기만

단샘 정원

김창선 세례자 요한

바람에 미소 짓는 들꽃과 잎새의 춤
날개 단 새벽노을, 철을 아는 새들 노래
고향 집 보금자리는
평화로운 쉼터다.

청록색 둥근 언덕, 어머니 정원에는
심장이 고동치는 생명나무 숲을 이뤄
한없는 경이로움은
생기 넘친 샘터다.

보존할 사랑의 씨, 내면에 품고 있어
흠 없이 태어난 별, 들숨 날숨 이어가는
진선미 기적 요람은
뿌리 깊은 샘이다.

계곡의 소나무

안승남 레지나

드세찬 바람 따라 이리저리 흔들릴 때
뿌리를 깊게 세워 중심을 꽉 잡고서
하느님 지켜 주소서 기도하는 간절함

오랜 세월 이겨 내온 푸른 솔 마음으로
두 손 모아 일어서고 믿음으로 살아가네
상처를 이겨내고서 돋아나온 새살처럼.

우리는 하나

이경애 레지나

바람도 졸고 있는 여름 한낮 팻말 앞에
눈으로만 말을 하고 미소만 오고 갈 때
발걸음 멈추는 이곳 끈 하나로 이어진다

종탑 위 머무르고 스치는 옷깃 따라
그 안에 머문 시간 앙금을 씻겨내고
흑백색 펄럭이는 깃발을 걷어낸다.

수액걸이

이용식 안토니오

걸려 있는 세 줄이 생명을 지탱한다
항생제와 기타 약물 줄을 통해 내려온다
저 줄이 명줄을 쥐고 내 삶을 보장한다

쇠심보다 힘이 센 수액 줄이 내 생명줄
세 가닥이 한 줄 되어 체내에 투약한다
이승에 붙들어 매주는 줄 세 개가 새뜻하다

떨어지는 방울약에 살아갈 삶 머뭇댄다
수북이 쌓인 난제 놔두고 가야 하나
힘내봐 수액걸이가 내려다보며 말을 건다

꽃의 마음

진길자 베로니카

빽빽한 풀숲 사이 목을 빼고 하늘 본다
뒤따라온 늦여름이 발꿈치를 올려주며
이우는 가을 햇살을 잡으라고 보챈다.

생과 사 경계에서 힘겨운 삶이라도
튼실한 열매 맺어 이어가길 소원하며
허공에 중심을 세워 서릿발을 녹인다.

마음 빨래

최성진 프란치스코

산책길 옆 실개천이 온종일 재잘댑니다

물풀과 돌멩이들 모여 앉은 빨래터에

때 묻은

내 생각 몇 벌도

벗어두고 왔습니다

텃밭에서

최언진 마리아

죽지도 않았는데
싹수가 없다면서
일말의 양심 없이
뽑아서 패대기친
식물을
학살하는 자
너는 대체 무어냐.

생명의 존귀함은
어드런 잣대일까
저항할 권리조차
태초에 없었나니
가슴이
낙뢰를 맞고
고해성사 보는 중.

풋마음이 낫는 냄새

한분순 글라라

맞닿은 어깨로
기도하는 소리들
그리움 내밀고는
스칠 듯
손 건넨 풀
푸름의 경건한 유흥
바람은 비밀 지켜

그림자를 다듬으며
푸른 깃 여민다
맑게 쓴 속마음을
들려주는 풀 휘파람,
서투른 짝사랑들이
생글대며 낫는 내음

어린 고라니

홍성란 카타리나

높은 가지에 웃는 새 아니어도 좋아

외진 기슭에 내린 청매靑梅 아니어도 좋아

덤불에
숨는다고 숨어 나를 보던 눈망울.

수필

마음의 문

강경애 스콜라스티카

    문은 다종多種의 의미를 함축하고 있다. 우선 열고 나가는 물질적인 것과 마음을 주고받는 형이상학적인 의미, 또 어떤 일의 시작이라는 태동의 의미, 서로 상통한다는 소통의 의미 등 여러 가지가 있다. 그러고 보면 문은 모든 사물의 기초가 되는 셈이다.

    이른 아침이다. 아직 어둠이 채 가시지 않은 시각이지만 신문 던지는 소리에 현관문을 열려고 보니, 문의 빗장이 잠겨 있지 않았다. 소스라쳐 놀라서 눈을 비비고 다시 살펴보았으나 역시 잠금장치가 다 열려 있었다. 순간 머리카락이 하늘로 곤두서는 것 같았다.

    곰곰이 생각해 보니, 간밤에 늦게 들어온 아들이 문을 잠그지 않은 탓도 있지만 내가 문단속을 안 했기 때문이었다. 놀란 마음에 집안을 이리저리 둘러봐도 별 탈은 없건만, 워낙 문 잠그는 것에 병적으로 집착을 하는 터라 한동안 마음이 진정되지 않았다.

    나는 이렇게 물질적인 문의 빗장을 늘 확인하듯이, 마음에도 문을 걸어 잠그고 그 열고 닫힘에 주시하며 영혼의 영역을 좁히며 살아간다. 그러기에 내게 있어서의 문은 공존을 위해 여는 문이 아니라 단절을 위해 닫는 문, 닫혀 있는 문으로서 어떤 타협도 거절하는 열리지 않는 문이 되기도 한다.

    그러나 모든 문은 열리기 위해 닫혀 있고, 닫히기 위해 열려 있다. 단지 그 기능을 제대로 하지 못하는 것일 뿐이다. 시간이 흐르면 자연 치유되는 상처처럼 시간이 지나면 소통은 자연스럽게 이루어진다.

물질로서의 문을 열면 세상이 보이고, 정신의 문을 열면 사람이 보인다. 그렇지만 때때로 상대방과의 불협화음으로 마음이 들끓고 있을 때는, 문을 닫고 인간의 내면을 면밀히 검토해 본다. 닫힌 문에서 상대를 바라보면 주관적인 편견에 빠질 수도 있으나, 의외로 객관적인 시선으로 생각의 폭을 넓히는 여유가 생긴다. 그러다가도 문을 열고 상대를 다시 대하면 마음이 본래대로 이동하여 문을 닫았을 때의 생각과는 전혀 다르게 변해 버린다. 이렇듯 마음은 담는 그릇에 따라 모양을 달리한다.

 때때로 내 인생에서 가지 않았던 저쪽의 길을 꿈꾼다. 이쪽에 있기에 가보지 못한 다른 쪽의 문을 열어 보고 싶은 것이다. 그러나 그쪽으로 향하는 마음의 문은 늘상 열려 있지만 현실에서의 그 문은 굳게 닫혀 있다. 그러기에 더욱 가고 싶은 열망에 그 문 앞에서 서성이며 자주 마음을 태운다. 그렇게 나를 비탄에 잠기게 하고 열망에 들뜨게 하는 닫힌 그 문은, 내게는 그리움과 기다림의 문이며 한恨이 담긴 영원한 동경의 문이다.

 프란츠 카프카의 성城에서 K는 측량기사로서 초청을 받아 마을에 오지만, 성 안에서는 그를 받아들이지 않는다. 결국 그는 성 밖에서 성 안으로 들어가려고 애쓰다가 죽고 만다. K가 성城, 즉 문門 안으로 들어가지 못한 것처럼 카프카는 일생동안 마음의 문을 제대로 열지 못하고, 또 타인의 마음도 제대로 받아들이지 못한 채 고독한 삶을 살았다.
 이 작품에서의 성城은 신의 은총, 마을은 인간계라고 해석하기도 한다. 그렇다면 K는 신이나 인간에게 마음의 문을 열고자 했지만 열리지 않은 것이 아닌가.

나는 지난날 내 영혼의 내리막길에서 곤두박질치다가 때맞춰 주님이 문을 열어 주어 그 문 안으로 들어섰다. 내게 축복을 내려주신 주님 덕택에 삶을 지탱할 이유와 여유를 찾은 것이다.

기도하는 사람은 하느님 앞에 마음의 문을 여는 자라고 한다. 나 역시도 그때부터 기도로써 마음의 문을 열고 주님에게 나를 온전히 드러내며 평안을 얻는다. 때로는 주님이 계신 문안에서의 삶이 구속이 되기도 하지만, 내 마음을 오롯이 열 수 있는 곳은 이 영혼의 문을 열고 들어섰을 때이다.

나는 오늘도 마음의 문을 열고 주님께 속삭인다.

'찬미와 영광이 가득한 날이 되게 해 주소서……'

봄날은 간다

강해련 유스티나

　오랜만에 동생들과 함께 옥빛 바다가 보이는 제주 중산간 언덕의 어머니 묘소를 찾았다. 서울에서 살다 오랜만에 찾아온 딸들을 반기는 어머니의 따뜻한 미소가 보이는 듯하다. 푸른 숲속 새들의 노랫소리를 들으며 안식하고 있는 어머니 묘소에 가까이 앉으니 감회가 새롭다.
　동생들과 함께 풀과 쑥을 뽑고 잔디 씨를 뿌렸다. 청청한 동산에서 자란 나무와 노란 민들레가 눈부시게 빛을 발하며 우리에게 반가운 인사를 하는 것 같다. 저 멀리 제주의 광활한 바다가 한눈에 들어오니 명당자리라 할만하다
　어느 순간 노년에 들어선 나를 돌아보니 삶이 너무나 숨 가쁘게 지나갔음을 느낀다. 부모님 두 분 다 가창력이 뛰어났을 뿐만 아니라 노래 부르기를 좋아하셨다. 아버지의 수려한 모습은 보는 사람들이 감탄할 정도였다.
　내 어린 시절, 꿈이 많고 고왔던 어머니는 '봄날은 간다.' 노래를 자주 부르셨다. 그 노래는 내가 유치원 다니던 시절 유행했는데, 어머니의 고운 노랫소리가 지금도 귓가에 선명하게 들려오는 듯하다.
　요즘 다시 불리는 '연분홍 치마가 봄바람에 휘날리더라'는 노래를 들으면 아련한 추억이 밀물처럼 밀려온다. 어린 꼬마였던 내가 흰머리 되어 이 노래를 다시 부르니 부모님에 대한 그리움이 가슴 깊이 파고든다. 이 노래가 만들어진 사연은 이렇다.
　어느 홀로 된 어머니가 아들 장가가는 날 열아홉 살 시집올 때 입던 연분홍 치마, 저고리를 입겠다고 했는데 과로로 그만 돌아

가셨단다. 그 말이 유언이 되어 아들은 어머니의 젊은 시절을 생각하며 쓴 시인데 어머니 무덤 앞에 눈물로 바친 노래라고 전해진다.

평소 어머니는 건강하여 병을 모르고 지냈기에, 멋진 회갑 잔치를 계획하고 있을 때 갑자기 뇌졸중으로 쓰러졌다. 병원에 입원하여 6개월 동안 온갖 치료를 다 받았지만 한 편이 마비되었다.

우리가 하는 말은 잘 알아들었지만, 언어 장애로 말씀을 못 하셨다. 말은 못 해도 노래는 잘 부르시어 말하는 뇌와 노래하는 뇌가 다름을 알게 되었다. 그 후 몇 년간을 잘 사시다가 재발하여 2년 동안 힘들게 지내다가 어머니는 조용히 눈을 감으셨다.

어린 시절 어머니 품에 안겨 성당에서 외국 신부님에게 유아세례를 받던 첫 기억은 아직도 생생하다. 어린 내 영혼에 깊이 각인된 감동적인 사건, 아기인 내가 그때를 기억할 수 있다니 나 자신도 놀랍다.

지금도 선명하게 남아있는 그 순간은 어린 내 영혼이 천상의 빛을 받는 순간이었으리라. 신앙은 어머니가 나에게 물려주신 가장 소중한 유산이다. 살아오면서 어려웠던 순간들을 신앙의 힘으로 견딜 수 있었으니 신앙이 없었으면 지금의 내가 존재했을까!

어린 시절 유치원 재롱잔치에서 무용하는 내 모습을 관객석에서 부모님이 보시고 박수를 치며 기뻐하던 모습이 지금도 눈에 선하다. 재롱잔치 한다고 내 머리를 예쁘게 파마해 준 어머니, 꼬마였던 내가 노년에 이르렀으니 세월이 화살처럼 빠름을 실감하게 된다.

그 시절에는 결혼식에 들러리가 있었다. 나는 들러리로 자주 불려 가 신랑, 신부 앞에서 꽃을 뿌리며 유년 시절을 보냈다. 진수성찬이 차려진 신랑, 신부 혼례상에 같이 앉아 맛있는 음식을 먹던 기억들이 새록새록 생각난다.

어머니 묘소에서 추억에 잠겨있을 때 어디선가 바닷바람과 함께 새들의 청아한 노랫소리가 들려온다. 어쩌면 저리도 맑고 아름다운 노래일까 감탄이 절로 나왔다. 새들이 그리움에 젖은 우리를 위로하는 노래가 아닐까?

하늘을 보니 아무래도 비가 올 것 같다. 갑자기 빗방울이 한두 방울 떨어진다. 우리는 서둘러 묘소를 떠나 차에 오르니 금세 비가 많이 내렸다. 하늘도 우리의 마음을 위로하듯 기다렸다가 비를 내리는 것 같았다. 푸른 숲속에 자리 잡은 어머니 묘소에 오면, 늘 잔잔한 평화가 흐르니 죽음은 슬픔만이 아니라 영원한 안식이라고 동생들과 차 속에서 대화를 나누었다.

돌아오는 길에 파도가 밀려오는 협제 바닷가 모래사장을 걸었다. 너무 오랜만에 찾아보는 바닷가, 소녀 시절 조개를 주우며 놀던 정겨운 추억들이 파도와 함께 밀려온다. 갈매기의 춤사위가 멋들어진 초가을 바닷가는 쓸쓸하고 황량하다. 멀리 비양도가 보이는 해녀들 조각상 옆에서 동생들과 사진을 찍었다.

그리고 동생들과 함께 어린 시절 어머니와 함께 다니던 한림성당을 찾았다.

옛 성당을 헐고 새로 지은 아담한 성당은 어머니 품처럼 포근하고 정겹게 느껴졌다. 오색의 스테인드글라스가 찬란한 성스러운 성당에 앉아 어머니의 영원한 안식을 기도했다. 세월은 흘러 흘러 수려한 모습의 부모님도 가고, 내 젊은 날의 봄날도 갔다.

늘 오는 봄이지만 나이가 들어가니 순식간에 인생이 가고 있음을 느낀다. 소리꾼 장사익이 애절한 음성으로 부르는 '봄날은 간다.' 노랫가락이 귓전에 맴돈다. 꽃분홍 치마를 입고 미소 짓던 젊은 날 어머니의 고운 모습이 꽃이 되어 먼 하늘로 날아간다. 눈 깜짝할 만큼의 짧은 봄날이 가듯이.

아버지께 바라는 오직 한 가지

김경란 소화 데레사

너의 엄마, 병자성사 서둘러라. 날짜가 정해지면 곧 연락해. 이모가 갈 테니까. 가족톡을 통해 끊임없이 이 말을 반복하고 있었지만 조카들은 묵묵부답. 오죽하면 너의 아버지짝 나기 전에 서둘러라 했을까. 3년 전 천진암 성지 대성당을 향하는 길에 만난 엄청난 크기의 성모님. 인사를 드리고 돌아서려는데 성모님의 한쪽 눈이 반짝 빛났다. 커다란 눈물방울이 금방이라도 뚝 떨어질 것만 같았다. 많은 사람들이 주변에 있었지만 그들은 보이지 않는다고 했다. 왜지? 그 의문은 미사가 끝나고 폰을 열었을 때, 즉시 해결되었다. 최근 언니 집으로 들어와 사는 조카의 전화와 메시지가 있었다.

"니 아버지 50년 냉담은 어쩔 건데? 서둘라 했지?"

"그렇게 빨리 가실 줄 알았나, 뭐? 간밤에 주무시다 돌아가셨다니까, 다들 복 받았다던데?"

뭐라? 성모님, 어이가 없습니다. 은총의 분배자이신 어머니! 오늘 천진암 성지에서 받은 전대사를 형부에게 양보하겠습니다. 도와주세요. 지난 크리스마스 때, 형부에게 전해준 영구미사봉헌증서도 기억해주세요. 그 수도원에서는 매일 미사 세 대씩 봉헌해준다고 약속했어요. 언니가 그 증서를 형부에게 전해주었을 때 형부가 울었대요. 참, 형부 방에 십자고상도 모셔드렸어요. 면구스러워하는 미소를 저는 보았어요. 언젠가는 언니의 홧병이 순전히 자신의 탓이라고 말하는 것도 들었어요. 성모 마리아님, 형부가 나락으로 떨어지는 일이 없도록 도와주세요.

나는 진심 매일 미사를 봉헌하였으며 형부를 위해 기도드렸다. 그런 어느 날 새벽미사 후, 모두가 떠난 빈 성당, 불빛이라곤 작은 성체등 하나뿐이었다. 감실 앞에 앉으면 저절로 행복했던 그 순간이 떠오르곤 했다. 아버지! 하고 불렀을 때 "나다!" 하셨던 그 순간을.

그날도 하느님의 딸이라는 놀라운 신비 속으로 빠져들고 있었다. 한데 느닷없이 섬뜩한 울음소리, 통곡소리, 비명소리들이 나를 방해했다. 몰래 숨어들어온 노숙자인가? 아니면 악령? 성수대까지 어떻게 걸어 나왔는지 모를 일이었다. 그런데 막상 아무도 없었다. 그처럼 요란하던 소리도 더 이상 없었다. 성수를 찍어 성호를 그을 때에야 비로소 그 소리의 정체가 형부였음을 깨닫게 되었다. 기뻤다. 연옥은 천국이 보장된 곳. 성모님의 그 모성애에 감사드리지 않을 수 없었다.

마침내 코로나가 한풀 꺾이면서 비로소 언니를 만날 수 있었다. 언니는 당뇨합병증 때문인지 청력을 잃어버렸다. 집안에서도 휠체어를 타고 다녔다. 인도 인형 같다던 언니였는데, 많이 망가져 있었다. 더 늦어지면 큰일이다. 이놈들아, 니들이 사람 새끼냐? 서둘러라 서둘러. 언니는 그 희미해진 눈으로 애써 날 들여다보며 내 마음을 다 아는 듯 다독였다. 걱정하지 마. 니가 사다 준 큰 묵주로 한 알 한 알 넘기며 기도하니까 묵주기도가 참 잘돼. 그동안 우리 집에 오던 그 간병인이 우리 본당 사람이야. 아들이 신경 쓰이겠지? 그래서 그 자매를 당분간 끊었어. 아들이 자격증 따면 새 직장을 구할 테니까, 그땐 다시 부탁할 거야. 그 자매가 오면 성체도 다시 모시게 되고 그러니까 너무 걱정하지 마. 그때였다. 내 안에 내가 나를 다그쳤다. 니가 해. 니가 언니를 도와라.   그때였다. 여우방망이 같이 생긴 포메 새끼가 내 눈치를 헬헬 보더니, 언니 침대 위로 익숙하게 뛰어올랐다. 연신 몸을 비비고 털고 생난리를 떨더니 휘릭하고 침대 아래로 내려가 지린내를 풍겨댔다. 개새끼, 손을 번쩍 들어 올리기도 전에 침대 위로 뛰어올라 비비고 털고 드러눕고 이 개새낀 뭐야? 니 엄마 천식환잔데, 미친 거 아냐? 언니가 말했다. 손녀가 키우던 강아진데 사정이 있어서 여기 갖다 놓은 거야. 잘하는 일이다. 야, 빨리 개새끼 안 치워? 조카녀석을 향해 눈알을 희번득거릴 때 내 안에 내가 담백하게 말했다. 니가 치워. 너 청소 잘하잖아? 공부하는 조카를 왜 자꾸 건드려? 그때 언니의 이동식 좌변기가 보였다. 변기 안을 건네다 보는 순간 어질했다. 언니는 젊을 때부터 축농증 환자이니 이 냄새 못 맡는다. 얼마나 다행인가. 그래 언니를 돕자. 맞아, 내가 할 일이야.

그런데 나는 그 좋은 걸 할 수 있었는데 하고자 맘도 먹었는데 결국 집으로 돌아오고 말았다. 물론 마음이 많이 아프고 시끄럽고 아리고 답답하고 슬펐다. 그때마다 카톡을 열어 이 기도만 바쳐도 천국 간단다. 부디 엄마랑 매일 잘 바쳐라. 병자성사 날짜 빨리 잡고 알려라. 즉시 갈게. 그때마다 여지없이 내 마음 안에 내가 말했다. 지금 가, 니가 가! 어서 가봐라. 언니한테 가야 한다는 생각이 불같이 일었지만 뭉개고 또 뭉개고 말았던 어느 날.

"이모, 엄마, 돌아가셨어."

"뭐어?"

"엄마가 점심을 맛있게 드시고 커피도 기분 좋게 마시고, 그런데 낮잠을 너무 오래 주무신다는 생각이 들어서 가보니."

아버지! 저를 용서해주실 수 있나요? 이런 저도 용서받을 수 있나요? 아버지! 저의 소망은 오직 한가지, 아버지께서 원하시는 것을 실행하게 해 주시기를 빕니다.

생태환경을 지키는 핵심

김계남 아녜스

인간의 무분별한 탐욕의 결과로 심각한 기후 위기를 맞이하고 있는 오늘날,

인간은 지구 안에서 다른 모든 피조물들과 더불어 살아가는 존재이며 하느님은 모든 것을 인간을 위하여 만드셨음은 물론 당신의 아드님마저도 내어주셨는데 교만한 인간들은 자신을 드높은 존재로 들어 높이며 무엇이든 마음대로 해도 된다고 생각된다면 어리석은 죄악으로 빠져들게 될 것이다.

우리가 몸을 쓰지 않고 편하게 살려고만 하면 지구는 그만큼 아프고 망가진다는 사실과 지금의 편리함이 미래의 시간을 빼앗는다는 사실을 알아야 한다. 무슨 대안이 있어 일회용품 사용을 줄이는 것이 아니다. 사용하지 않는 그 순간 다른 방법들이 생겨나기에 끊어 버리는 결단이 중요하다.

또한 폐쓰레기 될 요인들을 생산해내지 않으면 된다. 인간들의 편안함을 추구하는 틈새를 타고 오로지 돈벌이로만 생각하고 끝도 없이 편안함만을 위한 생산을 해대는 유혹에 그 누구도 거부할 용기를 가지고 있지 않는 작금의 너와 내가 바로 지구를 망가뜨리는 요인이다. 이러한 인간의 끝없는 욕망과 욕심 때문에 함께 공생해야 할 동식물들이 죽어가고 있다. 모든 생물은 번식을 막는 게 어렵지 번식하게 하는 건 쉽다고 한다. 전인구적 관점에서 인구는 줄여야 한다. 교통난 주택난 물 부족은 모두 인구과밀에서 비롯되어 지구가 포화상태에서 오는 재난들이라고 어느 생태학자는 일갈했다. 오죽하면 출생률을 끌어올리는 전략은 지구로서는 재앙이고 딜레마라고 보았을까.

생물다양성의 불균형을 바로 잡지 않으면 코로나 사태는 계속 반복될 것이고 국민의 70-80%가 백신접종에 동참해야 집단면역 효과가 있는 것처럼 인류의 70-80%가 자연을 살리는 에코백신〈생태백신〉을 실천해야 생태계가 복원되고 지구의 수명을 늘릴 수 있으며 그럴 때 자연의 회복력은 생각보다 강해서 조만간 노력하면 복원할 수 있다고 한다. 우리는 코로나가 한창 번식하던 한 3년 동안 인간들이 활동을 멈추니 푸른 하늘을 보았고 이는 자연이 제 모습을 보여준 것이며 자연이 회복하는 속도가 예상보다 굉장히 빠른데 그동안 환경학자들이 지구의 망가지는 과정은 열심히 기록했는데 모두가 노력하면 자연이 되돌아오는 과정은 기록도 없이 "한번 망가지면 끝이야!"라는 포기를 너무 쉽게 한 요인도 있다고 한다. 그랬기에 어쩌면 조금만 더 깊이 통찰하고 헤아리고 실천한다면 희망의 증거를 찾을 수 있을지 모른다.

저마다 고유한 선과 완전성을 지니고 있고 고유한 방법으로 하느님의 무한한 지혜와 피조물 각자가 가진 무수한 다양성과 차별성 가운데 서로 조화를 이루며 아름다움을 우리에게 보여주기 때문에 우리는 그 어떤 피조물도 말 못하고 저항할 줄 모른다고 무시하고 존중하지 않고, 보호하지 않고 무질서하게 이용하지 말아야 하는 이유이다. 지금이라도 늦지 않았다. 생태학자들의 철저한 관찰과 학문과 모든 지구인들이 현재의 재앙 같은 지구온난화에 경각심을 가지고 편함보다는 환경오염을 염려하고 물질만능의 욕심에서 벗어나고 함께 공유하며 탄소중립을 실천하며 새로운 지구의 미래를 열어갈 때 달아올랐던 지구도 화를 풀 것이고 우리 자손들도 마음 놓고 먹고 마시고 누리며 만대까지 따사로운 지구 안에서 손잡고 살아갈 수 있을 것이다. 사실 살 만큼 산 우리야 숨 멎을 때까지 살다 가면 되지만 철없고 죄

없는 어린 자손들의 뛰노는 모습을 보면서 미래를 생각할 때 무척 연민이 앞섰다. 이미 늦은 것 같고 탄소중립을 실천하기 어려울 것 같지만 그러나 모두가 일상 속에서 작은 노력으로 충분히 실천할 수 있다고 확신하며 그러할 때 더 나은 지구와 삶의 터전을 만들어갈 수 있을 것이며 우리의 삶 속에서 "주님이 보시기에 참 좋았다!"라는 주님의 음성을 들을 수 있을 것이다.

물을 사용하는 총량을 나타내는 95%의 물 발자국을 살펴보면 95%의 물 발자국은 우리가 먹는 음식, 사용하는 에너지, 활용하는 제품 및 서비스에 속한다. 햄버거 한 개를 만들고 배달하는데 1,800리터의 물이 필요하고 커피 한잔을 생산하기 위해서는 200리터 만큼의 물이 사용된다고 한다. 티셔츠 한 장을 만들기 위해 2,500리터의 물이 사용되는데 이는 화장실 변기 물을 1백 번 내리는 만큼의 양이라고 한다. 이처럼 생활 속에서 낭비되는 물의 양은 상상을 초월해 이는 생활 습관과도 직결된다. 우리는 그 옛날 서구인들이 마실 물을 사 먹는다고 했을 때 눈을 크게 뜨고 의아해 했으며 일회용품 폐비닐 없이도 너무 잘 살아왔다. 없으면 없는 대로 불편하고 힘든 대로 다 살아가게 마련이다. 모두가 삶의 태도와 습관이다. 어려움 불편 없이 어떻게 맑고 밝은 지구를 소유할 수 있겠는가. 나는 내 시골집에서 넓디넓은 흙 마당에 뒷박으로 돋아나는 풀과 씨름하며 지낸다. 편하고 쉽게 살 자면 콘크리트나 석조를 깔아버리면 세상 편하겠지만 자연이 주는 풀내음 흙냄새가 좋아 오늘도 쭈그리고 앉아 자연과 대화를 나누며 지내고 있다. 모든 것은 마음먹기 나름이다.

요즘 각 성당들은 교구 차원에서 지속 가능한 삶의 실천을 위해 환경회복 기여의 일환으로 7년 여정을 발표하고 수립하기에 박차를 가하고 있다. 무공해 비누, 세제 및 삼베실로 짠 수세미 등을 신자들이 손수 짜고 만들어 팔며 일조하고 있다. 그런데 그

7년 여정 계획 가운데 한 가지가 각 성당 지붕에다 태양광 설치라는 대목이 있었다. 나는 너무 놀라워 그것만은 안 되는 이유를 조목조목 지적해서 주교님께 탄원서를 올린 바 있다. 지양해야 할 첫 번째 이유로는 성당 미관을 해치고 신자들의 정서도 해치며 둘째로는 친환경도 아닐뿐더러 전력도 탄소중립도 기대치가 낮고 비효율적이어서 설치했던 것들도 수거해 내는 작금에 수거에도 다른 폐기물과는 달라 공해 덩어리로 무용지물이 되었으며, 셋째는 정치적인 오해의 소지로 무차별적인 태양광 시설로 인해 환경 친화는커녕 온 나라 산하가 깎여지고 무너져서 피폐해 전문가나 온 국민의 원성을 사고 있는 어느 대통령의 실패한 사업을 우리 천주교 교구가 동참하시겠다니 어떻게 그런 발상을 할 수 있느냐고 진정한 소회를 보내 드렸더니 답을 주셨고 그래서인지 어찌 됐건 성당 지붕들이 원형 그대로 깨끗하게 살아 남아 있으니 다행한 일이 아닐 수 없다. 가끔 공정한 분노는 세상을 바꾸기도 한다. 가급적 자연을 손대지 않고 뭔가를 만들어 내지도 말고 있는 그대로 두고 우리의 일상을 좀 불편한 것이 있더라도 그 안에서 가꾸어 내고 유지하는 게 생태환경을 지키는 핵심이 아닐까 한다.

숲의 속삭임

김방윤 소화 데레사

푸른 신록 속에 보이는 산등성이
떠가는 하얀 구름이 이루는 하늘 정원
들리는 온갖 새들의 지저귐 속에 들리는 매미 노래
12층 정도 자라 우뚝 선 메타세쿼이아 나무 사이로 부는 바람 소리
산책길에 철마다 피는 갖가지 꽃들과 들풀 야생화들에 말을 건네며
한결같이 내 곁에 다가와 정다운 눈짓으로 방긋 웃는다.
여름에 쏟아지는 빗소리도 듣고 있노라면 희망의 소나타가 되고
빗방울에 흔들리는 작은 꽃들은 손을 흔들며 반긴다.
맑은 날 떠오르는 일출은 한 폭의 수채화 되어 마음의 고향에 온 듯 환상에 젖게 한다.
나무들로 둘러싸여 조용하고 깊은 산속에 있는 듯 평화롭다.
88올림픽 때 지은 지 37년 되는 8층 아파트의 2층 재건축 아파트라 낡았어도 멋있게 휘어진 소나무며 숲길이 아름답다.
단지 안에 있는 마로니에길과 단풍길, 아파트 단지를 끼고 흐르는 성내천에 유유히 헤엄치는 잉어 오리 하얀 왜가리들, 철 따라 가꾼 꽃들이 활짝 피어 마음을 설레게 한다.
올림픽 공원 안에 있는 체조 경기장 테니스장 수영장 등 여러 운동 시설과 장미 광장 들꽃마루 소마미술관 한성백제박물관 지샘터 도서관 올림픽홀 지압길 밟으며 삶의 흔적을 되돌아보곤 한다.
1층에서 관리해 잘 가꾸어진 앞뒤 정원을 바라보며 나만의 명

상 의자에 앉아 바라보는 학교는 서울에서 근무하던 마지막 학교로 여기서 명예퇴직했다.
  아들 둘 키우면서 직장과 집안일 혼자 하며 서강대학교 교육대학원을 졸업해 교육학 석사 학위를 취득했다.
  일주일에 두 번 강의 듣고 집에 오면 자정이 가까웠고, 새벽같이 일어나 고등학교 다니는 연년생인 두 아들 도시락 소풍 가듯 정성 다해 준비해 보내고 서둘러 출근했다.
  결혼한 두 아들 훌훌 떠난 지 오래, 일 있어 밖에 나갔다 돌아오며 문득 혼자라는 생각이 들어 외로워질 때 단지에 들어서면 나무들이 따뜻하게 껴안으며
  "수고했어. 사랑해, 아주 많이"
  영성처럼 은총의 목소리 들리는 듯
  "주님! 아름다운 삶의 시간이 되게 보살펴주소서"
  새 힘 얻어 희망의 속삭임에 새날을 맞는다

너의 희망이 무엇이뇨?

김병호 베드로

'그날'이 오기 전날 밤, 열 시에 시편 23장 천 번 쓰기의 890번째를 쓰고 잠자리에 들었다. 일상의 여느 날과 다를 바가 없었다. 그러니까 바로 '그날'인 7월 6일 아침, 보통 같으면 다섯 시 반 정도에 일어나던 내가, 이날따라 어쩐 일인지 일곱 시가 다 되어서야 잠에서 깨었다.

보통 때처럼 자리에서 일어나 주모경을 바치고 화장실로 갔다. 이때까지도 몰랐다. 어젯밤 나의 뇌 안에서 일어난 엄청난 변고를. 화장실 변기에 앉았을 때에야 비로소 무언가 이상하다는 느낌을 받았다. 왼손이 팔에 붙어있다는 느낌이 없었다. 마비가 온 것 같았다. 힘이 안 들어가고 휴지를 잡으려는데 손가락이 움직여지지 않았다.

잠시, '웬일이지? 밤에 왼쪽으로 누워 자면서 팔을 깔고 잤나?' 하는 생각을 하면서 오른손으로 왼손을 주물러 보았다. 그 순간에 뇌리에 스치고 지나가는 생각. '아, 이거 뇌졸중 증상 아닌가? 보통 일이 아닌 것 같은데…' 갑자기 이런 의문이 든 것은 아마도, 시골 생활 20년 동안 지인들과 소통하며 이메일을 통해서 주고받은 각종 건강정보에서 학습되고 축적된 지식 덕분이었던 것 같다.

아침을 준비하는 아내에게 "여보, 빨리, ㅇㅇ의원에 가 봐야겠어" 하니, 아내는 "왜 그래요? 무슨 일이에요?" 하며 놀란다. "아직 확실한 건 아니지만, 뇌졸중 증상 같아서… 왼손에 마비가 왔어."

서둘러 옷을 챙겨 입고 아내가 운전하는 차로 ㅇㅇ의원에 갔다. 나의 증상을 들은 원장님은 "빨리, CT와 MRI가 있는 종합병원으로 가보세요" 하며 진료의뢰서를 써 주었다. 119를 부를 새도 없이 아내가 운전하는 승용차 옆자리에 앉아 종합병원 응급실로 달려갔다. 이렇게 서두른 덕에 뇌졸중의 골든 타임이라고 하는 2시간 안에 응급실에 도착할 수 있었다. 응급실에 들어갈 때는 내 발로 걸어서 들어갔는데, 응급실에 들어가자 이동 침대에 누운 채로 CT와 MRI를 찍었다. 판독 결과는 우뇌의 뇌경색이라고 했다.

손목에 바코드 팔찌가 채워지고, 이제부터는 뇌신경과 담당 의사와 병동 간호사들이 통제하고 관리하는 환자가 되어 입원실로 이송되었다. 어제까지 건강하고 자유롭게 살아 온 나는 어디로 가고 오늘은 뇌경색 환자로 판명된 수인囚人아닌 수인이 되어 침대에 뉘어졌다.

침대에서 일어나려고 해도 아내의 도움이 필요하고, 혼자서는 화장실에 가는 것조차 통제받는 상황이 되어버린 것이다. 지금으로서는 언제 퇴원하게 될지 알 수도 없고, 퇴원하더라도 어떤 장애가 남을지 알 수가 없다. 하룻밤 사이에 나의 인생이 이렇게 급변할 수 있으리라는 상상을 해본 적이 있었던가?

지금은 작년 성탄절 다음날, 그때 시편 23장 천 번 쓰기를 시작할 때의 평온한 상황이 아니다. 그때는 내가 좋아하는 어느 수필가의 글에서 읽은 '시편 23장 천 번 쓰기로 기적을 이룬 사람들의 이야기'에 솔깃하여 나도 '죽기 전에 이루고 싶은 소망', '많은 결심과 노력에도 불구하고 아직도 미완으로 남아있는 내 안의 숙제'를 풀어보겠다는 바람에서 시작했던 일이었다.

내가 이루고 싶은 크리스찬으로서의 소망은 무엇이었던가? 그것은 예수 그리스도께서 말씀하신 "나는 마음이 온유하고 겸손하니 나의 멍에를 메고 내게 배우라(마태복음11:29)" 하신 그 말씀을 따르는 것이었다. 이것을 구체적으로 풀어서 쓴 글이 필사 노트 첫 권 첫 장에 적혀 있다.

"이 필사를 통하여 제가 언제나 주님 안에 살며 깨어있게 하시고, 저의 까르마인 '성급함과 성냄을 없애고' '자신을 드러냄을 없애고' '옳고 그름의 분별심을 가지도록' 주님께서 이끌어 주소서. 아멘."

다시 앞으로 돌아가자. 뇌경색이 발생한 그날 밤, 잠들기 전에 쓴 890번째까지는 그런 지향을 두고 아침에 일어나서 한 번, 세 끼 식사 후에 한 번, 저녁에 잠자리에 들기 전에 한 번, 이렇게 하루 다섯 번을 한 자 한 자 정성을 다해 써 왔지만, 병원에 들어온 그날부터 퇴원까지의 보름 동안에는 마음이 불안하고, 육신이 괴롭고, 불면에 시달릴 때마다 필사 노트를 가지고 휴게실로 나가 틈틈이 시편을 썼다.

이때는, "너의 희망이 무엇이뇨?"라는 주님의 물음에 한결같이 응답한 나의 기도는 "저를 다시 일으키시어 성당 3층 성가대석까지 걸어 올라가 성가를 부를 수 있게만 해 주신다면 저에게 다른 소원은 없습니다. 주님, 저를 불쌍히 여기시어 저의 기도를 들어주소서. 아멘." 하는 간구뿐이었다.

드디어 7월 20일에 퇴원하였다. 퇴원하던 날 아침에 쓴 필사 후기의 글이다. "오늘 퇴원합니다. 아무런 후유 장애 없이 퇴원합니다. 저의 소원을 들어주신 하느님 감사합니다. 그동안 밤낮으로 제 옆을 지켜 준 아내에게 감사합니다. 저의 병을 치료하느라 애써주신 의사와 간호사분께 감사합니다. 저를 위해 기도해주신 신부님과 여러 교우님들, 은인들께 감사합니다."

마침내 필사 천 번을 끝마친 날은 퇴원 11일째 되는 7월 31일 밤이었다. 우연인지 처음부터 계획하신 주님의 뜻이었는지는 알 수 없으나 이날은 나의 여든두 번째 생일이었다. 시편 23장 천

번 쓰기의 처음 바랐던 '온유와 겸손의 소망'이 어찌 나타날지는 지켜볼 일이지만, 이미 한 가지 소원은 이루었다.

  퇴원한 다음 날인 주일에 나는 내 발로 3층 성가대석까지 걸어 올라가 감사로 북받치는 감격의 성가를 불렀다.

희망의 순례자

김산춘 사도 요한

대림 시기는 신망애信望愛 향주3덕向主三德 가운데서도 특히 희망에 관해 묵상하는 시기이다.

나그네인 인간(Homo viator)은 언제나 길 위에 있다(status viatoris). 그러나 그리스도인은 그저 정처 없이 지나가는 나그네가 아니라 확실한 목적지를 향해가는 순례자이다. 그리고 언젠가는 그 목적지(=천국)에 도달한 사람(Homo comprehensor)이라고 불릴 것이다. 목적지에 도달한 사람은 직접 하느님을 뵙는 지복직관(至福直觀, visio beatifica)을 누린다. 하느님을 뵙는 것보다 더 큰 행복이 있을까? 이렇듯 그리스도인은 단지 무無로 돌아가는 것이 아니라, 존재 자체인 하느님을 뵈오리라는 희망 안에서 살아가기에 영원히 존재하는 분에 참여하는 자가 된다.

욥은 말한다. "그분이 비록 나를 죽이신다 해도 나는 그분 안에 희망을 둘 것이네."(욥기13,15)

교황 베네딕도 16세는 2008년 회칙 〈희망으로 구원된 우리 Spe salvi〉를 반포하셨다. 이 회칙에는 성녀 요세피나 바키타가 주인공으로 등장한다. 그녀는 수단 출신으로 아홉 살 때부터 노예로 다섯 번이나 팔려 갔다. 그동안 주인에게 매 맞은 흉터만도 144개나 된다. 1882년 이탈리아 공사가 주인이 되면서부터 그녀는 그리스도인이 되었다. 그리고 자기처럼 매 맞은 예수 그리스도가 하느님 오른편에서 자기를 기다리고 있다는 희망을 가지게 되었다. 그녀는 자기가 더 이상 노예가 아니라 하느님의 자녀라는 희망을 가짐으로써 구원받았다.

"피조물도 멸망의 종살이에서 해방되어 하느님의 자녀들이 누리는 영광의 자유를 얻을 것입니다"(로마8,21).

그녀는 우리를 끝까지 사랑하시는 하느님(요한13,1)만이 우리의 참된 희망이라는 사실을 마음속 깊이 간직하고 산 희망의 순례자였다.

"우리는 이 희망으로 구원받았습니다"(로마8,24).

성 아우구스티누스는 우리의 영혼을 죽이는 두 가지가 있다고 말한다. 절망과 그릇된 희망이다. 이 둘은 인생이 순례라고 하는 실존적 성격을 파괴한다. 그러기에 참된 인간의 탄생을 방해한다.

성 이시도르는 말한다. "절망하는 것은 지옥으로 내려가는 것이다." 요한 금구도 말한다. "우리를 지옥에 던지는 것은 죄가 아니라 오히려 절망이다."

음악과 나

김옥진 비비아나

　나의 애창곡인 이 노래를 기어이 또 부르고야 말았다. 애창곡이라고 자주 부르다 보니 어느 날부턴가 내가 이 노래가 지닌 고유한 음악성에 흠을 내고 있지는 않았나 하는 자책감이 생기고부터 삼가고 있던 참이었다. 그런데 이 노래는 세월이 흘렀어도 첫 소절만 들어도 매번 가슴이 떨려오는 것은 어쩔 수 없으니 그것이 문제이다. 그렇다고 내가 이 노래를 잘 부르는 것도 아니다. 그냥 이 노래가 좋아서 내 기분에 빠져 불렀을 따름이다.

　이 노래는 바로 '조르다니'가 작곡한 이태리 가곡 '카 로 미오 벤'인데, 풀어보면 '사랑하는 나의 임이여'라고 번역하고 있다. 작곡자는 나폴리 출신으로 18~19세기에 걸쳐 작곡된 아리에타이다. 일종의 규모가 작은 아리아로, 이태리어로 쓰였지만 작사가는 미상으로 전해진다. '사랑하는 나의 임이여 나를 영원히 잊지 말아 주십시오.'라는 뜻의 애절하게 사랑을 구하는 노래이다.

　이 노래를 처음 접하게 된 때는 여고 1학년 첫 음악 시간이었다. 음악 교과서에 나와 있어, 배운 곡이었는데 첫 시간에 선생님이 들려주신 반주 첫 음을 듣는 순간 그만 내 가슴 속에서 무언지 모를 떨림이 마구 밀려오는 듯했다. 그것은 감동이었다. 그 후 한동안 이 곡에 빠져 지내면서 자연스럽게 나의 애창곡이 되었다. 그러면서 내게 온 큰 변화는 내가 음악 선생님까지 좋아하게 되었다는 사실이었다. 선생님을 멀리서 뵐 때는 몰랐는데 가까이에서 마주하고 보니 온몸에서 풍겨 오는 너그러운 인품과 미소, 섬세한 음악적 감성, 음악을 대하시는 기품 있는 모습이 대가다운 면모를 지니고 계셨다. 작곡가로 명성이 높아 작곡집을 여러 권 낼 정도로 음악에 깊이가 있는 분인지는 그 후에 알게 되어 선생님에 대한 나의 관심은 더 쌓여만 갔다.

그런데 안타까운 일이 기다리고 있을 줄이야, 선생님이 대학으로 가신다는 소문이 돌았다. 길지 않은 시간을 선생님과 함께하면서 음악 시간을 설레는 마음으로 기다렸는데 서운했다.

그동안 선생님의 지도 아래 우리 학교가 주최하여 교내 삼일당에서 전국 합창제도 치러냈다. 그걸 계기로 수준 높은 곡을 접할 수 있어서 좋았던 만큼 섭섭함은 더 크게 다가왔다.

세월이 흘러 내가 여고를 졸업하고 성인이 되어, 어느 해 서울역에서 택시를 기다리다가 우연히 선생님과 마주친 적이 있었다. 선생님은 그때도 단번 나를 알아보시고 이름까지 불러 주셨다. 그날 선생님 곁에는 우아한 여인이 서 계셔서 긴 대화는 하지 못했지만 나는 옛정이 되살아나 괜스레 그날 하루는 내내 마음이 서성댔다.

나는 지금도 음악인들을 존경하고 사랑한다. 세계적인 거장 독일의 카라얀도 좋아하지만 정명훈 금난새를 더 마음에 둔다. 특히 '카 로 미오 벤'은 '체칠리아 바르톨리'의 음성으로 듣는 것을 좋아한다.

언젠가 모 백화점에서 우연히 금난새 씨와 마주쳤는데 매일 보는 이웃과 같은 착각이 들어 먼저 인사를 공손히 드렸던 기억이 있다.

교직에 있을 때도 동료 중 음악선생과 가장 가깝게 지냈는데, 이유는 좋은 음악을 빠르게 접할 수 있고, 또 그와 음악회를 자주 다닐 수 있어서였다. 결혼을 염두에 두고 사람을 만날 때에도 나만의 마음속 조건 중 한 가지는 음악에 문외한인 사람은 적극 피할 만큼 음아저 감성을 중히 여겼다.

음악은 내가 어릴 때부터 민감하다는 소리를 듣고 자라 어머니는 일찍이 피아노를 치게 해 주셨다. 그러나 전공은 못했기에 더욱 각별하다. 그리고 자랄 때 우리 형제들은 모두 피아노를 치면서 좋은 곡들을 많이 듣고 자랐다. 또 우리 형제가 초중고 시절엔 음대에 다니는 이모와도 같이 살아 집안은 늘 음악적인 분위기로 가득했다.

유년 시절에 우리 형제들은 중고 피아노로 연습하는 형편이어서, 비록 오래된 피아노였지만 어머니는 자주 조율을 하여 정확한 음을 익히도록 주선해 주셨다. 속도계 메트로놈도 준비하여 치고 있는 곡의 정확한 속도까지 지키도록 해 주셨다. 그러다가 어머니의 결단으로 새 피아노가 들어 왔을 때, 그 순간을 떠 올리는 것만으로도 가슴이 뛴다. 그때 장면을 잊을 수 없다.

인생의 황혼을 맞는 요즈음, 세계 여러 가곡과 우리나라 젊은 천재 음악가들의 연주를 듣는 시간이 늘어난다. 그런데 그 곡을 들을 때면 지나간 내 삶의 굽이마다 얽힌 추억들이 요즘 와서 세밀하게 떠오르곤 한다. 특히 어린 시절에 쳤던 모찰트 피아노 소나타 치면서 눈에 어렸던 바깥 풍경, 바람의 냄새까지도 환영이 되어 평화로웠던 그 시절로 돌아가게 한다.

이제 와 생각해 보면 음악은 나를 깊은 예술세계로 인도해 주었을 뿐만이 아니라 다른 장르의 예술의 세계까지도 애정을 갖도록 마중물 역할을 해 준 것이 아닌가 하는 생각이 든다. 고단했던 시절에는 나의 가장 가까운 친구가 되어 위로 자가 되어 준 것은 말할 것도 없다.

지금은 늘그막에 찾아오는 팍팍한 시간도 눈 녹이듯 녹여주고 있어 음악의 힘은 위대하기만 하다.

피아노처럼

김정철 대건 안드레아

　카페 창가에 앉아 있다. 한적한 거리가 쓸쓸하게 다가온다. 예보 없이 내리는 비가 우의를 준비 못 한 거리를 온통 적시고 있다. 스산한 느낌의 풍경을 몰고 온 장본인이다. 드문드문 지나가는 사람마다 어두운 우산이 동행하고 있다. 질척한 거리를 걸으니 흠뻑 젖은 신발 속으로 파고드는 축축함이 싫은 표정이다. 긴 바짓자락도 살결에 닿을 때마다 핀잔을 듣느라 정신이 나간 상태다.
　한 잔의 커피를 주문했다. 건너편 구석에 앉아 차를 마시는 젊은이들을 힐끗 쳐다보았다. 화려한 전등은 아니지만 은은하게 빛나는 불빛 아래서 여유를 즐기는 모습이 밖의 풍경과는 안연히 달랐다. 비가 오든 말든 자기들과 상관없다는 처연한 모습이 대조적이었다. 아마도 자기들이 카페를 나갈 즈음에는 비가 그칠 것이라는 막연한 생각이 지배한 듯하다. 나도 또한 그 무리 속 한 사람이었으니, 커피 향 물씬 풍기는 커피가 놓였다.
　뜨거운 커피 향을 음미했다. 아담한 커피잔을 들고 조용히 눈을 감는 순간, 낯익은 피아노 선율이 차분한 걸음으로 다가와 곁에 앉는다. 평온한 고향 거리를 걷는 기분이 스멀스멀 마음속으로 번지고 있다. 무엇 때문인지 모르겠다. 갑자기 밀려드는 야릇한 기분은 어디에 숨어 있다가 깜짝 놀라게 하는지. 아무튼 이방인처럼 다가왔지만 놓고 싶지 않은 것이 더 신기했다.
　눈물샘 둑이 터지고 말았다. 주위에서 힐끗 쳐다보는 시선에도 아랑곳하지 않고 솟구치는 감정을 주체할 수 없이 당황스러웠다. 가슴속에서 느껴지는 이것 때문이라고 한다면 뭐라 할까!

언제나 하얀 건반은 검은 건반을 검은 건반은 하얀 건반을 시기하지 않는다. 다수의 건반 중 하얀 건반이 더 많다고 검은 건반은 열등감을 표출하지 않는다. 또한 하얀 건반은 결코 검은 건반에게 거들먹거리지도 않는다. 악보 속 음표의 순서대로 기다렸다가 차례가 되면 자기 소리를 정성껏 표출하는 것이 아닌가? 그리고 다시 기다림에 연속이다.

더 많이 더 크게 더 자주. 내가 먼저라며 떼를 쓸 만도 한데 한 번도 다툼이 없다. 여러 소절이 지나가도 한 곡이 다 연주되어도 선택되지 않아도 부끄러워하지 않는다. 억지를 쓰며 나서려고도 하지 않을 뿐만 아니라 재촉하며 심통을 부리지도 않는다. 매번 자기만 소리 내려고 여러 건반과 함께 동행하는 것을 기피한 적도 없다. 항상 아름다운 화음을 위해 절제된 모습으로 기다린다.

공존의 섬세함은 어디서 오는가? 하얀 건반 검은 건반은 서로 험담하지도 않는다. 더불어 살아가는 것이 얼마나 소중한 것을 솔선수범 보여주고 있다. 주어진 질서를 무시하고 돌출 행동으로 고요하고 청결한 음악을 망치는 적이 없다. 자기들이 불협화음을 만들면 수많은 청중들은 거친 소음으로 인식하고 외면하게 된다는 것을 피아노는 너무도 잘 알고 있기에 화합을 위해 자신을 돋보이기보다는 외조의 길을 걷는다. 한결같은 마음으로 조화를 꿈꾼다.

어느 순간 여럿 건반이 함께 눌려지게 되면 하얀 건반과 검은 건반 여럿이 동시 출연한 소리가 혼성으로 자리매김한다. 그런 순간에는 더욱 세심함이 돋보인다. 긴장한 심장 박동 소리가 서로에게 전달되어 작은 실수도 하지 않으려고 함께 보듬고 소리 내는 모습이 정겹다. 오랜만에 만난 소꿉놀이 친구들처럼 얼싸안고 소리 지르는 여린 감성, 고향의 구릉지 작은 숲에서 시간 가는 줄도 모르고 놀던 그 시절, 서로의 손을 맞잡고 위아래로 흔들어가며 부르면 키 큰 느티나무 박수 쳐주며 뿌리던 낙엽이 그려진다. 잔뜩 머금은 볼록한 화음 배를 살포시 누르면 간지럽다며 내는 웃음소리 느껴진다. 한때는 그런 시절도 있었는데.

다시 피아노 삶을 닮을 수 있을까? 한결같이 자주 등장하는 건반으로만 살고 싶어 독단적 소리만 쉴새 없이 쏟아내고 있으니. 그것도 모자로서 시기와 질투로 다른 건반의 소리는 작게 만드는 역행도 서슴지 않으니. 그래서 사회의 그늘은 끊임없는 분쟁으로 속앓이를 하고 있지 않는가! 간혹은 극한 상태까지 치닫는 경우가 비일비재하니 안타깝고 속상하다. 아직도 주위를 보고 있으면 증상이 더 심해지고 있다. 지우개로 지워버린 백지만 덩그러니 하늘 보며 내뱉는 하소연. 다시 순수했던 유년 시절로 돌아가고 싶다고 한다.

조금 남은 커피를 마시며 진정해 본다. 피아노가 어깨를 토닥여주며 귓속말을 남긴다. 감동과 여운 속에 눈물 나는 얘기들이 많은 곳이니 너무 의기소침하지 말라고 한다. 아직 포기해서는 안 된다며 손을 꽉 잡아주고 있다. 이럴수록 더 마음 강하게 다잡고 거칠어진 관계를 조율해야 한다고 한다. 피아노 건반도 흐트러진 소리가 나면 조율하듯이 우리도 비틀어지는 소리는 바로 잡아줘야 않겠냐며 다독인다. 그래, 아직 병든 나무보다 건강한 나무가 더 많은 곳이니 증상이 더 도지기 전에 치유해야겠다. 창가에 달려드는 햇살이 용기의 깃발처럼 펄럭이고 있다.

생태적 회개

김치헌 바오로

 이번 학기 대학원에서 학생들과 "문학과 환경"이라는 주제로 공부를 하고 있다. 인간과 자연의 관계는 인간이 지구에 존재하는 순간부터 이미 매우 중요한 문제였다. 기원전 2100년경 고대 메소포타미아 지역에서 쓰여진 최초의 서양문학으로 여겨지는 〈길가메시 서사시〉는, 길가메시왕이 견고하고 웅장한 문명을 건설하기 위해 거대 원시림을 지키는 정령 훔바바를 살해하고 나무들을 무참히 베어버리는 이야기를 담고 있다. 4000년이 흐른 오늘날의 모습도 별반 다른 것 같지 않다. 인간은 계속해서 부를 축적하고 최고의 편리함을 완성하기 위해 지금도 여전히 자연을 못살게 굴고 있다.
 특히 20세기 중반을 넘어서, 자연환경 문제의 심각성을 인식하고 환경의 중요성에 대한 다양한 목소리들이 들린다. 이 또한 인간의 이기적인 단면을 보여준다. 자연환경 자체의 중요성보다는, 악화된 환경으로 인한 인간생존 문제에 더 관심이 있어 보인다. 더욱이 인간과 자연의 관계에 대한 아름답고 심오한 글들이 헤아릴 수 없을 정도로 쏟아지고 있지만, 정작 일상에서 바뀌는 것은 거의 없어 보인다.
 가치관의 충돌이다. 자연의 중요성과 편리함의 중요성이라는 두 가치관의 대립. 〈길가메시 서사시〉는 유목생활에서 농경사회의 정착된 안전하고 편리한 삶의 시작을 알리고 있다. 인간의 편리함에 대한 욕망은 오늘날 인공지능의 시대를 열었다. 편리함이 중요한 가치관이 되어버린 인간에게 자연환경을 돌보기 위해 불편함을 선택하는 것은 순교하는 것만큼이나 어려운 일이 되었다. 목숨보다 편리함이 더 중요한 시대이다.

그래서 프란치스코 교황님은 〈찬미받으소서〉에서 "생태적 회개"에 대해서 말씀하신다: "내적인 광야가 엄청나게 넓어져서 세계의 광야가 점점 더 늘어가고 있습니다." 광야는 생명이 자라지 못하는 곳이다. 자연과의 관계에서, 그리고 타인과의 관계에서 돌봄과 희생보다는 편리함을 추구할 때, 몸과 심리 세계는 편안할지 모르지만, 내면의 밭은 열매를 맺지 못하고 황량한 땅으로 변해버린다. 동시에 공동의 집인 지구도 돌봄을 받지 못하고 생명의 힘을 잃어가게 된다.

회개를 의미하는 그리스어 메타노이아는 "이후에"라는 의미의 메타와 "깨닫다"라는 노이아의 합성어이다. 즉, 나중에 깨닫다이다. 지금까지 편리함을 위해서 자연을 이기적으로 이용한 삶이 잘못되었다는 것을 깨닫는 것이 바로 생태적 회개이다. 그러나 회개란 평생 동안 잘못을 깨닫고만 사는 것이 아니다. 길을 벗어났음을 깨닫는 것은 길을 잃었다고 생각만 하고 있는 것이 아니라, 참된 생명의 길을 찾아 나선다는 의미이다. 생태적 회개의 완성은 자연에 대한 인간의 잘못을 깨닫고, 자연에 대한 돌봄의 삶으로의 방향 전환이다. 가치관의 전환이다. 편리함이 잘못되었다는 것이 아니다. 자연과 인간이 함께 광야가 아닌, 생명의 땅을 만들어가는 삶의 가치를 더 우선적으로 선택해야 한다는 것이다.

중학교 1학년 겨울, 논과 밭과 산으로 둘러진 마을로 이사를 갔다. 그 이후 40여 년 동안 어머니는 항상 밭농사를 지으셨다. 밭농사를 하면서 겪는 어려움은 풀과의 전쟁이다. 겨울에서 봄으로 넘어갈 즈음, 긴 겨울잠에서 깨어난 풀들을 한번 정리를 해주어야 한다. 그리고 봄여름 동안 틈틈이 풀들을 뽑아주지 않으면, 밭작물보다 덩치가 큰 풀들을 바라보며 한숨만 깊어진다. 그러한 한숨이 싫어서 기어코 풀과의 전쟁에서 승리를 쟁취한다. 사실 약통을 메고 제초제를 뿌리면 간단히 해결될 문제이다. 30분 정도만 휘젓고 다니면, 뜨거운 여름 태양이 야속하다고 할 필요도 없다. 작물들이 풀들로부터 괴롭힘을 당하지 않고 편안히 자라고 있는 모습을 그늘에서 지켜보기만 하면 된다. 그러나 어머니는 결코 밭에 제초제를 뿌리지 않으셨다. 그동안 어머니의 밭에서 자란 콩과 고추와 깨와 마늘은 뜨거운 햇볕 아래서 흘린 어머니의 땀방울에 더 건강히 자랐을 것이다.

  세상이, 많은 사람들이 무엇에 홀린 듯 편리함을 쫓아갈 때, 불편함을 선택하는 행위는 결코 쉬운 일이 아니다. 일상에서 편리함을 선택한다고 나를 비난 할 사람도 없고, 오히려 불편함을 선택할 때, 나를 시대에 뒤떨어진 답답한 사람으로 바라보는 시선이 느껴지면 더더욱 그러할 것이다. 나 혼자 불편함을 선택해야 무슨 효과가 있을까라는 포기보다는, 내 자신이라도 생명을 위해 불편함을 선택해야지라는 작은 희망 하나가 절실한 때이다.

지구의 호흡법

김태실 글라라

장마가 끝나고 연일 더위가 기승이다. 8월로 들어서니 낮 최고 35도를 넘나들고 밤에도 25도를 넘은 열대야가 지속되고 있다. 한낮에 문을 모두 열고 선풍기로 견뎌보다가 오히려 더운 바람이 일어 어쩔 수 없이 에어컨을 켰다. 상쾌하다. 자연 바람이 잘 통하는 집도 무더위에는 속수무책이다. 1902년 미국 윌리스 캐리어에 의해 처음 발명된 에어컨이 우리나라에서는 20세기 중반에 생산되기 시작했다. 이후 수십 년이 지난 후에야 각 가정에서 사용하게 되었다. 그땐 지금처럼 기온이 오르지 않아 한여름 더위를 등목이나 부채로 이겨내던 부모님을 기억한다. 지구 온도는 해가 갈수록 심각하게 오르고 그럴수록 사람은 더욱 힘겨운 날을 보내게 될 거라는 전망이다. 환경과 기후변화가 문제다.

지구에 살고 있는 모든 생명체는 이산화탄소를 발생시키고 온실효과를 일으킨다. 태우거나 썩는 것도 예외일 수 없다. 냉각장치를 이용해 차가운 바람을 일으키는 에어컨 사용이 급증하면 이산화탄소가 나오고 온실기체와 수증기로 인해 온도가 올라가는 되먹임 현상이 일어난다. 46억 년쯤 전에 생겨난 지구는 무수한 변화를 거쳐 왔다. 바다가 들판이었던 빙하기 시절이 있었고 지리산 꼭대기까지 홍수에 잠겼던 시절도 있었다. 고생대 중생대 백악기를 거치며 생물이 전멸하고 먹이사슬에 의해 또 다른 생물이 멸종하며 오늘에 이르렀다. 바다 속에서 매머드의 뿔이 발견되거나 높은 산에서 바다 생물 화석이 발견되는 건 그런 이유에서다.

곽재식 작가의 『지구는 괜찮아, 우리가 문제지』 기후 교양서에는 46억 년 동안의 지구 변화의 흐름이 조목조목 들어있다. 세균들이 출현하고 활동하는 20~30억 년 사이부터 산소 기체는 점차 늘어났고, 지구에 사람 종족이 등장한 10만 년 전부터 이산화탄소도 늘었다. 한 백년 살아가는 사람의 입장에서 보면 억년이나 만년이라는 시간이 실감나지 않는다. 시간이 흐르며 지구는 더워지고 우리가 모르는 많은 이야기를 감추고 있다. 한자리에 고정되어 있는 산호가 식물이 아니라 동물이라는 사실도 놀라운 일이다. 작가는 많은 참고문헌과 자료 수집을 통해 그동안 지구의 활동과 그 속에 깃들어 살던 생명체에 대해 자세히 알려준다. 기후 위기를 겪고 있는 현실에 이르기까지 사람이 살아가야 할 방향을 보여주는 '기후 시민 수업'의 지혜가 담겨있다.

전 세계가 기후 위기로 몸살을 앓고 있는 21세기다. 한쪽에선 땅이 쩍쩍 갈라지는 가뭄에 식량이 없어 사람과 동물, 자연이 말라 죽고 또 다른 한쪽에서는 홍수와 태풍에 휩쓸려 모든 것을 잃고 목숨까지 잃는 현상이 일어나고 있다. 심각한 위기의 상태지만 지금은 지나온 지구의 대멸종에 비하면 아무것도 아니라고 한다. 산소 대폭발과 눈덩이지구를 시작으로 역방향 기후 재앙, 초신성 폭발, 공룡시대의 끝 대멸종에 비하면 가벼운 것이라는 것이다. 하지만 앞으로 대멸종 같은 재앙이 일어나지 않는다고 어떻게 장담할 수 있을까. 2011년 3월 동일본대지진을 기억한다. 9.0 규모의 지진이 일어나 북동부 해안을 쓸며 산더미 같은 쓰나미가 빠르게 밀려오고 있었다. 그걸 발견한 사람이 죽어라 뛰었으나 달려오는 자동차 속도의 물 폭탄을 피할 수가 없었다. 텔레비전을 보며 안타까웠다. 맥없이 거대한 흙탕물에 휩쓸리던 광경을 잊을 수가 없다. 아무리 뛰어도 자연의 위력 앞에 사람은 나뭇잎 한 장만도 못하다는 생각이 들었다.

땅과 바다가 요동치고 삶의 모든 걸 덮치며 예고도 없이 재앙은 온다. 더 큰 재앙을 막기 위해 어떻게 해서든 이산화탄소를 줄이거나 대체하는 방법을 연구해야 한다는 생각이다. '모든 전기를 이산화탄소 발생 없이 만들 수는 없을까' 혹은 '많은 것을 전기로 움직일 수 있다면' '수소를 연료로 사용할 수 있다면' 등 단점과 장점을 비교해가며 작가는 무수한 실험정신을 열거했다. 햇빛을 이용하는 태양광과 바람을 이용하는 풍력 재생에너지도 들먹이며 '이산화탄소로 돈을 벌 수는 없을까'라는 문제에까지 다다른 『지구는 괜찮아, 우리가 문제지』는 환경에 관한 한 총망라된 책이라고 할 수 있겠다. 여름철에 숨을 들이쉬고 겨울철에 숨을 내쉬는 긴 호흡을 갖고 있는 지구, 전 세계 사람들과 합심하고 협력해서 기후변화 문제를 풀어나가야 할 책임감을 안겨준다.

온실효과로 인해 기후변화가 일어나면 홍수, 가뭄, 태풍 같은 현상이 발생하지만 '어마어마한 사건이 괜히 한 번씩 일어나는 것이 자연의 모습'이며 '기후변화는 종말론 신화처럼 세상을 쓸어버리는 것이 아니다'라는 이론에도 마음이 편치 않다. 어떻게 하면 지구를 살리고 깃들어 사는 생명들을 살릴 수 있을까. 자꾸만 따뜻해지는 온도를 낮추기 위해선 최대한 이산화탄소를 줄여야 한다. 12세 소녀 세번 스즈키는 "고칠 줄 모른다면 망가뜨리는 것을 멈추십시오"라고 외쳤고 스웨덴의 환경운동가 그레타 툰베리는 "기후변화에 대처하지 않는 건 미래를 훔치는 것이다"라고 외쳤다. 후손들이 살기 좋은 세상이 되도록 조금이라도 지구를 회복시켜야 한다는 마음에 깊이 고심하는 한 사람, 리모컨을 들어 얼른 에어컨을 껐다.

기도가 기도를 부르네

남상숙 소화 데레사

　뜻밖의 장소에서 아는 분을 만난 듯 조각상과 조우했다. 턱에 손을 괴고 앉아 있는 〈생각하는 여인〉이 나를 기다린 듯 다정하여 반가웠다. 얼굴선이 곱다랗고 깔밋한 대리석 좌상이 무념무상인 듯 맑고 순결했다. 절두산 성지순례를 하던 중 한국천주교순교자박물관 최종태 초대전에서였다.
　최종태(1932~)의 조각상을 문학 장르로 말 할 수 있다면 시라고 할 수 있다. 인물 형상에는 간결한 함축이 빚어낸 은유가 오롯하다. 한밤중 촛불을 마주한 듯 잔잔한 고전음악의 선율인 듯 소리 없이 내리는 함박눈인 듯 번민은 사라지고 순연한 정서가 천연섬유의 물색처럼 은근하게 침윤한다. 좋은 시가 마음을 순화시키듯 조각상의 간명한 청순미가 어수선한 심사를 정화한다.
　작가가 만든 해사한 얼굴은 미의 정점이다. 원초적 아름다움이 성스러움이라는 그의 고백은 진심일 것이다. 인간의 심상에서 오욕 칠정을 제외하면 진선미만 남는 것일까. 나무나 돌, 브론즈로 빚은 소녀나 여인의 형상에서 인간의 순연한 성정인 아름다움과 선, 진실과 마주한다.
　'기도하지 않고 저런 형상이 나올 리 없지. 자신을 비우지 않으면 불가능한 일이야.' 나도 모르게 중얼거렸다. 비워야 채워진다는 말은 진리다. 아기 예수를 안고 있는 성모자상을 바라보면서 거룩한 분위기에 휩싸이는 것은 하느님을 향한 성모님의 흠숭과 예수님에 대한 성모님의 자애에서 비롯했을 것이다. 조물주는 인간의 아름다운 모습을 조각가의 손을 통해서 구체적으로, 아니면 압축하여 보여주는 것일까.

몇 년 전, 석굴암 본존불을 보고 느꼈던 감회와 같았다. 좌상이 높아 바투 볼 수 없어 멀리서 바라보았더니 삼가 고요한 분위기에 압도됐다. 터질 듯 머금은 돌부처의 미소가 온화하고 토닥이듯 다가오던 안도와 평화는 온몸을 부드럽게 감쌌다. 생경스런 분위기에 어리둥절하였으나 존엄한 성상 앞에서 자연스럽게 합장했다. 성스러움과 자비의 표상 같았다. 이런 독특한 체험을 한 불교도들은 부처님을 향한 숭배로 이곳을 다시 찾을 것이다.

최종태가 추구한 형상은 단순 소박하다. 순진무구한 어린이나 앳된 소녀의 얼굴은 해맑고, 조촐한 여인의 모습이 아리따웠다. 여자의 얼굴에서 남다른 아름다움을 발견한 것은 그의 안목이며 촉이고 작가 의식의 발로일 것이다. 자르고 깎고 다듬은 형상에는 남이 흉내 낼 수 없는 절제의 진수만 명징했다. 인간사 희로애락에 천착하면서 불필요한 감정을 초탈한 작가의 탁월한 솜씨와 결연한 정신이 응축되었으므로 그의 작품은 돌올하다.

성상을 보면서 창조주의 손길을 생각한다. 잊고 있었던 내 안의 순수가 물처럼 솟구치며 오탁에 찌든 영혼을 어루만진다. 알게 모르게 쌓인 교만과 악습, 불필요한 정념이 유리알처럼 훤히 속이 보이면 삼가 옷깃을 여민다. '주여, 자비를 베푸소서.' '성모여, 저를 위해 빌어주소서' 작품의 선한 영향력이며 예술의 위대성이라고 할 수 있으니, 기도가 기도를 부르듯 선이 선으로 이끈다.

예술가의 재능은 신이 부여했다. 자신의 솜씨가 창조주로부터 부여받은 것이라는 인식은 스스로 내세우지 않는다. 소신에 안주한 사람은 자기만족으로 끝날 것이지만 겸유한 사람은 창조주의 의도를 찾아 부합하려 애쓴다. 그러다가 무시로 들솟는 창의력에 놀란 작가는 뒤에서 누군가 시키는 것 같다고 부지불식간에 진심을 토로한다.

'이건 분명 내 의지나 재주가 아닌데 …' 이런 의혹이 일면 작가는 겸손해진다. 세상에 이름을 남기는 일도 운명이라고 했다. 원한다고 그리되거나 예견할 수도 없다. 후대의 일이므로 관여할 수 없어도 필요하다면 본인의 의사와 상관없이 인류사에 이름을 남긴다. 이 필요충분조건이 우리를 살게 한다.

문학이나 미술, 연극이나 음악 등, 모든 예술은 표현 방법이 다를 뿐 인간사를 말한다. 이렇게 말하고, 저렇게 노래하며 춤과 형상으로 인생사를 보여준다. 소설 속 주인공이 작가 자신은 아니라 해도 그가 쓰는 대사와 지문은 통해 사상을 알 수 있듯이 모든 예술작품은 작가의 분신이다.

'하늘은 스스로 돕는 사람을 돕는다'는 말은 전력투구한 노력의 결과다. 마음이 끌리는 일에 투신하여 자신을 일으켜 세우고 높은 생각, 첨예한 감각으로 창대한 일에 도전한다. 인간은 오늘보다 나은 내일의 삶을 향해 도약하려는 향상성과 지속성이 있다. 그것이 오직 자신을 위한 것이라 해도 남에게 지대한 영향을 주었다면 보람이며 가치 있는 일이다.

최종태는 그림이나 조각작품 못지않게 글 수준도 상당하여 뭇 작가들을 긴장시킨다. 미술 관련 단체의 청탁을 받고 쓴 글이라 해도 전문 분야의 지식과 사유는 광활하다. 여러 권의 산문집을 출간한 그는 조각상에서 생략한 부분과 조각으로 표현하지 못한 심상을 글로 설명하였는지 모른다.

"삶이란 무엇이며 어떻게 살아야 할 것인가. 예술이란 무엇이며 어떻게 만들 것인가" 날마다 자신에게 묻고 작품을 궁구한다는 작가의 말이 가을 초입의 색바람처럼 신선하다. 생에 대해 성실하고 굳건한 신앙심으로 성미술에 천착하는 작가의 중단 없는 노력에 경의를 보낸다. 동시대를 살아가며 그의 작품을 접할 수 있으니 행운이다. 그의 조각상 앞에 서면 후광이 서린 듯 거룩해진 듯 말을 잊고 두 손 모은다.

대대로 희망

노혜옥 아녜스

성전 안에 음악 소리가 들려온다. 성가대에서 부르는 시작성가다. 차분하고 화음이 잘 어우러지는 노래는 듣는 이의 마음을 평화롭게 한다. 노래 중에는 성가가 최고다. 오늘 미사의 분위기는 다른 날과 사뭇 다르다. 어린이들 위한 첫영성체 날이기 때문이다. 성가가 울려 퍼지고 흰 드레스를 입은 여자 어린이들 흰 넥타이를 맨 남자 어린이들이 성전에 입장한다. 신자들과 가족들이 일어서서 그들에게 응원의 시선을 보낸다. 음악 소리에 맞춰 한 걸음 한 걸음 어린이들이 음악 소리에 맞춰 발걸음을 내디딘다. 저 한가운데 수십 명의 아이들 중 우리 손녀 로사도 끼어 있다. 아이는 부끄러운지 가족들을 바라보지도 않고 앞을 보고 걸어간다.

40년 전의 추억이 떠오른다. 20대였던 나는 직장에서 알게 된 청년에게 시집을 갔다. 시댁에 들어가니 신랑의 부모님과 할머니와 함께 살고 있었다. 내가 들어가서 아이 둘을 낳으니 4대가 한집에 사는 대가족이 되었다. 철따라 명절이면 차례도 지내고 제사도 모셨다. 그리고 우리나라 가정에서 대개 그렇듯 절에 다녔다. 집안 대소사는 절에서 행해졌다.

젊은 시절 초등학교 교사였던 시어머니는 노래도 잘했다. 절에 가면 불자인 가수 송춘희와 함께 다른 불자들과 어울려 노래도 잘 불렀다. 송춘희는 당시 '수덕사의 여인'이라는 노래로 한창 인기리에 있었다.

조상님 제삿날이면 집에서 제사음식도 모두 격식을 맞춰 극진하게 마련했다. 나는 맏며느리이니 제사음식도 눈여겨보고 만드는 방식도 기억하려고 마음을 썼다. 그렇게 십여 년이 지나갔다.

어느 날 시어머니가 교회에 나가기 시작했다. 나도 시할머니도 놀랐고 큰 충격에 빠졌다. 시할머니는 혀를 끌끌 찼다. 이 일을 어이할꼬, 일부종사를 하는 기 도리이지… 시어머니의 이 큰 변화 뒤에는 아마도 시누이의 사정이 있었을 것이다. 시집간 시누이의 생활이 편치 않았기 때문이다. 제사를 해마다 모셔도 뭐 좋은 일 하나 없다. 아무 소용없다. 어머니는 더 이상 제사를 차리기 싫어했다. 그 후론 시누이가 친정에 자주 오더니 주일이면 시어머니를 교회로 모셔갔다.

이때부터 나는 사월 초파일이면 시할머니 모시고 절에 가야 했고, 성탄절이면 시어머니를 모시고 교회에 가야 했다.

시할머니는 나를 앉혀놓고 말했다. 내가 죽으면 제사는 누가 차릴꼬. 아가. 나를 절에 모셔다우. 나는 절이 좋아, 아가 너 만한 나이의 처자가 불교대학을 졸업하고 스님이 되었는데, 얼마나 똑똑하고 박식하고 불심이 좋은지 어찌나 이쁜지 모른다. 나는 절이 좋아. 할머니는 절에서 수계도 하고 법명도 얻었다. 선덕화.

교회에 큰 행사가 있으면 시어머니를 따라 교회에 가야 했다. 교회의 예배는 시작부터 웅장하고 씩씩하다. 목사는 말씀도 무척 달변이었다. 왠지 세상일의 처세에 능하여 상대방을 압도하는 것 같은 분위기가 있다. 성도들이 부르는 찬송가도 마치 행진곡 같았다. 목사님은 전쟁에서 승리한 개선장군 같은 모습. 마음속의 고민이 확 날아가 버릴 것만 같았다. 교회에 들어선 어머니의 마음속 고민도 확 날아가 버렸을까.

나는 두 곳 다 가고 싶지가 않았다. 내가 어찌하여 이런 난처한 상황에 놓여있어야 하는지 알 수가 없었다. 유사 이래 최초의 전쟁은 종교전쟁이었다. 오늘날 종교와 종교 사이에는 서로 사이좋게 지내야 한다.

내 마음속에는 여고 시절의 학교가 떠올랐다. 명동성당 한가운데에 있던 학교에 입학을 하였는데, 명동성당 안에서 미사를 모시며 입학식을 했다. 학교생활은 평화롭고 다정하고 거룩하고 엄격했다. 담임 수녀님은 젊고 꽃처럼 예쁜 분이었다. 옆 반 영어담당의 젊은 남자 선생님은 우리 반 담임 수녀님을 볼 때면 괜시리 얼굴이 붉어지곤 했다. 학교 가려면 언덕을 올라서 가야 했다. 학교를 마치고 언덕을 내려오면 성모님이 서 계신 곳에 동굴이 있었다. 물이 졸졸 흐르는 동굴 앞에 장궤틀이 있고 사람들은 그 장궤틀이 무릎을 꿇고 앉아 기도를 올렸다.

나는 절에도 교회도 가고 싶지 않았다. 총각 때 중동지방에 잠시 일한 적이 있던 남편이 퇴근 후 돌아오자 나는 이번 기회에 천주교 성당에 가면 어떨까 하고 말해보았다. 남편은 대뜸 그러면 나는 모슬렘이 되고 말 거야. 했다. 그때부터 우리 집에는 세계 4대 종교가 공존하게 된 셈이었다.

그 후 오랜 세월이 흐른 후에야 나는 비로소 성당에 다니게 되었고, 본의 아니게 우리 가문의 첫 가톨릭신자가 되었다. 나이를 먹고 보니 첫 손녀의 첫영성체 날의 광경을 보고 기뻐할 수 있게 되었다. 저 멀리 높이 계신 하느님께서 보살펴주신 덕분이리라. 어린 신자들이 성체를 모시려고 한 사람씩 제대 위에 올라간다. 우리 로사도 올라간다. 로사가 귀여운 입을 조금 벌린다. 신부님께서 들어 올린 성체가 로사에게로 내려진다. 주님 우리 모두의 영육 간의 건강과 평화로운 일상을 허락하소서.

나 하나 꽃 피어

박경옥 베로니카

텃밭에 심어놓은 오이와 작두콩에 진딧물이 잔뜩 끼었다. 자세히 보니 토마토 잎사귀에도 진딧물로 까맣다. 친환경 해충제로 막걸리가 좋다 하여 한 병 사다가 분무기에 넣고 뿌려 주었더니 신기하게도 많이 떨어져 나갔다. 그래도 완전하지는 못한 것 같아 몇 병 더 사다가 사흘에 한 번꼴로 분사해줬다. 열 평도 채 안 되는 밭이라 어쭙잖지만 농약 안 치고 봄여름 싱싱한 채소를 먹고 싶어 시작한 게 십 년이 되었다. 아파트 상가 뒤에 숨어 있는 작은 주말농장 텃밭이다.

처음 시작할 때는 상추, 고추, 토마토, 오이, 애호박, 등 종류도 다양하게 심어 농약 한 번 치지 않아도 싱싱한 채소와 열매를 따 먹는 재미가 쏠쏠했다. 상추 부추 가지도 잘 자라 지인들에게 나눠 줄 만큼 풍성했다. 첫해에는 30포기 배추가 속이 노랗게 차서 김장을 했는데 얼마나 맛있던지 다음 해에는 40포기를 심었다. 그런데 해가 바뀔수록 새까만 진딧물이 잎사귀를 다 덮을 정도로 끼어서 먹을 수가 없었다. 그다음 해에도 마찬가지여서 배추 심는 걸 포기 했다.

비어 있던 땅들이 밭으로 일구어져 20평 30평씩 분양받는 사람들이 늘어갔다. 그런 사람들은 전문적으로 농작물을 수확하기 위해 비료를 뿌리고 농약을 치기 시작했다. 유기농 채소 먹겠다고 함께 시작했던 지인들까지 하나둘씩 비료와 농약을 뿌렸다. 농약을 뿌리면 벌레 하나 없어 많은 양을 수확할 수 있는 유혹에 지고 만 것이다. 나는 친환경으로 해보겠다고 EM도 뿌리고 한약 찌꺼기와 깻묵을 묵혀 비료로 쓰기도 하면서 버텼다. 상추와 부추와 고추는 약을 안 쳐도 잘 자라 주었으니 내가 먹을 만큼 거두면 되었다.

시간이 지날수록 등에 농약통을 짊어지고 본격적으로 뿌리는 아저씨도 늘어나면서 작은 텃밭은 예전의 그 텃밭이 아니었다. 어느 땐 농약 냄새에 머리가 지끈거리기도 했다. 나 혼자 친환경적으로 키워보겠다고 해도 소용이 없다는 걸 알게 되었다. 이웃 텃밭 주인들이 농약을 치니 가운데 끼어 있는 우리 밭이 벌레들의 왕국이 될 수밖에 없다는 생각이 든 것이다. 이웃 밭에 있는 고추나 호박 오이 토마토는 반지르르하고 통통하게 잘 열리고 있는데 나는 아무리 막걸리나 EM을 뿌려도 열매들이 부실하게 자랐다. 지난해를 끝으로 결국 십 년 만에 농약 범벅이 된 그 텃밭 농사를 그만 두었다.

난생처음 밭을 갈고 퇴비를 하고 씨를 뿌리거나 모종을 사다 심으면서 얼마나 설렜던가. 텃밭 이름표도 만들어 세워 두었다. 싹이 나오고 열매가 맺는 걸 보면 솎아주고 곁순 따는 일도 힘들지 않았다. 여름이면 땡볕 아래 풀과의 싸움도 견뎌내면서 싱싱한 채소를 먹는 게 너무 좋았다. 텃밭을 가꾸는 일은 환경적 차원에서도 큰 가치를 지닌다고 생각했다. 도시의 열섬 현상을 줄이는 것에 도움이 되고 다양한 곤충들도 불러들이는 일이니 얼마나 좋은가. 토양 내 유기물의 순환을 돕고 밭에서 자라는 녹지는 광합성 작용도 있어 공기 정화에도 도움이 된다고 해서 자부심을 가지고 있었다. 원예와 조경을 배우면서 텃밭 공부도 같이 했다. 농장에 가서 조별로 텃밭을 직접 가꾸면서 해충제도 만들고 식초에 계란 껍질을 삭혀 칼슘제도 만들었다. '별이네 텃밭'에 적용하면서 유기농으로 건강한 식탁을 차린다는 기쁨으로 들떴던 지나 몇 녀이 오늘 새삼 그립다.

이상기후로 인해 지구가 점점 뜨거워지고 있다. 올해는 바닷물의 수온이 역대급으로 높아 양식 어류가 폐사하고 있다고 한다. 요즘 낮 기온이 36도를 육박하고 연일 계속되고 있는 열대야 현상도 바다의 해수 온도에 영향를 미치고 있다는 보도다. 지나친 온실가스 배출로 생태계가 심각하게 몸살을 앓고 있지만 사람들은 관심이 없다. 나라마다 자국의 이익을 위해 온실가스 줄이기에 적극 동참하지 않는다는 보도도 있었다.

 온실가스 배출도 그렇지만 환경오염의 주요 원인이 되는 일회용품과 비닐봉지 사용이 점점 늘어나고 있으니 걱정이다. 한동안 마트에서는 비닐 팩 사용이 금지되어 조금 불편한 점도 있었지만 참 잘한 일이다 생각 했는데 어느새 슬그머니 다시 과일 채소 옆에 필수로 구비되어 있다. 과일은 장바구니에 담으면 될 텐데 장바구니가 있어도 습관적으로 비닐봉지에 담아 간다. 그 사람들은 비닐봉지가 썩는 데 걸리는 시간이 500년이라는 걸 모르고 있는 것 같다. 참 안타까운 일이다.

 우리 집에서는 비닐을 최대한 쓰지 않는다. 요즘엔 실리콘으로 재사용하는 팩이 나와서 그걸 재사용하고 있다. 종이컵은 아예 없다. 주방 세제는 밀가루를 사용하기도 하고 친환경 고체 비누 설거지 바를 사용한다. 거품이 덜 나고 눌러서 나오는 액체 세제보다는 조금 불편하기도 하지만 헹굴 때 거품이 나지 않고 뽀드득 개운하게 씻겨서 좋다. 나 하나만이라도 환경을 지키자고 오래전부터 써오고 있다. 십여 년 하던 텃밭이 농약으로 오염되는 걸 보면서 생태계 파괴가 얼마나 심각한지 몸소 체험했다.

 '나 하나 꽃피어/ 풀밭이 달라지겠느냐고/ 말하지 말아라/ 네가 꽃 피고 나도 꽃 피면/ 풀밭이 온통/ 꽃밭이 되는 것 아니겠느냐'

 내가 좋아하는 시다. 모든 사람들이 나 하나라도 환경오염을 줄이기 위해 노력한다면 세상이 달라지지 않을까.

소나기와 스콜

박경희 미카엘라

처음 열대성 소나기인 스콜을 만난 건 35년 전, 홍콩의 중심지 센트럴에서였습니다. 일을 끝내고 지하철역으로 향하는데 순식간에 흰 장막을 친 듯 장대비가 쏟아집니다. 어찌나 세차게 내리는지 우산도 소용없었습니다. 금세 온몸이 젖어 빗속을 걷고 있는데 왠지 거리가 한산하다는 느낌이 들어 주위를 둘러보니 손에 우산을 든 사람들이 고층 건물 아래에 서서 비가 지나가기를 기다리고 있었습니다.

그냥 갈까 나도 비를 피해 볼까 잠깐 망설이는 사이에 비가 그치고 멀리 바다 건너 대륙부터 파란 하늘이 드러나기 시작합니다. 그러자 비를 피해 서 있던 사람들은 언제 비가 왔냐는 듯 채 가시지 않은 후끈한 열기 속으로 흩어집니다. 그 모습이 어찌나 생경하든지요. 우리나라에서는 볼 수 없었던 장면이라 마치 특별한 이벤트를 하는 것 같았습니다. 아열대성 기후인 홍콩은 예고 없이 쏟아지는 스콜이 자주 발생하는 탓에 크고 작은 건물들이 긴 회랑이나 이층통로로 연결되어 있고, 처마도 잘 설계되어 있어 웬만하면 우산 없이 비를 피할 수 있다는 것을 나중에 알았습니다.

더워도 너무 더운 열기와 습습한 기운으로 가득 찼던 올해 8월 초순. 약속 장소로 가기 위해 지하철역 계단을 오르는데 금세 앞이 희뿌윰해지며 소나기가 쏟아집니다. 귀밑으로 땀이 연방 흐르던 터라 더위를 식혀줄 소나기가 반갑기 그지없었습니다. 우리나라 소나기는 지열도 식혀줄 뿐 아니라 시원한 바람까지 한소끔 불어오잖아요. 소나기가 그치고 젖은 도보를 걷다 그만 깜짝 놀라 서고 맙니다. 땅에서 올라오는 후텁지근한 열기가 마치 찜통 뚜껑을 연 것처럼 후욱 온몸을 휘감았기 때문입니다. 우리나라도 어느샌가 35년 전 홍콩에서 처음 경험했던 열대성 스콜이 내리는 기후로 변해가고 있었습니다.

지구가 더워지면서 비록 비닐하우스지만 우리나라에서도 열대, 아열대성 과일인 망고, 바나나, 골드키위 등이 재배되어 유통되고 있습니다. 기상청에 따르면 현재와 같이 온실가스가 배출될 경우 20년 뒤에는 한반도 해수면이 최소 11㎝가량 높아진다고 합니다. 남북극의 빙하가 전부 녹으면 지구의 해수면은 대략 65~70m가 상승해 우리나라는 물론 전 세계 해안가에 자리잡은 도시들은 몽땅 물에 잠기게 된다는 보고서도 나왔습니다.

빙하나 만년설이 녹으면 해수면 상승에 그치는 게 아니라 지구 곳곳에서 생태계 파괴가 일어날 것이라고 하네요. 살 거처를 잃어 멸종될지도 모르는 북극곰과 남극 펭귄의 뉴스가 심심치 않게 보도될 것이고, 히말라야 같은 고산지대에서 녹아내리는 빙하가 쓰나미를 일으켜 산악 마을을 한순간에 초토화 시킬 것이며, 지구로 들어오는 태양에너지의 90%를 반사한다는 흰색의 빙하가 줄어들면 태양 빛을 반사하는 비율도 그만큼 줄어들어 지구의 온도가 더 빨리 상승하게 된다고 합니다. 또한 담수인 빙하가 녹아 바닷물에 섞이면 염분농도가 옅어져 해류의 흐름이 느려지게 되고 지금껏 경험하지 못한 심각한 한파와 폭염 등의 재앙이 일어난다고 하니, 손 놓고 있다가 현대판 노아의 방주가 만들어질지도 모른다는 생각에 오소소 소름이 돋습니다.

지구온난화의 가장 큰 주범은 이산화탄소라고 합니다. 그러나 아쉽게도 우리가 영위하는 일상생활은 하나부터 열까지 이산화탄소 배출과 엮여있지 않은 것이 없습니다. 한 끼 식사-쌀밥, 콩나물, 된장국, 딸기, 불고기, 고등어, 배추김치-를 탄소발자국(인간의 활동이나 상품의 생산과 소비과정에서 발생한 온실가스를 이산화탄소 발생량으로 나타내어 계산한 총량)으로 계산해 보면 소나무 1그루가 필요하고, 가정에서 쓰는 한 달 전기, 가스, 자동차 휘발유는 65그루의 소나무가 필요하다고 합니다. 전 세계 70억 인구가 삶을 유지하기 위해 사라지는 소나무의 천문학적인 숫자와 막대한 양의 이산화탄소 발생에 입이 다물어지지 않습니다.

늦었다고 생각한 때가 가장 빠른 때입니다. 지구를 건강하게 되돌리려면 탄소의 흔적을 줄이는 탄소중립에 지금 당장이라도 동참해야겠습니다. 먹을 만큼만 음식물 조리하기, 물건 재활용하기, 도보를 이용해 걷거나 자전거 타기, 쓰지 않는 전기 플러그 제거하기 등등 손쉽게 실천할 수 있는 것부터 시작하는 삶이야말로 하느님 말씀을 올곧게 따르는 신앙인의 모습이지 않을까요. 절약하고 절제하며 검소하게 살면서 앞으로 태어날 후손들이 더불어 살 만한 지구를 물려주기 위해 노력하는 것이 곧 사랑을 실천하는 것임을 깨닫습니다.

댕댕이 신 한 켤레

박금아 루치아

    난분분한 나뭇잎들이 만추의 스산함을 더하고 있었다. 늦은 밤, 서울대입구역에서 집으로 오는 길섶에서였다. 가막덤불 속에서 푸른 열매 몇 개가 언뜻언뜻했다. 가랑잎을 치우자, 진한 물빛이 도는 파랑이들이 눈을 동그랗게 뜨고서 나를 뚫어져라 쳐다보는 게 아닌가. 그것들도 놀란 듯했다. 길두 아재가 '댕대이'라고 부르던 나무의 열매였다. 그렇게 얼마를 서 있었을까.
    정신을 차리고 보니 집 앞 산길이었다. 빨간 팥배나무 열매가 가로등 아래에서 말갰다. 길냥이들이 불빛이 닿지 않아 희읍스름한 화살나무 아래를 종종거리며 희롱하고, 길 아래 관악빌라 할머니의 남새밭에서는 맷돌 호박 한 덩이가 새들해진 이파리 몇 잎을 달고서 늦가을 밤을 지켰다. 살쾡이 한 마리가 긴 나무 의자에 앉아있다가 나를 보자 뒤편 산딸나무 아래로 사라졌다. 살쾡이가 내준 자리에 앉으니 밤하늘 속으로 아까 보았던 푸른 열매가 떠올랐다.
    길두 아재 등에 업혀 진외가로 가던 밤길이 생각났다. 바지게 안에서 무서리를 맞으며 바라보던 외할머니의 무명 치맛자락과 산짐승 울던 말티고개와 먼 데 있던 검은 산들이 들어와 박혔다. 곡두를 보는 듯했다. 그날 밤, 졸작 「길두 아재」를 썼다. 그 밤 내내 내 방 창틀엔 유년처럼 무서리가 내렸고, 내리자마자 녹아버린 무서리의 시간을 위무하는 듯 간간이 소슬바람이 머물다 갔다.
    세 살 때 부모를 떠나 초등학교에 입학하기 전까지 외가에서 살았다. 산골 외딴집엔 외할머니와 외할머니의 먼 친척뻘로 머슴살이를 와 있던 길두 아재뿐이었다. 외할머니는 사시사철 종일토록 과수밭에서 살다시피 해서 나는 아재만 졸졸 따라다녔다. 아재는 부르기만 하면 어디서든 달려와 내가 원하는 것을 다 들어주었다.

여섯 살, 서릿가을 무렵이었다. 어찌 된 일인지 내 신 한 짝이 아재가 잠자던 쇠죽방 아궁이에 들어가 있었다. 섬에 살고 있던 엄마가 며칠 전에 오일장에 다녀온 사람 편으로 보내 준 새 운동화였다. 아재가 아침 쇠죽을 끓이다가 발견하고 꺼냈지만, 반이나 타버린 후였다. 그날 내내 아재를 따라다니며 "내 신발 물어내라."며 졸랐다. 외할머니가 새로 사주겠다고 해도 그치지 않았다. 다음 날 아침, 밥상머리에 앉자마자 울기 시작해서 점심때까지 밥도 먹지 않고 떼를 썼다. "바보 아재! 개새끼 아재!"라고도 했던 모양이다. 달래다 못한 외할머니가 회초리를 찾자, 아재가 달려와 나를 덥석 안아 들고서 과수밭으로 달아났다.

과수원 뒷산은 댕댕이 천지였다.

농사가 끝난 늦가을이면 아재가 베어다가 겨우내 과실 소쿠리와 삼태기를 만들곤 하던 넝쿨이었다. 아재가 풀숲에 나를 내려놓고서 댕댕이 넌출을 손으로 잡아당겼다. 암만 꺾으려고 해도 덩굴은 꿈쩍도 하지 않았다. 낫을 들고 와서야 질긴 줄기를 잘라낼 수 있었다. 아재는 그것으로 알기살기 신 한 짝을 엮어 내 발에 신겨 주었다. 신발 콧등에 달린 파란 댕댕이 열매를 보고서야 울음을 그쳤던가. 아재는 다른 한 짝도 만들어줬다. 외가로 돌아오던 길에 아재가 태워 주는 목말을 타고 댕댕이 신을 신은 두 발을 까불거리며 바라보던 하늘은 얼마나 높았던가.

유년의 시간 속에 길두 아재가 없었더라면 나는 어떻게 어른으로 자랄 수 있었을까. 아재는 내게 놀이를 함께 해 준 하나밖에 없는 친구였고, 내 긴 머리를 땋아 주다가 도시로 떠난 막내 이모였고, 토끼몰이와 새 잡기를 보여 주다가 서울로 공부하러 간 외삼촌이었다. 피 한 방울 나누지 않은 남이면서도 때론 아버지였고 엄마였으니 아재는 내 유년의 시간 속에서 나에게 없어서는 안 될 '그 모든 이'였다.

별을 세는 법을 가르쳐 주고, 별이 반찬이 되어 밥상으로 올라오는 것을 꿈꾸게 해 주었다. 감나무를 어떻게 오르고 내리는지, 들녘에서 피어나는 생명들을 어떻게 부르는지도 알게 해 주었다. 아이도 어른과 친구가 될 수 있고, 어른이 되면 마음으로도 걷는다는 걸, 그러니 어른으로 살아가려면 발뿐 아니라 마음에도 여간해서는 헤지지 않을 단단한 신 한 켤레쯤 필요하다는 것을 일러 주었다. 평생을 신어도 닳아 떨어지지 않을 댕댕이 신을 어떻게 엮는지, 그 기술을 가르쳐 준 사람도 길두 아재였다.

평소 같으면 대번에 꺾어 와 꽃병에 담아 두고 혼자 보았을 넝쿨을 그날은 그 숲에 소롯이 남겨 놓고 왔다. 누군가 발견한다면 그도 나처럼 아름다운 추억 하나 떠올릴 수 있었으면 하는 마음이었지만, 어쩌면 그때 내게 튼튼한 신 한 켤레가 절실했던 건지도 모르겠다. 길을 걷는 동안 홀연 신발이 망가져 한 발짝도 떼지 못하고 우뚝 멈춰버린 적이 많았다. 그런 날 그 숲에 달려가 길두 아재가 가르쳐 준 대로 댕댕이 신 한 켤레 삼아 신고 싶었을까. 어린 소녀를 달래던 눈빛이 조롱조롱한 그 푸른 열매로 아직도 울고 있는 내 안의 나를 달래고 싶었던 걸까.

가끔 궁금해진다. 중년을 훌쩍 넘어선 지금, 길두 아재가 나를 만난다면 뭐라고 할지를. 아재는 아마도 "자야, 니가 우찌 이리 마이 컸노!" 하고는 너털웃음을 칠 것이다. 유년의 어른들 모두 "자야, 니가 우찌 이리 마이 늙었뺐노!"라고 할지라도 말이다.

텃밭 학교

박순옥 세레나

세상은 여행하다가 호기심 나는 장소에서 머물며 공부하는 학교다. 배울 과목도 내가 정한다. 스승, 덕목 꽃차 등.

학창 시절 여러 과목의 공부가 버거웠다. 수학은 공식을 줄줄 외워도 원리를 모르니 어떻게 대입시켜야 하는지 답답했다. 화학 교과서 뒤에 있는 원소 주기율표는 보기만 해도 두통이 일었고 영어는 단어만 외우다가 육 년을 다 보냈다. 선생님들은 공부해서 성적 좀 올리라고 재촉했다. 나 역시 공부를 잘하는 게 소원이어서 열심히 하려고 책장을 열면 기초부터 몰라 넘어지는데 어쩌라는 건지.

고등학교 졸업 후 공부가 왜 그리 힘들었을까 의문이었다. 대학을 못 갔으니 한가해져 집으로 오는 신문을 꼼꼼히 읽었다. 한자 사전을 곁에 두고 읽다가 모르는 한자가 나오면 사전을 열고 찾았다. 읽을 줄 몰라 끊기는 한자 단어를 사전에서 찾아 알아내는 순간 문장이 물줄기처럼 연결되는 희열을 맛보았다. 얼마가 지났을까, 한자 섞인 신문을 사전 없이도 읽을 수 있게 되었다.

작은 영어 사전을 가방에 넣고 다니며 모르는 단어가 보이면 바로 가방에서 사전을 꺼내 찾아보았다. 거리에서든 남의 집에서든 어디에서든. 그 과정에서 철자 발음에는 일정한 규칙이 있음을 깨달으며 무릎을 쳤다. 일명 파닉스였다.

결혼 후 큰 아이가 다섯 살이 되자 한자 일일공부를 신청해 아이와 함께 공부했다. 우유 투입구로 한 장씩 들어오는 학습지의 빈 네모 칸에 아이와 놀이하듯 한자를 채웠다.

아이들이 초등학교에 들어가 분주함에서 조금 놓여나자 그룹 성서 반에 들어가 묵상을 컴퓨터로 치며 자판을 익혔다. 꾸준히 하다 보니 워드 치는 속도가 빨라졌다.

누군가가 짜놓은 제도에 맞춰 진행되는 공부는 고단했으나 필요해서 스스로 선택해 내 식대로 익히는 공부는 재미있었다.

저쪽 입구 텃밭의 긴 머리 여인은 그녀의 남편과 함께 밭일을 조금 하다가 "아이 더워!" 하며 혼자만 차 안으로 쏙 들어간다. 그리곤 차창을 열고 남자에게 무어라 계속 쫑알댄다. 어깨가 떡 벌어지고 입이 악어처럼 생긴 남자는 아내의 잔소리에도 뭐가 그리 좋은지 벙실벙실 웃는다. 그의 장모에게 갖다줄 야채를 뜯으면서.

그녀는 신혼 시절에 남편의 운동 중독을 이해 못했단다. 그 문제로 한동안 싸우다가 남자가 운동하는 곳에 같이 가서 따라 해보니 재미있더란다. 지금은 그녀가 더 운동 중독이 돼 있다고 한다.

낚시광인 남편을 이해하려고 낚시터에도 따라갔다가 그녀가 더 낚시광이 됐단다. 지혜와 노력 없이 거저 얻는 사랑은 없으리라. 덥다고 혼자만 차 안으로 들어가 재잘대는 그녀에게 누가 철부지라 말하겠는가. 헛웃음 날만큼 오답인 내 기준에만 맞추라고 남편에게 악다구니 썼던 나에게 그녀는 예쁜 스승이다.

앞 밭 너머 강씨가 "커피 한 잔 주이소!" 소리치며 낮은 울타리 두 개를 넘어온다. 사람들과 늘 거리를 두고 있는 그가 먼저 커피를 달라는 걸 보니 오랜 고립은 견디기 힘든 모양이다. 시골에서 초등학교 졸업 후 도시로 나가서 인테리어 기술을 익혀 그쪽 사업을 하다가 가까운 사람에게 배신당한 경험이 있다는 그는 여기 텃밭 사람들에게도 좀처럼 곁을 주지 않았었다. 그는 이렇게 감자 수확을 끝낸 하지부터는 하루해가 개꼬리만큼씩 짧아진다고 했다. 감자를 캔 고랑의 비닐구멍에 그대로 들깨 모종을 심으면 된다고도 말했다. 뒤 농장 여인이 농사일이 힘들다고 하자 그가 농사는 원래 고생하려고 짓는 거 아니냐며 농부는 손이 쉬고 있으면 안 된단다. 개꼬리만큼씩 짧아지는 하루 해 아래서 손을 놀리지 않으려고 나는 자꾸 풀을 뽑는다. 원소의 주기율은 모를지 몰라도 절기와 삶의 주기율을 꿰고 있는 그도 나의 스승이다.

뒤편 너머 길을 산책하다가 양 선생네 밭 앞에서 걸음을 멈췄다. 울타리 아래서 고개를 숙이고 살랑대는 꽃이 예뻐서. 호미질을 하고 있는 그녀에게 그 꽃의 이름을 물었다. '매발톱꽃'이라고 일러줬다. 꽃말이 '행복'이라는 것도. 그녀는 꽃차를 연구한단다. 밭으로 들어가 농막 뒤를 둘러보니 꽃 반 작물 반이었다.

그녀의 안내로 농막 안에도 들어가 봤다. 그녀가 따서 말렸다는 여러 종류의 꽃차와 동화책들이 진열돼 있었다. 그녀는 국화 꽃차를 타 주었다. 말라 있던 매화꽃이 따라주는 뜨거운 물 안에서 화들짝 피어났다. 중학교 교사이기도 한 그녀는 동화책 만드는 동아리에서도 활동하고 있다고 했다. 꽃차를 마시며 창 너머 밖을 내다보는데 그녀가 표지에 냇가 강아지풀 그림이 그려져 있는 동화책을 무릎 위에 살며시 놓아주었다. 이 책은 그녀 동아리에서 만든 건 아니라고 했다. 책장을 열어 읽어보니 내용도 그림만큼이나 파릇했다. 이렇게 파릇한 작품이 무릎 위에 얹히기까지 세상 어딘가에서 고운 사람들이 성실히 작업했을 노고가 전해졌다.

그녀의 차분한 말투와 행동은 급한 성격인 내가 배워야 할 덕목이니 그녀 또한 나의 스승이다.

누구의 말이나 행동을 허투루 듣거나 볼 일이 아니다. 옆 농장 김 여사가 아침에 나오자마자 우리 밭으로 먼저 들어와 어제 심어놓은 대파와 들깨 모종을 둘러보았다. 농사 선배인 그녀가 남편에게 이것저것 설명을 해주는데 나는 무더기로 피어있는 노란 쑥갓꽃을 사진 찍느라 그녀의 설명을 놓치고 말았다. 다음번엔 그녀가 해주는 농사 수업을 놓치지 않으리라.

그녀가 밭을 나서다가 아직 다 못 심어 한쪽에 모아둔 들깨 모종을 보며 모종은 낮에 심지 말고 저녁 무렵에 심으라고 일러줬다. 그래야 모종들이 밤에 내리는 이슬에 목을 축이고 생기를 찾아 아침에 일어선다고. 더운 낮에 심으면 애들은 손이 없어 양산도 못 드는데 얼마나 목이 타겠냐고도 말했다. 늘 생명에의 연민을 가지고 식물을 대하는 그녀를 볼 때마다 나는 감동한다. 생명 없는 영어 파닉스를 깨우쳤을 때 무릎은 쳤으나 감동은 하지 않았었다. 그녀 말이 옳다. 이 아가들은 손도 없지 않은가.

세상 공부는 머리 아프지도 고되지도 않다. 궁금하지도 않은 미적분을 푸는 학창 시절의 공부는 고됐으나 이웃들의 언행을 기록하며 나만의 교과서를 만들어가는 세상 수업은 아름답다.

더덕 잎 타고 올라가라고 옆에 지지대를 놓아주었더니 잠깐 사이에 새순이 넝쿨을 두 번이나 감았다며 남편이 "눈도 안 달린 것이 차암…" 신기해했다. 한밤중에 비가 쏟아지며 바람까지 불기 시작하니 그가 비옷으로 갈아입는다. 가지가 찢어질 만큼 많이 달린 고추 가지가 비바람에 꺾일까 걱정스러워하면서. 잘 크고 있는 저놈들 쓰러지지 않도록 기둥에 기댈 수 있게 묶어줘야 한단다.

이제 우리 농막 교실에 앉아 그의 심성을 기록한다. 올해 고추 농사는 풍년을 예감한다.

마음길

박순자 엘리사벳

생각이 많아지는 날에는 묵주를 들고 산책길에 나선다.
동네 가까운 동산의 오솔길을 따라 걷다 보면 어느새 묵주기도 5단이 끝나고 나무의자 몇 개가 놓여있는 쉼터에 이른다. 잠시 자리를 잡고 앉아서 마침기도를 바치고 성호를 그으며 묵주를 챙겨 넣는다. 그때쯤이면 머릿속의 생각들도 정리가 되며 마음으로 내려앉는다.

금년 여름은 정말 덥다. 열대야가 한 달 넘기며 기록을 깰 것 같단다. 더위가 시작되는 6월 중순부터 시작한 동화구연 강좌를 들으러 가는 한낮 기온은 모자를 쓰고 양산까지 펼쳐도 머리 위로 쏟아지는 뜨거움은 화로를 머리 위에 얹어 놓은 것 같다. 그러나 설레임 또한 그만큼 뜨겁다.

얼마 전 남편이 지역 시니어 클럽에서 수강생을 모집한다는 안내문을 사진에 담아 보여주면서 "당신 동화구연 좋아하잖아? 한번 신청해 봐요." 했다.

종이접기와 동화구연, 바리스타 세 가지 강좌가 있었다. 동화구연 과목에 서류접수를 하고 면접을 보며 새로운 작은 꿈이 생겼다.

코로나19가 있기 전에는 일주일에 한 번씩 유치원과 지역 아동센터 그리고 장애인 센터에서 동화구연을 했었다. 집에서 소품을 만들고 연습하는 것을 볼 때마다 남편과 아들들은 내가 더 즐거워하며 행복해 보인다며 남편은 "당신이 더 좋아하는 것 같아"라 말했었다.

코로나는 끝났지만, 그 후 동화구연 프로그램이 없어져서 많이 아쉬워하던 터였다.

'어느 숲속 참나무 아래에 다람쥐 가족이 살고 있었어요…'

산에서 내려가는 길에는 이번 주에 숙제로 받은 동화 한편을 각색해 놓았으니 외워 볼 참이다. 혼자서 엄마, 아빠 다람쥐도 해 보고 아기 다람쥐 목소리도 내면서 동화 속으로 깊이 빠져들고 있다.

동화를 읽을 어린 나이, 그때는 읽을거리가 부족하던 때였다. 어머니가 장날마다 빌려와서 할머니께 읽어 드리던 이야기책이나, 할아버지와 아버지께서 매일 받아 보시던 신문이 전부였다. 언니들이 보는 여성잡지의 패션 화보를 보거나, 동생과 신문에 낱말 찾기를 하며 놀았다.

나의 내면 아이는 그 시기에 읽지 못한 명작동화를 자녀들을 키우면서 동화책이나 애니메이션 영화를 함께 보면서 서로 느낀 점들을 나누며 채웠던 것 같다.

지난날들을 되짚어 보면 성장기에는 부모님이 길잡이가 되어 주시어 꿈을 키웠고, 결혼한 후에는 남편이 하는 일이 곧 나의 희망이 되었다. 아들 둘이 성장하는 시기에는 그들의 진학문제 취업문제가 희망의 전부였다.

가늠할 수도 없는 막연한 기대에 때로는 절망하기도 했지만, 기뻐하는 일도 많았다. 다니던 직장에서 정년 퇴직을 한 후부터는 내가 노력하면 이룰 수 있는 작은 것에 도전하며 성취감을 맛본다.

항상 생각이 많아 마음은 복잡하고 자주 갈피를 잡지 못하지만, 아침마다 성모님 앞에서 드리는 기도가 마음의 길을 잡아주며, 해마다 반복해서 읽는 성서를 통해 삶에 방향을 잃지 않는 것 같다.

때로는 우거진 잡초로 길이 보이지 않을 때도 있었고, 돌무더기 때문에 되돌아가고 싶을 때도 있었다. 하지만 길 끝에는 주님이 양팔 벌려 기다리고 계셨으며, 동행하는 가족들과 단단한 징검다리 함께 놓으며 간다.

다음 주 수업에는 각자 역할을 나누어 무대 위에서 발표를 한다니 다시 집중하여 동화 속으로 생각을 모은다.

'겨울이 다가오자 엄마 아빠 다람쥐는 땅을 깊이 파고 겨울에 먹을 도토리를 감추기 시작했지요. 흰 눈이 내리던 날 엄마, 아빠 다람쥐는 밖으로 나가 도토리를 찾았지만 조금밖에 찾지 못하였어요. "여보, 그 많은 도토리가 어디로 갔을까요?" 엄마 다람쥐가 말했어요.'

조금만 더 내려가면 오솔길은 끝난다. 천천히 걸음을 옮기며 동화의 마지막 부분을 외워본다.

'봄이 왔어요. "엄마, 아빠, 여기 좀 보세요. 도토리에서 싹이 났어요." 아기 다람쥐들이 기쁜 목소리로 말했어요.'

아마 동화가 끝난 후에는, 숲속 참나무에서는 도토리가 더 많이 열릴 것이며, 다람쥐 가족도 더 많아질 것이다.

그리고 내년 봄부터 나는 다시 다양한 동화를 읽고 소품을 만들어 어린아이들을 찾아갈 것이며, 마음의 길도 그렇게 매일 새롭게 길을 만들며 또 다른 꿈을 꾸며 희망을 키울 것이다.

* 인용된 동화 일부분은 『동화구연론의 이해와 실제』에서 따옴.

희망바라기 꽃

박온화 루시아

"내가 빗속을 걷고 싶다면 당신은 소나기 되었고, 당신이 눈길을 걷고 싶다면 나는 눈보라 되었네. 지금 우린 가진 것도 없는 연인. 지금 우린 아무것도 없는 연인. 그러나 한 가지 우리에겐 사랑이 있어. 사랑, 사랑. 우리 사랑!"

절절하게 나는 노래를 부른다. 천국으로 떠날 남편 앞에 나는 무엇이든 되고 싶었다. 할 수 있는 게 없어 가슴은 가뭄의 끝판처럼 메말라버렸다. 아직 미미하게 남아있는 사랑의 씨앗에 촉촉한 은총의 물을 받아 희망의 꽃이라도 피워주고 싶었다.
  그에게 지금 이 순간 희망이 무엇인지를 물었다. 세상에나! 나의 기타노래를 들으며 잠들고 싶다 속삭인다. 아들이 가져다준 기타로 반주하며, 위의 '우리 사랑'을 노래 부르자, 그는 또다시 불러 달라고 한다. '트윈 플라워즈(Twin Flowers)'로 쌍둥이 언니와 부른 듀엣곡을 생각해서 또 듣고 싶은 걸까, 병실 사람들 앙코르에 화답하는 몸짓일까. 목소리를 낼 수 없는 그가 종이에 무언가를 써서 보여준다.
  "여보! 나도 당신이 해변을 걷고 싶다면 수평선이 되고 싶고, 당신이 별들을 보고 싶다면 밤하늘이 되고 싶네요. 당신에게 못해 준 게 너무 많아 미안해요."
  꿈이었을까. 그에게서 미안하다는 말을 정녕 들어보지 못했다. 가정에 무책임한 채 자신의 아픔밖에 모르는 밉상인 그가, 실로 나를 위해 무엇이든 되고 싶다니!
  "아, 어쩐란 말인가, 이 아픈 가슴을. 아, 어쩐란 말인가, 이

슬픈 이별을……"

 갈 때가 되어서야 자신을 돌아본 걸까. 껍딱지처럼 붙어 고생한 내가 비로소 보인 걸까. 얼마나 듣고 싶었던 말인가. 나는 원도 한도 없었다. 평생토록 질병과 싸우느라 꿈 한 번 키워보지 못하고 한 맺힌 그의 희망바라기 꽃이 진실로 되고 싶었다.

 "노래 또 해 줘요, 노래 또." 목울대에 핏줄이 서도록 소리도 없이 외친다. 젊은 시절 성가대 지휘자로 테너였던 그는 입 모양으로 나와 함께 노랠 하고 있었다. 만남, 사랑, 동행, 행복, 바램의 노래들과 동요, 성가, 팝송들을 몇 시간씩 불렀다. 손끝이 부르트고 목이 찢어지게 아파도 기타연주와 희망 노래들을 멈추지 않았다.

 "목말라, 배고파, 물, 배즙 좀 줘요." 물도 몇 숟갈밖에 먹을 수 없는 그는 들이킬 수 있는 한껏 나의 노래를 받아먹으며, 갈라지고 타는 목마름을 해소해갔다. 나는 아스라이 노래들 너머 떠나가려는 나슬나슬한 생명을 어떻게든 붙잡고 싶었다.

 오색 화려한 봄꽃들 뒤로 철쭉꽃이 서럽게 핏물 뿌리던 5월이었다. 남편은 마른하늘에 천둥번개 치듯 농이 짙게 끈끈해진 가래를 한 사발씩 쏟아냈다. 치성으로 끓여서 먹여드린 죽도 옷과 이불 침대로 와락와락 토해냈다. 식도암 말기라고 했다.

 왜 미리 몰랐느냐고 묻지 않았다. 뇌출혈 편마비로 30년 투병에 노화까지 진행된 84세 말기 암 환자에게 일찍 알았다고 해서 달라질 건 없었다. 식도 절제술과 스테인 삽입 확장 시술 등 가능한 건 없었다. 우린 사전연명의료의향서에 서명했다.

 의사는 호스피스 병원을 권유했다. 작은아들이 백방으로 뛰어 의정부 한 병원 호스피스 병실을 찾아냈다. 치료는 통증의 완화와 안정을 찾아주는 것이 전부였다. 얼마가 지났을까. 담당 주치

의는 머잖아 큰 태풍이 휘몰아칠 테니 대비태세를 강화하라 한다. 몇 달만이라도 기대했건만, 아아, 시간이 얼마 남지 않았음을 직감했다.

간호사와 의사, 전담 간병인이 상주해 돌보지만, 나는 밤낮으로 그의 곁을 지켰다. 4인 병실은 매일 전쟁터였다. 환자들의 가래를 굴착기처럼 빼내는 소리, 드르렁 코 고는 소리, 발작하며 지르는 소리들은 번번이 나를 괴롭혔다. 칠십 중반인 내가 그의 대소변을 받아내고 전신을 씻기며 팔다리를 주물러주는 일들은 내가 원한 일이었기에 마음은 편했다. 젓가락처럼 말라가는 그를 바라보기란 실로 고통스러웠다.

호스피스의 열이틀이 지나면서 그는 무통주사를 맞아서인지 편안해 보였다. 나는 몸과 맘이 너무 지쳐있었다. 집에 가서 몸도 씻고 조금만 쉬고 오겠다 하니, 그는 웃으면서 허락했다. 간호사, 전담 간병인에게 부탁하고 집에 막 도착한 늦저녁이다.

"보호자님! 어르신에겐 보호자님이 희망의 전부세요! 빨리 좀 오셔야겠어요." 나의 방 침대에 눕자마자 간호사는 전화로 거의 울고 있었다. 남편은 내가 없으니 혈압 체크며 통증 주사 등 그 어떤 것도 거부한단다. 최소한의 의료행위 거부는 생명의 직결 신호탄이다. '내가 희망의 전부'라는 대명제에 울컥거리며 뛰었다.

밤 10시가 넘어 모두가 잠에 취해있었다. 남편만 홀로 눈을 희번덕거리며 침대에서 몸을 떨고 있었다. 꼭 안고 뽀뽀하며, 연신 미안함을 사과했다. 죽음의 그림자가 두려운 그의 곁에서 잠시도 떠나지 않는 희망바라기 꽃으로 피어 있으라는 메시지를 받았다. 잔잔한 내 노래 속에 호흡이 편안해진 그를 보며 마음을 다해 외쳤다.

"주님, 눈이 열리니 온통 당신의 보물이옵니다. 제가 당신을 찾아 어디로 가겠나이까. 새삼 무엇을 청하겠나이까. 지금 여기가 꽃자리 하늘나라 천국이옵니다."

다음날 먼동도 트기 전, 그는 내 손을 잡고 나의 품에 안겨 하늘부름을 받았다. 신부님의 종부성사로 모든 죄의 사함을 받고 평화로이 천국으로 향했다. 꼭두새벽 임종을 지켜낸 오롯한 축복이 눈부신 아침 햇살로 내렸다. 조문객들의 애절한 연도 노랫소리를 타고, 그를 위해 부른 희망바라기 꽃의 노래들도 그 뒤를 따랐다.

어찌 이리 굼뜨냐?

박치인 카리타스

    기독교재단이 설립한 중학교에 입학하면서 예수님을 처음 만났다. 주기도문을 외우고 성경 시험을 치렀다. 백 점을 받았지만 참뜻은 몰랐다. 그래도 외운 기도문을 익혀 평생 주님의 기도를 하면서 살았다.
    우연한 기회에 성당에서 전례 교육을 받게 되었다. 어느 날 교육을 하시던 신부님께서 질문을 하셨다.
    "우리가 살아가는 목적이 무엇인가요?" 모두가 머뭇거리며 대답을 못 하자,
    "하느님을 찬미하기 위해서입니다."라고 했다. 간단명료한 정답에 어영부영 살아온 내 신앙생활 모습이 부끄러웠다. 성가로 드리는 미사 전례와 시간 전례가 하느님 찬미의 제사이기에 거룩하고 아름다우며 그토록 기쁜 일임을 깨달았다. 모든 신자가 정성을 다해 성가를 부르고 그 거룩함이 하느님 대전에 닿아 모두의 청원이 이루어진다는 가르침이 감사했다. 굼뜨긴 했지만 늦게라도 깨어나서 주님을 따르며 사는 날들이 행복했다. 결혼도 출산도 지각이었지만 늦게 얻은 남매는 하느님의 축복이었다. 남들은 손주 입학식에 간다는데 내게는 먼 나라 얘기였다. 참으로 모든 것이 지각인 삶이었다.
    이제 기도 끝에는 물론 수시로 목소리를 가다듬어 주님의 기도를 하고 '성모찬송'을 부른다. 소중한 깨달음 위에 단비처럼 내리는 은총에 감사했다. 김수환 추기경은 사랑이 머리에서 가슴으로 내려오는데 70년이 걸렸다고 했다. 나는 신앙생활 입문 반 세기가 지나서야 신앙의 기본 중의 기본인 주님 기도의 깊은 뜻과 감동을 찾았다. '어찌 이리 굼뜨냐?' 주님의 책망을 들어도 할

말이 없다.

　굼뜬 것은 또 있다. 글을 쓰기 시작한 것은 한참 지각이었다. 퇴직을 하고서도 긴 세월을 어영부영 지냈다. 우연한 기회에 글쓰기 교실을 만나고 나니 뒤늦게 의욕이 생기기 시작했다. 늦잠 자다가 지각하지 않으려고 헐레벌떡 교실로 뛰어드는 학생처럼 마음이 바빠졌다. 늦게 글을 쓰고 나의 삶을 되돌아보며 현재를 즐기고 잔잔한 희망으로 숲속을 걷듯 여유를 즐길 수 있음이 감사하다.

　대모산 숲 속의 바람이 날아와 속삭인다. 앞에 보이는 하늘 아래서는 곡예사처럼 곤두박질하는 새들의 공연이 화려하다. 아름다운 사계는 성큼성큼 다가오고 그 속에서 위로받고 자연과 소통을 했다. 나무들끼리 어깨 부딪히며 연주하는 숲 속의 노래로 더위를 잊고 눈 언덕 오르며 희망의 열기로 추위를 이겼다. 낙엽을 모으던 나무꾼이 어쩌다 만나는 알밤에 미소가 일 듯 숲 속을 거닐며 글감을 찾고 기뻤다. 단풍처럼 고운 축제를 벌이고 싶었지만 흔들리는 바람에 낙엽이 되는 아픔도 있었다. 바람도 숨을 고르는 숲 속에서 너무 길지 않은 겨울잠에 빠졌다. 지인들은 찾아주는 자식도 뜸하고 친구들도 하나둘 떠나니 노년이 외롭다고 한다. 취미 덕분에 여유를 즐기고 동호인들과 어울리며 지내는 삶이 감사했다. 이제 못다 한 내 이야기들을 엮어 낼 꿈을 위해서 더욱 힘써야 한다. 사람들은 우리를 노인이라는 말 대신 가을이라고 부른다. 뒤늦게 취미생활로 찾은 글 바람을 쐬는 일상에 재미를 붙였다. 열매 맺고 지는 쓸쓸한 가을에 뿌린 것이 없으니 수확할 것은 없지만 다시 희망을 꿈꾼다. 겨울이 오면 시들고 꽁꽁 얼어버릴 생명이지만 물오르는 나뭇가지처럼 생기를 내 안에서 찾는다. 쓸쓸하게 저물어가는 가을바람 대신 살랑대는 봄바람이 되고 싶다. 봄의 탄생을 기다리며 희망찬 마음으로 새 수필집을 빚어야겠다. 굼뜨게 걸어왔지만 이제는 숨 가쁘지 않을 만큼 뛰어야겠다.

신비한 비밀

소해경 엘리사벳

2024년 올해 여름은 유난히 더워서 이제까지 지구 역사상 가장 더운 여름이었다고 한다. 기후변화로 온난화가 지속되면서 기상청은 더욱더 무더운 내년 여름을 예고하고 있다. 빙하가 녹아내리는 북극에서 살아가는 북극곰을 안타까워하고, 사과의 경작지 위도가 점점 위로 올라가며 작황이 나빠진다는 뉴스를 보며 사과를 먹지 못할까봐 소심한 걱정을 하면서도 집에서 자동차에서 에어컨을 계속 켰다. 말로만 지구온난화를 걱정하는 이율배반의 이기적인 행동을 하며 지낸 것이다. 이러다 지구의 이상 기온으로 인류가 공룡처럼 멸종을 한다면 지구는 어떤 모습일까? 모든 문명이 사라지고 구석기시대로 돌아가서 열매를 따 먹고 동굴에서 살아야 할까? 갑자기 지구에게 절이라도 하며 용서를 빌고 싶어졌다.

우리는 지구의 한쪽을 빌려서 살면서 주인처럼 인간 중심의 생태계로 변화시키고 있다. 숲을 벌목하고 석탄과 석유를 채굴하며 분해만 수백 년이 걸리는 플라스틱을 과잉생산하고 쉽게 버린다. 무심코 버린 쓰레기가 바다를 오염시키며, 나일론 그물은 바닷속에서 거북이와 물고기들의 숨통을 조인다. 부서진 플라스틱을 먹은 물고기가 우리 식탁으로 올라온다. 여기저기서 신음소리를 내면서 몸살을 앓고 있다. 편리한 문명의 이기는 지구상 모든 동물과 식물을 병들고 소멸하게 한다. 유한한 삶을 사는 인간이 지구촌에 잠시 소풍 왔다 가면서 자식들과 손자 손녀인 후손들이 살기 힘든 세상을 만들어 놓고 간다면 참으로 부끄러운 일일 것이다. 지구의 미래를 미리 가져다 쓰는 것도 인간만이 누리는 특권이다. 특권에는 반드시 대가가 따른다.

'동물의 왕국'이라는 TV 프로그램이 있는데 동물들이 나라를 세웠다는 얘기는 들은 적이 없다. 왕이 없어도 동물의 왕국은 자연 섭리대로 탄생과 죽음의 질서를 지키면서 지속되어 오고 있다. 푸른 숲, 맑은 물은 물론이고 땅속의 지렁이와 눈에 보이지 않는 박테리아도 지구 생태계에 긍정적인 보탬을 주고 있다. 늘 피해를 주는 태풍도 미세먼지를 날려 보내고, 해일은 해변의 쓰레기를 저 멀리 밀어낸다. 산불도 큰 피해를 주지만 생물다양성을 증가시키는 역할도 한다고 한다. 지구에서 함께 사는 모든 동식물과 자연환경까지도 알게 모르게 지구를 위해 한몫을 하는데 사람만이 지구에게 폐를 끼치고 살고 있다.

경상북도 '별 고을' 성주星州에 가면 조선시대 세종대왕의 적서 19 왕자 중 문종文宗을 제외한 18 왕자의 태실 18기가 모셔져 있다. 태실胎室이란 왕실에서 왕손이 태어나면 그 태반을 봉안하는 곳이다. 태반은 태아의 생명력을 부여한 것이라 해서 출산한 뒤에 소중하게 보관했는데, 특히 왕실의 경우에는 '태실도감'이라는 국가 주관 기관을 두어 관리를 했다. 태반을 항아리에 담아 전국의 명당에 안치시키는 방법으로 왕손의 태반은 소중하게 다루었다. 일반 백성들도 땅에 묻거나, 태워서 강물에 띄워 보냈는데 태반을 귀히 여기는 마음은 같았다.

태반은 생명의 시작이다. 시대의 변천에 따라 양상은 다르지만 사람들은 아주 오래전부터 나라를 세우면서 대부분 시조始祖들이 신비한 알에서 태어나는 난생설화卵生說話를 갖고 있다. 하늘을 자유롭게 나는 새를 경외하는 염원을 담고 있기 때문이다. 알에서 태어난 사람은 없지만 세상의 모든 동물과 식물들의 탄생에는 신비한 엄마가 존재한다. 대왕고래도 엄마가 있고, 작은 식물도 엄마 씨앗이 있다. 눈에 보이지 않는 미생물도 번식할 때면 숙주가 있다. 모두 엄마를 통해 세상과 만난다. 철학적, 종교적, 과학적인 접근과 표현 방법이 다를 뿐 살아있는 것 모두 엄마가 있다. 엄마는 신비한 우주다. 엄마를 통해 세상 밖으로 나온 위대하고 신비한 사람들이 지구별을 위해 할 일은 이미 정해져 있다.

지구 나이는 약 46억 살로 추정하고 두 발로 걷는 '이족보행'을 한 최초 인류 화석은 약 700만 년 전으로 추측한다. 700만 년 전 인류의 후손인 내가 지구에 존재하는 100년은 순간이다. 그 짧은 시간이 지구와 서로 호혜적인 관계로 지낼 수 있는 시간이다. 존재했다가 사라지는 자연 그대로 생태계는 인간은 물론 살아있는 모든 것의 소중함과 존중의 의미를 담고 있다. 시작과 소멸에서 우리가 사는 지구별에 흔적을 남기지 않는 것은 지극히 당연한 일이다. 생명의 시작인 태반을 귀히 여겨 항아리에 담아 보관하는 것도 자연으로 돌아가기 전 잠시 치루는 인간 존중의 의례이고 사람을 사랑하는 일이라고 생각한다. 이 세상에 영원한 것은 없고 지구를 잠시 빌려서 살아간다는 것을 아는 것도 인간만이 아는 비밀이기 때문이다. 오늘도 누군가 별똥별이 되어 떨어지고 있다. 사라짐은 새로운 탄생이다. 떨어진 별이 신비한 알이 되었고 우리들이 합창으로 부르고 있다.

지구별에 메아리가 멀리 멀리서 들려온다. 엄마~~

<유고작>

맑은 대화

송동균 바오로

　인간이란 항시 상대성을 지니고 서로가 복잡한 연을 이어가며 삶을 영위하고 있다. 그러기에 인간은 건전한 대화를 필요로 하며 꾸준한 인내와 노력으로 시시각각 둔덕처럼 막히는 어지러운 시야를 헤쳐 나가려 한다.
　본시 말이란 한 개인이나 집단의 의사를 표현하는 문화적 수단에 불과하다. 동물과는 달리 인간은 다양하고 복잡한 사고력을 가지고 있는 만큼 사회생활을 원활히 유지하기 위해서는 서로가 떳떳한 생각과 자신을 밝히는 정신적 매개의 표현이 있어야 한다. 이 점에서 맑은 언어는 무엇보다 중요하고 값비싼 능력으로 평가받는다.
　따라서 우리는 어떻게 맑은 언어를 사용해 자기 의중을 표출시킬 것인가 하는 큰 문제에 부닥치게 된다. 우선 우리의 언어가 어떤 기교적 측면만을 노려서는 안 되겠다는 생각이다. 언어가 대화의 기본 매개체임을 주시할 때 그 언어가 갖는 무게야말로 큰 것이다.
　그런 의미에서 언어는 아름다워야 하고 진실성을 저버려서는 안 되겠다. 유리알처럼 맑고 우리의 가슴 안 심장까지 꿰뚫는 짜릿한 감동과 진실이 곁들여져야 한다. 또한 언어는 생명처럼 강하며 책임이 강하다. 말을 밥 먹듯이 먹어버리는 식언이나 무분별한 언어의 표현은 없어야 한다. 자기의 양심을 속이는 말을 일삼고도 얼굴 하나 붉히지 않는 사람들이 존재하는 한 결코 건전한 대화對話는 존재할 수가 없는 것이다. 언어의 표현은 한계성이 주어진다.

그럴진대 대화의 언어 이전에 결코 그 대화가 무리가 가지 않는 부드럽고 아름다운 마음의 자세가 필요하다. 대화의 열매는 아름다운 영혼이 종교처럼 스며든 말에서 움트는 것이다.
  자기 자신을 속이지 않는 말이야말로 진실로 밝은 대화의 뿌리가 되는 것이며 긴 여운을 남기는 법이다. 이는 비단 정치가에서 뿐만 아니라 우리 문학인들이나 어느 사회 분야에서든 시급히 다듬어져야 할 문제라고 생각한다.

* 동아일보 칼럼 「청론탁설」 1985년 6월 18일

피조물 보호를 위한 기도

안영 실비아

매년 9월 1일은 피조물을 위한 기도의 날이다.

2015년 프란치스코 교황님께서 반포한 새로운 회칙 〈찬미 받으소서〉에 근거해서다.

교황님은 회칙을 통해 최근 인류가 겪고 있는 생태적 위기를 극복하기 위해 깊은 내적 회개를 요청하셨다. 특히 그 회개를 「생태적 회개」라 이름 짓고 그리스도인들에게는 선택이 아니라 의무라고 당부하셨다.

정교회에서는 오래전부터 9월 1일을 '피조물 보호의 날'로 정하고 기도해 왔다고 한다. 이에 교황님께서도 바로 그날을 '피조물 보호를 위한 기도의 날'로 정하고 세계 온 그리스도인이 함께 기도하기를 당부하셨다. 인류 공동의 집, 〈지구〉가 얼마나 많이 훼손되고 상처받고 있는지, 우리 스스로 성찰하고 생명을 살리는 운동에 동참해야 한다는 것이다. 사실 우리가 겪었던 '코로나19'도 지구의 생태계가 크게 흔들리는 상황에서 발생한 것이 아니던가.

특히 교황님은 인류의 생존을 위협하는 기후변화에도 서둘러 대응해야 한다고 강조하셨다. 2020년을 기억해 본다. 그 해는 역사학자들에 의해 어떻게 기록될까? 악성 바이러스 코로나19도 모자라서 그칠 줄 모르고 계속되던 장마, 그리고 여러 이름의 태풍! 정말 새해 벽두부터 가을까지 인간의 무력함을 한탄하며 재난 속에서 허우적댔던 해로 기억된다.

요즈음도 세계 곳곳에서 들려오는 기후 위기 소식. 평균기온이 높았던 북쪽 땅에도 폭염 소식이 들려오고, 집중적 국지적 폭우에, 지진에, 산불에 집들은 사라지고, 이재민은 늘어나고, 심지어 난기류 때문에 비행이 중단되고…. 티브이 뉴스를 보고 있으면 강 건너 불 보기가 아니라 금방이라도 나에게 닥쳐올 일 같아서 불안해지기도 한다.

그래서인지 요즈음은 우리의 큰 집, '지구 님'께서 화가 단단히 나셨다는 생각만 든다. 우리는 어떠한 '생태적 회개'를 할 수 있을까. 과잉 생산, 과잉 소비, 생명 경시, 난개발…. 많은 단어가 떠오른다.

그렇다면 내가 할 수 있는 것은 무엇인가.

내가 실천할 수 있는 것은 생활 속에서 '아주 작은 것'들 뿐이다. 에너지 절약을 위해 사용하지 않는 플러그를 뽑고, 세제를 덜 쓰기 위해 어지간한 것은 세탁기 대신 손빨래를 하고, 설거지할 때도 기름기 있는 것과 없는 그릇을 분류해 씻고, 종이를 덜 쓰기 위해 이면지를 사용하고, 휴지를 덜 쓰기 위해 가방마다 손수건을 넣고 다니고, 종이컵을 덜 쓰기 위해 개인 컵을 꼭 갖고 다니고, 음식을 남기지 않으려 먹을 만큼만 만들고, 외식할 때는 남은 음식을 담아오고, 옷이며 물건들은 가능하면 덜 사고….

나는 무엇보다도 물부터 절약한다. 절약 정신의 가장 기초는 물 절약에서 비롯된다고 생각하기 때문이다. 우리가 자랄 때는 샘물을 써서 수도세라는 것도 없었다. 그런데도 할머니께서는 물 절약을 교육하셨다. 물을 절약하면 용왕님께서 복을 주신다고 했다. 그리고 함부로 낭비하면 나중 저승에 갔을 때 우리가 버린 물만큼 다 마셔야 한다는 것이다. 어린 시절부터 그런 말을 듣고 자라서인지 물 절약은 몸에 배었다. 그것이 더 철저해진 것은 시흥에 있는 동일여고에 근무하면서 들은 이야기 때문이다. 지대가 높은 곳에 사는 학부형들은 물 부족 때문에 고생이 많았다. 아랫동네에서 풍족하게 써 버리면 그곳까지 올라올 물이 모자란다는 것이다. 수도에서 시원스럽게 물이 나오는 것이 아니라 쫄쫄거리며 방울방울 나온다는 것이다.

아, 더불어 사는 사회. 내가 조금 절약하면 저 산동네까지도 함께 사용할 수 있는 물이 생기는구나. 할머니의 말씀과 함께 그 경험은 잊히지 않는 교훈이 되었다.

교황님께서도 피조물을 위한 기도의 날을 언급하실 때, 특히 물의 문제에 관해 관심을 촉구하셨다. 매일 수천 명의 어린이가 물 관련 질병으로 사망하는 것을 안타까워하시며, 우리는 물을 사용할 권리도 있지만, 물을 보호할 의무도 있다고 말씀하셨다. 평소 물 절약을 실천하고, 오염 방지를 위하여 될 수 있는 한 세제 사용을 줄이던 터라 그 말씀에 백번 공감하였다.

내 사랑하는 손자에게 조금이라도 덜 훼손된 지구를 넘겨주기 위하여, 나는 자주 교회에서 만들어 준 기도문을 외운다.

"……저희가 이 세상을 훼손하지 않고 보호하게 하시며 오염과 파괴가 아닌 아름다움의 씨앗을 뿌리게 하소서. 가난한 이들과 지구를 희생시키면서 이득만을 추구하는 이들의 마음을 움직여 주소서…."

목마른 사람들

안홍진 알퐁소

다 내게로 오라, 갈증을 가진 사람들이여!

목마른 사람들이 서로서로에게 목을 축여 달라고 소리 없이 외치는 곳이 단톡방이다. 카카오톡 방은 공동체이고 거기엔 상식이 있다. 자기 목소리를 내되 데시벨을 조절하는 상식이 필요한 이유다. '상식'은 영어로 common sense다. 라틴어로 '센수스 코무니스 sensus communis', 즉 '공동체 감각'이 단톡방에서도 흘러야 한다.

일정 수의 회원이 오손도손 모인 단톡방에 매일 서로 다른 갈증이 얼굴을 내민다. 이 갈증이, 일상에서 조그만 위안과 욕구로 나타난다. "우리가 이 소망을 가지고 있는 것은 영혼의 닻 같아서 튼튼하고 견고하여 휘장 안에 들어가나니"(히브리서 6:19) 구절처럼 살면서 배려하고 사랑을 느끼고 실천하는 카톡이면 좋겠다.

질병에 걸렸다 회복한 이야기에도, 오고 가는 경조사에서도, 위로와 격려를 받고 싶은 갈증이 거기엔 리얼타임으로 기다린다. 멀리 떨어진 친구와 지인들에게 자기 생각과 신념을 되묻는다. 그러면서 공감이라는 갈증을 은근히 바란다.

디지털 사회의 핸드폰 카톡방에선 수많은 갈증이 점멸한다. 갈증의 무게감이 행복감, 기쁨과 성취감과 사랑으로 바뀌기도 하고 오해와 이별과 분쟁으로 변하기도 한다. 그런 삶을 경험하는 사람들의 모임이 카톡방이다.

이십여 명이 모인 전前 직장 입사 동기들의 단톡방에 한 친구가 파장을 몰고 왔다. 정치인들의 자질과 자격에 관한 견해를 올렸다. 난상토론 끝에 정치 이야기는 자제하자며, 동기회장이 논쟁을 마무리했다. 한 친구가 기분 상해서 이 카톡방을 나갔다. 그 친구는 자기 견해에 공감할 친구를 찾는데 목말라한 게 확실하다. 그렇게 친구들과 헤어진 처세술이 지혜로운 일인지 난 모른다. 갈증을 풀려고 하기보다는 가슴 속에 안고 가는 경우가, 현실에선 얼마나 많은가. 카톡방엔 풀리는 갈증과 풀리지 않는 갈증이 동거한다.

세상살이에 거미줄처럼 촘촘하게 나 있는 것이 갈등葛藤이다. 갈등은 갈증이란 냇물의 한 줄기이다. 태어나고 자라 온 동네, 직업과 취미의 차이에서도 갈등은 나온다. 갈증과 갈등은 서로 얽히고 밀고 당기는 힘이다. 초연결사회이다 보니, 관계에서 생긴 틈에 시간이 지나면서 더 굵은 갈등으로 변한다.

보이진 않지만 언제든 힘 있는 에너지로 변할 수 있는데, 지금은 가슴 속에 똬리를 틀고 있는 불만의 감정을 갈증이라 한다. 그것을 선으로 만드느냐, 악으로 바꾸느냐는 개인의 능력에 달렸다. 착하고 아름다운 갈증은 똑같은 갈등을 낳는다고 믿는다. 그래서 갈등과 갈증이 없는 곳은 발전도 미래도 없다.

갈증 없는 인간이 없듯이 갈등 없는 인간도 없다. 성직자도 예외는 아니다. 먹이 영역을 침범당하지 않고 식욕이 채워지면 동물에겐 갈등은 없다. 그때 포식자와 피포식자 사이의 먹이사슬엔 교묘한 균형이 잡힌다. 갈증은 거기서 멈춘다. 하늘에 떠 있는 수많은 별, 행성들이 자기 궤도를 갖고 부딪치지 않는다. 이는 우주 속에서 별끼리 '갈등'의 궤도를 지키기 때문이다. 하나의 나무줄기에서 허공으로 뻗어나간 많은 가지는 커가며, 다른 나뭇가지를 찌르지 않는다. 잎사귀들끼리도 다른 잎들을 찢거나 뚫어가며 태양을 향하지 않는다. 눈이 내릴 때, 눈송이끼리 충돌

하지 않는다. 거기선 갈증과 갈등이 보이지 않는다. 그것이 인간에겐 삶의 자기 분수 같은 것 아닐까.

단톡방은 외로움, 스트레스, 불안감 등에서 느낀 위로와 갈증을 덜어주는 우물과 같다. 친구가 카톡으로 보내준 영상 음악은 긍정적인 감정과 행복감을 마시게 해 주는 조롱박으로 뜬 한 모금의 물이다.

거기서 공유한 슬픈 음악은, 월급쟁이 시절에 오너 경영자를 방어하다 얻은 내 몸에 생긴 옹이의 상처를 치유해주는 연고제 같은 샘물이다.

비슷한 처지의 친구들이 모인 단톡방은 모든 부러움과 아쉬움의 갈증을 없애준다. 거기서 나는 세상 욕심에서 해방된다. 적어도 나는 무갈증無竭症에 잠시 사로잡힌다. 퇴직 후 인생 후반기 최고의 위로제요, 에너지의 창고이다. 나는 아직도 목마르다.(I am still thirsty). 그래서 매일 카톡방 이곳저곳을 훑어보며 삶의 마중물을 퍼 올린다. 목마른 사람이 우물을 파는 법이다.

30년 전 애들 교육 건으로 부부싸움 후에는 일요일 날 성당에 가지 않은 적도 있다. 그 당시 둘의 갈등이 오히려 신앙에 대한 갈증을 키워주었다고 생각한다. 지금 곰곰이 생각해 보면 아이러니다.

삶에선 갈증이 꼬리에 꼬리를 물고 나타난다. 갈증의 바다에도 밀물과 썰물이 오고 가며 파도를 친다. 인생은 견뎌야 할 갈증, 슬기롭게 풀어야 할 갈증의 연속이다. 이따금 고민과 근심의 표정을 내밀며 무언가 목마른 심정을 보이는 가족 카톡방에선 사랑과 칭찬에 대한 갈증이 파도처럼 오고 간다. 가족 공동체 카톡방이 함께 희망을 퍼 올리고 삶의 목소리가 샘솟는 작은 우물이다.

빈첸시오, 그와 춤을 추다

오길순 안젤라

코끼리는 광란의 축제를 연다고 한다. 특히 6,70년 수명이 다 하면 3,40마리 가족들과 괴상한 몸동작으로 이별식을 한다는 것이다. 몇 년 후 자손 코끼리들은 홀연히 떠난 조상의 안식처를 용케도 찾아 매장까지 한다니 예언자들을 보는 듯하다. 코끼리를 신성시하는 이들의 허무한 담론이라 여기지만 코끼리 전문가의 이야기이니 신빙성도 있어 보였다. 신경 길이가 72킬로미터라는 인간과 99% 유전자가 닮았다는 침팬지도 죽음을 미리 안다는 것을 듣지 못했다.

그가 난생처음으로 '우리 춤 한 번 추자'며 손을 내밀었을 때, 가슴이 덜컥 내려앉았다. 저럽대기처럼 야윈 손목이 코끼리를 떠올렸다. 한 달여 전, 동네의원이 내린 치명적인 진단이 얼마나 불안했을까? 성인병 하나 없던 그가 피에타상의 그리스도처럼 쇠잔하기까지 죽음보다 깊었을 불면이 눈물겨웠다.

평생 춤 한 번 춘 적 없는 그였다. 어색한 춤동작은 당연했다. 그래도 그의 애창곡 〈천년지기〉에 맞추니 속도가 붙었다. 쇠심줄 같은 그의 등이 대동강 봄물처럼 풀리기를 바라 미친 듯이 몸을 흔들었다. 본드처럼 들러붙은 화살을 빼내려는 늙은 코끼리 부부가 그리 광란할까? 며칠 후 대학병원에서도 동네의원처럼 치명적인 진단을 그에게 내린다면 나도 과호흡을 할지도 모른다.

죽음은 대문호도 불안이었나 보다. '사느냐 죽느냐 그것이 문제로다'『햄릿』의 대화에서 셰익스피어의 절박함이 느껴진다. 고향인 에이 번 강가에 서서 '백주야, 네 평화가 부럽구나!' 독백이라도 했을까? 빛을… 빛을… 하며 안락의자에서 죽음을 맞았다는 괴테의 마지막은 많은 이들의 소망이기도 할 것이다.

코로나를 앓던 지난여름은 하루살이 인생 같았다. 한나절 피다 지는 나팔꽃처럼 허무하기도 했다. 돌아올 승차권은 없다는 단 1회 인생, 고열로 타는 목을 보리차로 적시며 처방약을 복용했다. 암흑 같던 터널에 희망의 햇살이 비추기 시작했다. 하늘이 무너져도 정신만 차리면 솟아날 구멍이 있다는 말, 진실이었다.

"○○암이 확실해. 하필 왜 내가 불치병에 걸린 거냐고?"
그의 날 선 억양에 할 말을 잃곤 했었다.
"염려 마세요. 당신 사주는 97세를 충분히 산답니다."
내 선한 거짓말에 그는 빙긋이 웃었다. 이백 살이라 한들 아쉽지 않으랴. 창세기 구백육십구 세를 향유했다는 무두셀라도 가뭇없는 목숨이 아쉬웠을 일이다.
"축하드립니다. ○○ 암이 아닙니다. 아무 문제 없습니다."
얼마나 간절했던 한 마디였나. 대학병원의 복음 같은 진단에 쉰 살 가까운 딸은 '엄마! 만세여요 만세!' 외쳤다. 기다림에 지친 아버지를 얼싸안고는 눈물을 흘렸다. 죽은 부모가 살아오면 그리 반가울까? 사형수를 감형시킨 은혜의 집정관인 듯 담당 의사에게 연신 머리를 조아렸다.

그는 머리카락 한 올 다치지 않고 돌아온 교통사고가 여러 번이었다. 그때마다 '빈첸시오! 당신은 신의 아들!' 하며 축하를 했었다. 천 길 벼랑에 떨어져도 조상이 받아주는 행운의 사나이라고만 여겼었다. ○○ 암이라는 동네의원의 오진 한 마디에 그리 무너질 줄 몰랐다.

내 이십 대 시절, 산후 우울증이 몹시 심했다. 수시로 호흡곤란이 왔다. 돌 지난 딸이 유치원 입학 후쯤 세상을 떠날 수 있다면 소원이 없을성싶었다. 고희를 진즉 넘긴 지금, 그때 겪은 불면증은 신이 주신 특별한 축복이었다. 죽으면 죽으리라, 선언하고 나니 심한 불면증도 사라졌다. 죽음이 두렵지 않으니 평화로워졌다. 별스럽지 않은 종합비타민이 영약이 된 것도 축복으로 여겨진다.

남편은 밤마다 묵주기도 중이다. 날이 갈수록 더욱 깊어지고 있다. 사도신경과 주기도문을 고장 난 레코드판처럼 밤새도록 읊었더니 어느새 신의 무릎에 다가갔나 보다. 삼십여 년 냉담자인 그가 성모상 앞에 앉은 모습은 어머니 품에 안긴 갓난아기처럼 편안해 보인다. 까칠하고 퉁명스럽던 옛 모습 대신 아버지 품으로 '돌아온 탕아'인 양 평화로워 보이기도 한다. 신은 한 사람을 부르기 위해 여러 사람의 역할을 필요로 하신다더니 치명적인 오진을 천사 삼아 기어이 그를 냉담에서 구원했나 보다.

가끔 그와 십자가 길을 걸을 때면 스스로 묻곤 한다. 전생에 나는 그의 무엇이었을까, 온갖 기도를 자장가 삼은 엄마였을까? 흘러간 노래로 잠을 재운 연인이었을까? 온갖 보약과 좋은 음식으로 회복을 기대한 열녀였을까? 노비라면 어떠랴! 오늘도 진시황의 늙은 애첩처럼 우주에 꼭 있을 것만 같은 용의 눈알을 찾아 인터넷 샅샅이 서핑 중이다.

그리고는 그의 애창곡 〈천년지기〉를 부르며 어느새 익숙해진 광란의 춤을 추기도 한다.

내가 지쳐 있을 때/ 내가 울고 있을 때/ 위로가 되어준 친구// 너는 나의 힘이야/ 너는 나의 보배야/ 천년지기 나의 벗이야//… 같은 배를 함께 타고/ 떠나는 이생길/ 네가 있어 외롭지 않아/ 넌 정말 좋은 친구야//…

* 〈천년지기〉: 정동진 작사 김정호 작곡.

나의 케렌시아

유영숙 헬레나

　마음 울적하고 힘들 때마다 자학처럼 고행의 가파른 산비탈을 올라 찾아가면 지친 나를 뜨겁게 안아주던 곳. 오랜만에 용산성당을 찾았다.
　이 성당은 서울의 도심 한가운데 자리하면서도 천주교 성직자 묘지가 있는 곳으로, 1889년 묘지가 조성된 이래 초대 조선 교구장이었던 고故 소 브뤼기에르 주교(1792-1835)의 묘를 포함한 72기 묘가 있다. 역사가 오랜 만큼 동산의 아름드리나무들이 큰 그늘을 드리워 예나 지금이나 주민들의 쉼터로, 또한 성지순례지로 많은 사람의 발길이 끊이지 않는다. 이곳 묘지 동산에 서면 한강과 서울 시내가 한눈에 내려다보여 답답했던 가슴이 확 트이도록 풍광도 시원하다.
　내가 견진성사(1982년)를 받기도 한, 이곳 성당을 찾은 6월 첫 주일 때마침 본당의 날 잔치가 벌어져 성당 마당이 많은 사람으로 북적이고 있다. 1979년 6월, 그날은 인산인해 이곳 산등성이 전체가 언론사 취재진과 전국에서 모여든 추모 행렬로 꽉 메워졌었다.
　한 사제가 주님의 제자로서 숭고한 삶을 살아내고 영면에 들던 그날, 왕초보 신자였던 나는 그야말로 얼떨결에 그 엄숙한 자리에 참석하게 되었다.
　아마도 하느님께서는 당시 내게 닥친 어려움을 나보다 앞서 알고 계셨던 것일까. 사회로의 첫발을 내딛기 전, 마치 전장으로 내보내는 비장한 준비처럼 내게 세례를 받게 하셨다. 그렇게 방황의 방향을 당신께로 이끌어 주셨다.

쌩쌩 모래바람이 불던 겨울 어느 날이었다. 그날 나는 황량한 여의도(개발이 이루어지기 전) 벌판을 혼자 방황하고 있었다. 그런데 그때 우연인지, 필연이었는지 내게 성당을 묻는 노인에게 길 안내를 하면서 가톨릭교회와 인연을 맺게 되었다. 어머니가 불교 신자였기에 나 또한 불교 말고는 다른 종교에 관심조차 없었던 때였다. 그런데 노인을 성당까지 안내하고 돌아서려는데 이상하게도 알 수 없는 어떤 이끌림으로 그냥 돌아설 수가 없었다. 어색한 이방인은 신자들이 앉으면 엉거주춤 따라 앉고, 서면 따라 서며 미사를 마쳤다. 그리곤 성당사무실을 찾아 이것저것 궁금한 것을 묻다가 교리 안내를 받고, 이듬해 1979년 부활절에 세례를 받게 되었다.

사회 초년 시절, 나는 한동안 진로를 찾지 못해 마치 디아스포라처럼 여기도 저기도 속하지 못하고 헤맸다. 그날도 불안과 설움을 가득 안고 성당으로 달려가선 성모상 앞에 앉아 하염없이 묘지만 바라보고 있었다. 그런데 갑자기 주위가 웅성웅성하더니 경찰차의 호위를 받으며 운구차가 도착했고, 줄줄이 언덕 저 아래까지 추모 행렬이 이어졌다. 고故 윤형중 마태오(1903-1979) 신부님의 장례식이었다. 2009년에 선종하신 김수환 추기경님도 그때 거기서 처음 뵈었다. 추기경님은 그날 장례미사 강론에서 윤형중 신부님의 성직자로서의 사회참여를 "정치적 야심이나 사회적 명성에 대한 욕망에서가 아니라, 억눌린 사람들의 목소리를 대신하는 사랑에서 나온 행위였다"라고 했다. 그리곤 잠시 말을 잇지 못하다 신부님의 안구기증(성모병원 안구은행 사후 안구기증 첫 사례)으로 두 사람이 빛을 볼 수 있게 되었다고 했다.

당시로선 매우 생소하고 굉장한 충격이었다. 외국에 비하면 아직도 현저히 저조한 편이지만 우리나라도 이젠 의료 인식이 많이 달라져 뇌사나 사후 장기기증 희망 등록자가 많아지고 있다. 하지만 1979년, 그때는 의료 기술도 안구기증이나 장기기증 등의 정보와 인식이 부족해 너무나 낯선 일이었다. 아무리 사후의 일이라지만 자신 눈을 다른 사람에게 내주어 눈을 뜨게 했다는 사실이 사회적으로도 처음 있는 일이어서 특별한 사건이었다.

지금은 장례문화가 화장장으로 보편화되었지만 당시만 해도 천주교식 장례는 매장이 기본이었다. 그런 장례의 저변엔 생전의 모습 그대로 부활하리라는 희망 교리가 깔려있었기 때문이었을 것이다.

그런데 그 충격의 여파가 냉기류였던 나의 삶을 온기류로 바꿔놓았다. 가슴에서 뜨거운 무엇이 용솟음쳤다. 좀처럼 희망이라곤 보이지 않아 매일 무덤만 바라보고 있던 내게 뭔가 할 일이 있다는 자긍심이 생겼다. 그러면서 차츰 무기력과 허탈감에서 벗어날 수 있었다. 그러면서 난 전보다 더 자주 그곳을 찾았다. 동산에 앉아 묘지를 바라보고 있으면 마음이 왠지 편해졌다. 마치 나만의 케렌시아처럼! 앉아 쉬고는 삶의 의욕과 에너지를 얻어 일어나곤 했다.

윤형중 신부님의 일을 계기로, 일찌감치 '장기기증 희망' 등록에 이어 '시신기증 등록'도 마쳤다. 한 사제의 아름다운 삶의 마무리를 지켜보면서 육신은 '한 영혼이 이승에서 떨쳐입었던 옷에 불과한 것'이라는 생각이 들었기 때문이다. 그런 나의 동기와 소견을 듣고 주변 친지와 지인들도 나비효과처럼 등록이 이어졌다.

오랜만에 나의 케렌시아였던 동산에 올라 묘지를 바라보고 있다. 감회가 새롭다. 내 얼었던 가슴을 뜨겁게 달아오르게 했던 그분, 고故 윤형중 신부님은 올해로 선종 45주기를 맞는다.

해마다 6월이면 아직도 그날 일이 생생하게 떠오르고, 그때의 충격 시너지효과는 자칫 무력해지려는 나를 일으켜 세우곤 한다.

두 마음

음춘야 글라라

큰손자가 캐리어를 끌고 거실로 나온다.
손가방 크기의 낯선 물건을 방 가운데 그대로 놔둔 채. 저것은 무엇인데, 왜 두고 가느냐고 했더니 동생 줄 선물이란다. 처음 듣는 말이라 나도 몰래 불쑥 튀어나온다.
"선물! 무슨 선물?"
예뻐서 사 온 인형이란다. 중학생, 그것도 남자 놈한테 무슨 인형이람.
방학 때마다 손자는 서유럽을 비롯하여 동유럽, 인도 등을 다녀왔다. 이번엔 남아메리카 배낭여행이었다. 떠나기 전, 가족들은 남미는 치안 상태가 불안해 각별히 조심해야 한다고 했다. 차라리 북미를 다녀오는 게 어떻겠냐는 의견도 나왔다. 앞으로 북미는 다녀올 기회가 있을 것 같다며 손자는 그예 남미를 선택했다.
여행 전날, 손자는 우리 집에 와서 깨알 같은 글씨로 쓴 목록을 들여다보며 빠진 약품과 소지품을 챙겼다. 서울의 한겨울에서 지구 반대편 한여름으로 떠나는 여정이니 옷만 해도 그 부피가 이만저만이 아니었다. 제발 건강한 몸으로 돌아오는 게 무엇보다 큰 선물이라고 누누이 읊고, 그날그날 느낀 생각은 반드시 메모해 두는 게 좋겠다고 일렀다. 너희 아빠는 네 나이 때 고작 제주도밖에 다녀오지 못했는데 너는 벌써 20여 개국의 해외 관광을 누린다며, 자신의 존재를 재발견하는 기회가 될 수 있기를 바란다고. 음식값은 아끼지 말되, 짐 될 물건은 사지 말라고 신신당부했다.
손자가 드디어 40일의 여정을 마치고 돌아왔다. 커다란 배낭을 메고 양쪽 손에 가방을 든 채 한밤중에 도착했다. 검게 탄 얼굴에 건강미가 넘쳤다. 시차에도 무리가 없는지 다음날도 일찍 일어났다. 비행기에서 실컷 잤단다. 그 건강이 더없이 부러웠다. 방 안에 풀어놓은 짐은 발 디딜 틈조차 없었다. 물건 하나하나에 시간 흔적이 올올이 박혀 있었다. 한나절이 지나자 손자는 방 안을 대충 정리해 놓고 학교 기숙사로 갈 준비를 했다. 계절학기 때문에 하룻밤밖에 쉴 수 없단다. 방학하자마자 자유인이 되었으니 왜 공부가 밀리지 않았겠나. 캐리어를 끌고 현관문을 나선다.

오래전 초등학교 오가는 길에는 큰 웅덩이가 있었다. 하굣길 그 웅덩이는 우리들의 놀이터였다. 잔잔한 수면에 파란 하늘이 가득하고 뭉게구름이 모였다 흩어지며 물무당은 그 위에서 매암을 돌았다. 쌍쌍의 잠자리는 물수제비의 파문을 일으키고 또래들의 깔깔거리던 얼굴도 물속에서 일렁거렸다. 하지만 논농사를 위해 용두레로 그 물을 퍼 올릴 때면 그 밑바닥엔 새끼줄, 나무토막, 고무신짝 등 온갖 허접쓰레기가 뒤엉켜 있었다. 물은 너절한 잡동사니들을 끌어안은 채 말없이 우리들의 친구가 돼주었다.

'최고의 선은 물과 같다'는 상선약수上善若水의 삶을 내 어찌 감히 따를 수 있겠냐만, 그럴수록 가슴이 두방망이질이다. 호젓한 곳에서 누군가 떨어뜨린 물건을 발견하고 집을까 말까 망설일 때처럼 자꾸 주춤댄다. 녀석도 참! 아무도 모르게 선물 가방을 가지고 갈 일이지. 별것도 아닌 것 같은데. 무슨 대단한 일이라고. 한순간만 꾹 참으면 다 지난 일이 되고 말 것을. 그래도 내 마음 종잡을 수가 없다. 뒤숭숭하고 산란하다. 남편은 손자 물건에 절대로 손대지 말라고 엄포를 놓는다. 내 속셈을 알아차린 듯이. 그럼 저 많은 빨랫감도 그냥 둬야 하지 않는가. 세탁기는 여전히 돌아가는데 좀처럼 마음이 진정되지 않는다. 쿵쿵 뛰는 심장으로 드디어 일을 저지른다. 손은 사시나무 떨리듯 한다.

가방 안에는 라마Rama 모양의 동물 인형 외에 스웨터와 판초 그리고 게임 하는 체스 등이 들어있다. 이럴 수가! 해외여행을 떠날 때, 할아버지는 꼬박꼬박 여행비를 챙겨주고, 할머니는 기숙사 생활한다고 주말이면 혼신을 다해 밥을 해줬는데. 제 부모와 떨어져 있는 게 안쓰러워, 온갖 정성 다 쏟았는데. 하다못해 비행기에서 초콜릿이라도, 아니면 할아버지 양말 한 켤레라도 들고 와야 하지 않았을까. 괘씸한 놈. 우리 집에서 여장을 풀지 않았다면, 그렇더라도 모르게 처리했다면, 이런 죄책감에 시달리지 않아도 될 것을. 선물을 산 손길보다 그의 행동이 더 소외감을 느끼게 했다.

건강한 몸으로 돌아오는 게 더 바랄 것 없는 선물이라 해 놓고, 지금 엉뚱한 소리를 하는 이 마음, 나도 모르겠다. 마음은 외딴섬 저 언덕에서 한 줌 바람에 흔들리는 여린 갈대라 하던가. 물과 같은 삶은 내게 영원히 찾아올 듯싶지 않은, 잠들지 못하는 이 밤, 교교한 달빛만 창가에 어리고 있다.

새해 새날 새 아침, 이역만리에서 큰절을 올리는 손자의 동영상을 보면서 식구들은 모두 박수치며 기뻐하지 않았나.

명절 쇠러 온 며느리는 옆에서 혼잣말하듯 했다.

"사람에게 감동을 주는 건 반드시 큰일이 아닌데, 일상에서 그 작은 일을 잊고 살 때가 많아요. 저부터도…."

"야! 우리 며느리 철들었네."

"철은 우리 몸에 들어있는 게 아닌가요?"

아들네, 딸네들 자그마치 열여덟 식구가 한자리에서, 큰손자의 세배를 스마트폰으로 보고 또 보면서 한바탕 웃고 웃었었지.

벌목, 틈새의 미학

이성림 프리스카

연둣빛이 절정을 이루는 4월 말에 들어서자, 식물을 심고 가꾸기 좋은 날씨로 천지가 빛나고 있다.

지난 4월 26일, '24 여주 문학인 나무 심기' 행사에 참석하였다. 산림청에서 개최한 '탄소중립 실현과 산림 르네상스 실현'을 위한 문학인 나무 심기는 공부가 많이 되는 행사였다.

나무 묘목을 심거나 식물을 심을 때는 적당한 간격이 필요하다는 기본적인 이론에 근거하여 주어진 백합나무를 심었다. 이 나무가 20년, 30년 후에 울울창창한 숲이 될 것이라는 상상의 그림을 그려본다. 거목이 되어 빽빽해질 것이다. 어쩌면 숨쉬기 어려워 보일 정도로 답답한 형상을 연출할지도 모르겠다는 원려遠慮의 마음이 앞선다. 틈새는 숲에도 필요하지 싶다.

이런저런 사색을 하던 터에 귀에 쏙 박히는 남성현 청장님의 말씀이 울림 있게 다가왔다. 틈새와 여유를 위한 생장 공간을 마련하는 유익한 행위가 바로 벌목이라는 것이다.

이번 문학인의 숲 조성 행사는 심고 가꾸는 행위에서 더 나아가 벌목을 왜 해야 하는지, 순환의 원리에 대하여 공부하는 계기가 되었다. 애써 가꾼 울울한 나무를 베어내지 않으면 안 되는 이유, 베어내야만 하는 이론적인 원리를 학습하게 되었다.

베어낸 목재는 다양한 쓰임새로 이용되고 있다. 많은 형태로 활용되고 있는 목재는 결국, 벌목을 해야만 마련될 수 있다. 그러나 벌목에 대한 편견으로 인하여 그것이 수월하게 이루어지지 못하고 있는 우리의 실정에 대해 청장님의 설명을 통해 알 수 있었다.

나무도 생애 주기가 있어서 생장하고 성숙한 후 쇠퇴기를 겪게 된다. 살아있는 생명체는 모두 그와 같은 과정을 겪게 된다.

나무는 온실가스 주범인 이산화탄소를 빨아들인다. 생장기에는 탄소 흡수가 늘다가 쇠퇴기에는 감소한다. 나무가 죽어 분해되면 오히려 탄소를 배출한다고 한다. 국립산림과학원에 따르면, 국내 주요 수종인 참나무 소나무 등은 평균 25년이 지나면 매년 탄소 흡수량이 줄어든다. 소나무의 연간 탄소 흡수량을 분석해 보면 30년생은 12.1t이지만 60년생은 1.8t에 그친다. 탄소 흡수 능력과 목재로서의 활용도 등이 모두 낮은 것이 국내 나무의 현실이다.

탄소 흡수율과 목재로써 사용되는 활용도가 모두 낮은 국내 나무의 실정을 알 수 있었다. 탄소 흡수 능력도 '전성기'가 있어서 폐기 처분하지 않으면 안 될 처지에 놓이게 된 나무들도 많이 있다. 목재는 탄소를 담는 그릇도 되기 때문에 일본이나 프랑스는 목조 건물을 짓는 데에 앞장서고 있단다.

그런데 우리나라 실정은 어떠한가.

숲 곳곳에는 나무들이 다닥다닥 붙어 자란 탓에 광합성이 원활치 않아 지름이 평균 30cm에 불과한 나무들이 많다. 연간 벌채되는 산림 면적도 2만 ha 미만으로 전체 산림의 0.3%에 머물다 보니 국내 목재 자급률은 16% 내외다. 일본(42%) 독일(76%) 등에 비해 현저히 낮다. 한국은 매년 약 7조 원의 목재를 수입하는 세계 4위 목재 수입국이다.

나무를 심는 것 못지않게 적절히 벌목해 밀집도를 낮추고 목재 등으로 활용하는 한편, 탄소 흡수력이 뛰어난 새 나무를 심는 선순환이 절실하다는 전문가 제언이 나오는 이유다. 다만 '나무를 베는 행위는 곧 환경 훼손'이란 사회적 인식이 강하다 보니, 우리의 나무와 숲을 어떻게 가꾸고 활용할지에 대한 논의는 여전히 금기시되는 편이다. 환경단체들 또한 "자칫 난개발로 이어져 산림이 훼손될 수 있다"며 벌채를 반대하고 있다.

 침묵으로 말하는 나무와 숲을 위하여 간격과 틈새가 필요하다. 틈새가 있어야 마음껏 기지개를 펴고 자라날 수 있다. 여백은 어디에서나 필요하다. 그 여백과 간격을 위하여 적정한 범주 내에서의 벌목은 절대적으로 필요하다.

 기후변화를 늦추고 지속 가능한 숲 조성을 위해 '많이 심기'를 넘어 '잘 심고 잘 가꾸고 적절히 활용하는' 방안을 생각해야만 한다. 목재는 집짓기는 물론 종이, 휴지 등 일상 곳곳에서 유용하게 쓰인다. 보존만 외치며 대량으로 목재를 수입하는 불합리한 상황이 더 이상 지속되어서는 안 되는 시점에 와 있음을 이번 기회에 확실히 인식하게 되었다. 지구적 관점에서 보면 국내 숲만 지켜야 할 소중한 자연이고, 다른 나라의 숲은 마구 써도 되는 자원은 아니지 않는가. 전문가의 견해에 대하여 공감하는 바이다.

 어떤 관계에서든 간에 적당한 거리가 있어야만 건강한 관계로 발전해 나갈 수 있다. 인간관계에도 유사한 심리적 거리감이 존재해야만 한다. 이러한 거리감이 얼마만큼 적정하게 유지되느냐에 따라서 인간관계의 밀도도 달라질 것이다. 바람이 통해야만 원활한 소통 관계를 이룰 수 있다.

 우리의 머리에도 한계가 있다. 머릿속도 적당히 비워지고 채워져야 한다. 비워놓기가 절대적으로 필요하다. 머릿속을 적당히 채우고 비워두는 것이 정신 건강을 유지하는 데도 좋을 듯싶다.

 하나의 상실은 또 다른 생성으로 이어져 삶은 존속하게 될 것이다. 벌목이라는 상실은 또 다른 생산으로 이어질 것임이 자명하다. 상실과 소생의 연속으로 이어지는 듯한 우리 삶의 이행 구조는 생이라는 거대한 흐름이 존재하기 위해서 절대적으로 필요하다. 나무도 마찬가지이다.

현충원에서

이순아 도미니카

아~아 이 소슬바람!
살아있음이 감사하다.

현충원 정자에 앉아
저 무수한 젊은 영혼들의
하늘나라 현현을 느끼며
그들 목소리에 귀 기울인다.

건너편 나무 그늘에서
노부부가 아들 묘를 바라보며
김밥을 먹고 있다.

아들 영혼이 다가와 말한다.

아버지! 어머니!
저는 천국에서 잘 있으니
건강하게 사시다가
하느님 계신 이곳으로
오늘처럼 나를 보러오세요.

나는 가끔 운동코스를 현충원으로 잡는다. 버스 몇 정거장이면 닿을 수 있는 거리라 한적한 평일 오전을 택해 버스를 탄다. 미니 크로스 백에 핸드폰과 묵주를 챙겨 넣으면 단거리 여행코스로는 최적이다. 더구나 그곳에는 남편 형이 묻혀 있다. 성묘를 따로 갈 필요 없이 묵주기도를 바치며 걷다 보면 어느새 그의 묘지 앞에 서 있다. 내가 결혼 훨씬 전에 병사했으니, 얼굴은 보지 못했어도 아무튼 반갑다. 그래서 그의 묘비 화병은 조화가 풍성하다.

아들 먼저 보낸 심정이 어떠하셨으랴! 지방에 사시던 시부모님은 현충일이면 올라오셔서 아들 묘비를 쓰다듬으며 하염없이 눈물을 흘리시며 일어설 생각을 안 하셨다. 그 아픔이 내게도 전해져 어느 날 묘지 앞에 5단 묵주를 묻고 요셉이라는 세례명을 지어주었다. 교리상 맞지 않는 행동이었으나, 그 순간만은 성모님의 동행을 믿었기에 천주교 신자인 것이 그렇게 행복할 수가 없었다. 그리고 이튿날 요셉이라는 이름으로 연미사를 드렸다. 그 후 지금까지 죽은 이들 기도에 요셉이라는 그의 이름을 부르고 있다.

그리고 그곳에 가면 꼭 현충원 식당에서 점심을 먹고 온다. 메뉴는 단조롭지만, 그곳에서 먹는 밥은 왜 그렇게 맛이 있는지, 특히 콩나물무침은 두 번씩 가져와 육개장과 먹으며 창 너머로 펼쳐진 야산을 바라보면 함께 밥 먹고 싶은 친구가 떠오른다. 건너편 테이블에 연세 지긋한 분들이 즐겁게 식사하는 모습이 사람에 대한 그리움을 더 부추긴다. 아마 그분들은 옛 친구들 모임을 그곳에서 하는 것 같았다. 봄에는 울창하게 핀 벚꽃, 여름에는 짙은 녹음, 가을에는 형형색색의 단풍, 겨울에는 나뭇가지마다 하얗게 핀 설 꽃, 그 아름다운 사계절 풍광에 호국 영령들의 우렁찬 목소리가 실려 있는 듯하다.

태어나서 환경적 제약은 많이 받고 살았으나, 나의 정신과 영혼은 늘 자유를 추구하며 살아왔다. 그러기에 혼자 여행을 즐기고, 혼자 노는 게 익숙하여 인간 노릇 제대로 못 하고 산 건 사실이다. 그러나 나의 이런 영적 정신적 분방함이 가끔은 하느님께서 기뻐하시는 기도를 예술로 승화시키는 수확을 얻어 내기도 한다. 내 눈으로 바라보는 세상이 모두 기도 무대이기 때문이다.

한 송이, 풀꽃 같은 존재로 때로는 그 무대에서 열연하는 나를 격려하며 손뼉을 쳐주는 분은 언제나 주님이시다. 시공을 초월해서 언제 어디에나 나타나시는 나의 팬, 관객이신 것이다. 하느님이 인간에게 주신 가장 값진 선물은 자유의지이다. 그래서 인간의 행불행은 이 자유의지를 어떻게 운용하느냐에 달린 것 같다. 이 운용을 하느님 뜻에 맞게 도와주시는 분은 언제나 성령이시다.

이때는 다른 사람의 시선이나 평가를 의식하지 않아도 된다. 그러기에 나는 아침저녁 그분의 도움을 청하며 '성령의 송가'를 바치고 있다. 자신을 비우고 낮추는데 성령의 송가보다 더 아름다운 노래는 없다. 남은 생 나의 소망은, 세상과 하늘과 연결된 기도의 끈을 죽는 순간까지 놓지 않는 것이다.

패랭이꽃

이순향 카타리나

  나에게 꽃을 심을 꽃밭이 생기자 가장 먼저 생각난 것은 패랭이꽃이었다.
  유년을 기억하자면 어김없이 등장하는 패랭이꽃!
  긴 방죽 아래 간간히 피어있었던 알록달록한 패랭이꽃은 유심히 들여다보지 않으면 들키지도 않을 아주 작은 꽃이었다.
  물감으로 그린 듯한 색의 조화는 내 마음을 울렁거리기에 충분했다.
  작은 꽃송이 속에는 흰색, 진분홍색, 연분홍색이 조화롭게 물들여져 있었는데 보면 볼수록 신비롭기만 했다.
  내가 지금까지도 색깔에 대한 유난한 호들갑이 있는 것은 어쩌면 그때부터 시작이 되었는지도 모르겠다.
  양재동 꽃씨 가게에서 여러 가지 꽃씨들을 제치고 첫 번째로 패랭이 씨앗을 구입했다.
  꽃씨를 사면서 보았던 패랭이꽃의 사진은 내가 기억하던 꽃과 같아서 씨앗을 뿌리기도 전에 이미 패랭이꽃이 만발한 꽃밭에 와 있는 듯 가슴이 울렁거렸다.
  패랭이꽃 씨는 아주 작았다.
  이렇게 작은 꽃씨는 모래와 섞어서 흩어뿌리기를 하라는 가게 주인의 설명을 듣고 난생처음 꽃씨를 뿌렸다.
  척박한 바위틈 사이에서도 잘 자란다는 것과 줄기가 대나무 마디 같다고 해서 석죽石竹과로 분류가 되었다고 한다.
  패랭이꽃은 애지중지하지 않아도 스스로 잘 자라는 꽃이라고 하고 더구나 매해마다 심어야 나오는 일년생이 아니라 다년생이라고 하니 초보가 가꾸기에는 금상첨화가 아닐 수 없었다.

패랭이꽃에 한창 관심이 있었을 때 만났던 작가 김동리 님의 '패랭이꽃'은 대중가수가 노래로도 불렀다. 나만 좋아하는 것은 아니었나 보다.

    파랑새 뒤쫓다가
    들 끝까지 갔었네
    흙냄새 나무 빛깔
    모두 낯선 타관인데
    패랭이꽃
    무더기져 피어 있었네　(패랭이꽃 전문/김동리)

패랭이꽃이 무더기져 피어있는 동산은 얼마나 아름다울까? 상상만 해도 가슴이 뛰었다.

애초에 내가 기억하던 것은 올곧게 핀 외줄기의 패랭이꽃이었는데 '무더기져 피어있다'는 패랭이꽃은 얼마나 아름다울까? 상상하는 것만으로도 황홀했다.

언제나 우리 곁에서 보았던 정다운 패랭이꽃!

자세히 살펴보면 화려하기까지 한 패랭이꽃!

이래도 저래도 패랭이꽃이라는 자체만으로도 나는 좋았다.

바위틈 사이를 오르내리며 모래와 섞은 작은 씨앗을 뿌렸고 화단 귀퉁이에도 대문 앞에도 욕심껏 뿌려 주었다.

새싹이 나오기를 기다리는 시간은 길기만 했다.

같은 날 뿌렸던 다른 꽃씨들은 새싹이 나오기 시작했고 하루가 다르게 쑥쑥 자라고 있었건만 목을 빼고 기다리는 패랭이꽃 만큼은 잠잠하기만 했다.

기다리다 지쳐서 흙을 살살 헤쳐 보기도 했고 그러다가 화가 나서 왜 이렇게 게으름을 피우냐고 야단을 치기도 하고 어떤 날은 어서 나오라고 다정하게 말을 걸어보기도 했지만 결국 패랭이는 나오지 않았다.

나의 어설픈 씨앗 뿌리기가 문제였는지 아니면 꽃씨의 문제였는지 알 수가 없긴 하지만 다른 씨앗들이 새싹을 틔운 걸 보면 씨앗의 문제가 아니었을까 추측을 했다.

처음 만든 꽃밭이었지만 꽃들은 하나둘 차례차례 피기 시작했다.

꽃분홍색의 귀여운 앵초를 시작으로 조롱조롱 은방울꽃, 진보라의 매발톱, 몽글몽글한 불두화, 보기만 해도 마음이 넉넉해지는 함박꽃, 반듯한 자세 올라오는 청보라색 붓꽃, 달콤한 향기의 연보랏빛 라일락 등 쉴 새 없이 피어나는 꽃들 때문에 패랭이꽃의 아쉬움을 잠시 잊을 수 있었다.

이듬해 봄은 다시 찾아왔다.

바쁜 일정으로 오랫동안 꽃밭을 찾지 못하다가 봄꽃들이 하나둘 필 무렵에 다시 찾게 되었다.

마당으로 들어서는데 형형색색의 꽃송이들이 바위틈에서 쭉쭉 올라와 있는 것이 아닌가!

우뚝 솟아 있는 모양새는 마치 시시하게는 꽃을 피우지 않겠다며 땅속에서 갈고 닦은 듯했다.

밤송이처럼 생긴 꽃대가 올라와 있었고 공 모양의 둥그런 꽃송이 속에는 작은 패랭이꽃들이 옹기종기 모여 있었다.

놀란 가슴을 진정시키며 살펴보니 패랭이꽃이긴 한데 내가 기억하던 패랭이는 아니었고 밤송이처럼 올라온다는 수염패랭이였다.

멀리서 보면 뭉게뭉게 피어 있는 꽃구름처럼 보이기도 해서 '무더기져 피어 있었네'는 이런 모습이 아닐까 생각했다.

그날 본 마당의 풍경은 두고두고 잊을 수 없는 아름다운 기억으로 남아있다.

내가 기대했던 소박한 패랭이꽃은 아니었지만 새로 나타난 수염패랭이꽃 역시 충분히 매력으로 다가왔다.

수염패랭이 한 송이 속에는 각기 다른 색깔의 꽃들도 함께 들어 있는데 하나하나 자세히 살펴보면 예쁘지 않은 꽃은 하나도 없었다.

서로의 색깔은 다르지만 한 군데에서 조화롭게 핀 수염패랭이들이 참으로 대견하기만 했다.

각각의 개성으로 하나의 꽃송이가 된 수염패랭이!

소박하지만 화려하기까지 한 수염패랭이!

마당에 둥둥 떠 있는 듯한 꽃구름 같은 수염패랭이에게 애칭을 붙여보았다.

구름의 클라우드와 꽃잎이 카네이션과 비슷하다고 해서 합쳐진 이름 클라우션!

내 꽃밭에서 부르는 이름이니 뭐라 할 사람은 없을 것이다.

그만큼 각별한 꽃이 된 패랭이꽃이 되었다.

애초에 원하고 기대했던 꽃은 아니었지만 또 다른 얼굴로 내게 찾아온 클라우션!

멀리서 걸어왔을 나와의 인연이 무척 소중하다.

봄비가 내리는 아침,

이 비를 맞으며 분주해질 꽃밭의 소란스러움이 내 귀에 들리는 듯하다.

발톱 깎기

이영우 안젤라

나이 들며 하루하루가 고맙다. 오늘이 살아있는 가장 젊은 날이라 했다.

건강한 몸으로 일할 수 있음은 축복이라 더욱 감사하다. 그러나 사회와 직장은 그렇게 녹록하지가 않다. 늘 가슴에 크고 작은 생채기를 낸다. 다행인 것은 그 상처를 나는 매일 지우고 또 그리며 살아간다. 가슴은 왜 굳은살이 생기지 않는지 모르겠다.

환자가 입원을 하면 우선 옷을 벗긴다. 환의로 갈아입히며 얼굴빛부터 살핀다. 목과 어깨 주위에 패치가 붙어있는지 본다. 최근 치매와 가래 등 여러 가지 패치가 발매되고 있다. 더욱 통증 패치는 암 환자에게 없어서 안 되는 중요한 약이기도 하다. 아래로 내려오며 전체적인 영양 상태를 보고, 기저귀를 하고 있는지 몸을 돌려 엉덩이 부위나 뒤꿈치 등에 욕창이 있는지 꼼꼼히 살피고 마지막으로 발을 둘러본다.

병실에서 콜벨이 울렸다. 벗겨진 양말 사이로 10센티 가까이 되는 엄지발톱, 길게 내려오다가 다시 원을 그리며 올라간 기괴한 엄지발톱의 모습에 모두 말을 잃었다. 입원 면담실에서 깐깐하게 질문을 던지던 보호자 아들의 얼굴과 병실로 올라와 양말을 벗지 않으려 했던 환자의 모습이 오버랩 된다.

이튿날 조심스럽게 어르신에게 물었다.
"엄지발톱을 왜 그렇게 키우셨어요?"
"아프고… 외로워서"
환자는 청상으로 유복자와 살았다. 어렵게 키운 아들을 결혼

시키고 며느리와 의견충돌로 아들과 오랫동안 떨어져 지냈다 했다. 문득, '부모님께 한 통의 전화를 드립시다'라는 광고 문구가 떠오른다. '홀로 사는 부모님 양말을 한 번쯤 벗겨 봅시다'라고 덧붙이고 싶다. 그날 병동은 입원 환자의 양말을 모두 벗기고 발톱 깎기가 진행되었다.

샌들을 즐겨 신는 여름이면 페디큐어를 한다. 올해는 반짝이는 모조석을 엄지발톱에 붙여볼까 생각하고 샵을 찾았다. 초여름이라 손님이 북적거렸다. 이윽고 호박 마차 같은 의자 위에 올라앉아 발을 맡기며 잠시 공주가 되어 본다. 발톱을 다듬기 시작한 잠시 후,
"고객님, 죄송한데요. 새끼발톱이…"
아뿔싸! 분홍빛 새끼발톱이 얼마 전부터 노르스름해져서 발톱도 나이와 함께 늙어 가나 보다 생각하고 있었다. 결국 페디큐어를 하지 못하고 가게를 나왔다. 발톱무좀은 전염력이 강해 케어를 해줄 수 없다는 직원의 이야기였다. 자정도 못되어 나는 호박마차에서 내렸다.
나이 들어 주름지고 늙는 것은 얼굴만이 아니다. 발은 우리 몸 전신의 무게를 오롯이 지탱하는 기관이다. 말단에서 가장 힘든 일을 하는 발은 살아온 삶을 반증한다. 요양병원에서 본 대한민국 노인의 발은 말 그대로 참혹하다. 발 모양이 반듯한 노인은 좀처럼 보기 어렵다. 가뭄의 못자리 같은 모습이랄까? 튀어나온 연골로 삼각형 모양의 발에 삐뚤삐뚤한 발가락은 더욱 가관이다. '무지외반증'이라는 진단명이다.
하이힐은 넘어질까 두려워 신지 못했고 굽 낮은 구두나 운동화만 즐겨 신은 발은 모두 억울하다고 했다. 발 모양은 점점 틀어지고 볼품없어지는 구두에게 미안해 늘 못난 발을 탓했다고

입을 모아 똑같은 말을 한다.

천덕꾸러기 취급을 해도 뚜벅뚜벅 제 길을 걸어온 발이다. 시집을 와 평생 농사를 지은 어르신, 손발에 물기 마를 날 없이 일생 식당을 경영했다는 할머니, 모두 자신의 삶을 성실하게 영위한 우리 어머니의 모습이다. 다섯 남매를 둔 내 어머니도 가난한 개발도상국이던 이 나라의 역군으로 자식을 어렵게 키워냈다. 지금 우리가 존재하는 초석이었다. 세계와 발을 맞추는 경제를 이룬 자랑스러운 발들이지만 바라보는 마음은 늘 애잔하다.

가랑잎이 짧은 햇살을 베고 눕는 가을날, 떨어지는 낙엽은 이별의 슬픔을 모른다.

곱게 다듬어진 발톱을 매만지며 눈인사를 하는 어르신의 미소도 많이 밝아졌다.

외로움은 스스로 이겨야 할 평생의 숙제가 아닐까?

공동의 집 지구를 살려야 합니다

이영일 젤뚜르다

1) 인간의 안락함

인간이 안락함과 편리하고 빠른 것을 찾다 보니, 우리 모두 공동의 집인 지구는 몸살을 앓고 있습니다. 전 세계 곳곳에서 물난리가 나고, 대형 산불이 몇 개월씩 지구를 불태우고 있습니다. 빙하가 녹아내려서 북극곰들이 갈 곳이 없습니다. 태풍은 그 위력이 갈수록 거세어지고 있습니다.

미국 캘리포니아, 호주, 캐나다의 산불 등은 지구 온난화로 일어나는 일입니다. 대기층 내 이산화탄소가 늘어나면서 온실처럼 지구로 들어온 태양열이 우주 밖으로 빠져나가지 못하고, 뜨거워진 대기와 바다는 극지방의 얼음을 녹이고, 더 많은 수증기, 태풍과 집중 호우를 만들어내며 바닷물 온도가 비정상적으로 높아지는 엘니뇨 현상 때문에 뜨거운 기단이 너무 커지면서 40도가 넘는 더위에 시달리고 있습니다.

지구온난화의 주범은 이산화탄소입니다. 사람이 살고 물건을 만들고 이동하는 이 모든 과정에서 이산화탄소는 발생합니다. 주거용 난방, 자동차, 화석연료에서 나옵니다. 우리 모두 정신 차려서 길에서 나오는 이산화탄소량을 줄이는 것밖에 없습니다.

2) 불편을 극복하기

지구를 살리는 것은 큰 것을 실천하는 것이 아니고, 일상생활 속에서 작은 불편함을 하나씩 실천하는 것입니다. 대중교통 이용하기, 일회용 사용하지 않으며, 빨래는 모아서 하고, 음식물 남기지 않기, 분리수거 잘하기, 오천 보 걷기, 전기 포터는 한번 작동 시 백열 구 200개가 동시 켜지는 전력이 소모됩니다. 인스탄트 음식 먹지 않기, 각종 세제 사용 않기 등입니다.

3) 생태환경 실천

필자는 30년 전부터 세숫비누와 E.M, 빨래비누, 식초를 사용하고 있습니다. 그리고 세탁 시 가루비누 외 세제를 전혀 사용 안 해도 불편함이 없습니다. 본당 수녀로 일할 때 E.M을 만들어 화장실, 주방, 청소할 때 사용하도록 하고, 각 가정에서도 E.M 만드는 법을 가르쳐서 사용하도록 교육을 하였습니다. 한 가정에서 E.M을 사용하면 그 지역의 물이 정화됩니다.

4) 텃밭 가꾸기

필자는 이동하는 본당마다 작은 텃밭을 만들어 각종 채소를 재배하였습니다. 먹는 것보다 자라는 모습과 열매 맺는 과정이 아름답고 농약을 사용 안 한 신선한 채소는 맛도 좋습니다. 본원에서 환자 수녀님들 돌보면서 2년 동안 지구를 살리는 마음으로 상추, 오이, 가지, 고추, 시금치, 열무, 아욱 등 다양하게 심어서 이른 봄부터 가을까지 수녀님들과 맛있게 먹었습니다.

작년에는 가지 수확이 좋아서 이를 이용한 요리가 다양해졌습니다. 가지김치, 나물, 가지전, 가지찜, 튀김 등 올해는 오이 수확이 좋아서 오이로 할 수 있는 요리를 다양하게 많이 하였습니다. 팔뚝만 한 오이는 외출 시에 좋은 간식거리가 되고 목마를 때, 시원한 갈증을 풀어주는 생명수가 되었습니다. 채소밭을 관리하는 나에게 "휴가 가는데 몇 개 주시겠어요." "연수 가는데

몇 개 주시겠어요"~

 생태환경을 실천하는 마음과 지구를 살리는데 한 몫, 참여하는 마음으로 유기농 야채를 지으면서, 영혼도 맑게 씻기는 것 같습니다. 우리들의 마음 안에 자라는 잡초처럼 땅에도 필요 없는 풀은 더 잘 자라는 것 같습니다. 풀을 뽑을 때마다 내 안의 숨은 악습을 뽑아내는 마음으로 잡초를 제거합니다. 보이지 않는 악습이 얼마나 많습니까? 습관적으로 짓는 죄 잘난 것도 없으면서 잘난 척하는 죄 등 내 안에 뽑아내야 할 잡초를 바라보면서 풀을 제거합니다.

5) 지구 살리는 것은 모두의 소명

 존경하올 프란치스코 교황님의 회칙 "찬미 받으소서."를 얼마나 실천하고 계시나요. 선견지명이 있으신 교황님께서 생태환경의 중요성을 강조하시면서 우리 모두 공동의 집 지구의 심각한 오염과 기후변화 문제점을 강조하시고 특히 가장 가난한 사람들이 받을 피해와 고통을 말씀하셨습니다.

 각종 연료에서 배출되는 다량의 연기 흡입으로 인한 병, 교통, 공장 매연, 토양과 물의 산성화, 살충제, 제초제, 일반적인 농업용 독극물을 통하여 발생하는 문제 등 기후변화의 문제로 환경, 사회, 경제, 정치, 재화 분배 등 심각한 영향을 미치고 있습니다. "지구는 죽어가고 있는데" 많은 사람은 안일한 방법으로 방관하고 있습니다. "나만 편하면 된다." 사고는 버려야 합니다. 기도하고 힘을 합쳐서 "공동의 집 지구를 살리는 일에 모두 동참해야 합니다."

생명들의 하모니

이예선 세라피아

텃밭엔 개망초, 깨풀, 명아주, 바랭이, 쇠비름에다 이름을 알지 못하는 잡초가 마구마구 돋아났습니다. 상추는 긴 장마에 녹아버려 흔적도 없는데 잡초는 오히려 파릇파릇 생기가 넘칩니다. 먹을 수도 없는 잡초가 번지기는 또 어찌나 잘 번지는지요. 고개를 내미는 족족 뽑고 또 뽑아도 수그러들 기미가 없습니다. 농사라고 하기엔 부끄러울 정도로 손바닥만 한 땅뙈기입니다. 밭을 일구다 보면 풀과의 전쟁이라는 말이 실감 납니다. 허리를 굽혔다 폈다 일어났다 앉았다 자리를 옮겨가며, 한참을 풀과 씨름하다가 문득 깨닫습니다. 이 집터의 원주인은 제가 아닌 이 풀이었다는 것을요.

산허리에 터전을 마련한 것이 불과 몇 년 전이었습니다. 울창한 숲, 잡초 우거진 산을 그대로 깎아내고 집을 앉혔으니 살 곳 잃은 풀이 종족 보존하느라 저리도 줄기차게 돋아나나 싶었습니다. 그렇다고 그냥 둘 수는 없어 궁리 끝에 남편의 농사법을 벤치마킹했습니다. 최소 일주일에 한 번씩 잔디를 깎는 남편은 검정 비닐 대신 깎아낸 잔디로 모종 주변 흙 표면을 덮습니다. 일명 잔디 멀칭mulching을 합니다. 깎아낸 잔디는 땅의 수분 증발을 더디게 하여 물을 자주 주지 않아도 되고 잡초가 자라는 것도 막아 줍니다.

여태는 종량제봉투에 욱여넣어 쓰레기장에 던져버리면 그만이던 잡초를 뒤늦게 멀칭 재료로 뽑아내며 "네가 살던 땅에서 생을 맞이하게 해 줄게." 시혜를 베풀듯 말했습니다. 아무리 쓸모없는 잡초라 할지라도 임자였던 이들의 자리를 차지한 사람이

할 말은 아닌 듯하여 살짝 미안한 마음이 들었습니다. 한편으론 창조 때 하느님께서 씨를 맺는 모든 풀을 양식으로 주신 것을 기억하며 어설픈 겸손은 아닌지도 묵상해 봅니다.

토마토, 가지, 오이에 상추, 쑥갓, 들깻잎 등이 졸망졸망 두서너 모종씩 심어진 땅을, 뽑아낸 잡초로 덮어주었습니다. 수북수북 덮어주다 보니 오히려 풀이 부족했습니다. 필요 없을 땐 많아 보여 언제 다 뽑나 싶더니 막상 쓰려고 하니 오히려 더 있었으면… 싶었습니다. 잡초로 땅을 덮었으니, 흙을 덜 마르게 하고 벌레도 막고 동족인 잡초가 자라는 것도 막아 줄 것입니다. 달갑지 않은 군손님 같았던 들풀이 이제 병아리 농부의 동반자가 되었습니다.

40여 가구가 모여 사는 마을공동체는 또 다른 동반자입니다. 시골 정취를 자아내는 새소리 바람 소리 가득한 마을, 소음이라야 예초기 소리 잔디 깎는 기계 소리뿐인 마을에 그야말로 소음이 생겼습니다. 웅성웅성, 시끌시끌. 소음은 바람에 실려 텃밭 일에만 몰두하는 제 귀에까지 날아들었습니다.

마을 일을 관리하는 회사에 불만을 가진 한 가구가 무려 4년여 동안 관리비를 납부하지 않았답니다. 그 일을 알게 된 다른 한 가구도 따라서 내지 않으니, 회사가 관리 중단을 선언한 것입니다. 그동안에는 회사에서 마을 일을 전담했기에 개인적인 교류 외는 주민들이 함께 모일 일이 거의 없었습니다. 그러다 사건이 터지자 자기 일만 하던 사람들이 한순간에 일치단결했습니다. 마을 주민회가 급속도로 꾸려지고 임원과 필요한 규약도 정해졌습니다. 관리비 미납 가구에 대한 문제로 왈가왈부하는 것을 제외하고는 모든 일이 순조롭게 진행되었습니다. 미납 가구를 두고는 저마다 생각이 달랐습니다. 다른 가구의 관리비에 무임승차했으니 밀린 관리비를 받아내야 한다는 측과 몇 년씩 밀린 목돈을 무슨 수로 받아내겠느냐며 살살 구슬려 지금부터 제대로 내게 하자는 측, 강제로 무슨 제재라도 가해 압력을 주자는 측 등 의견이 분분했습니다. 자칫 공동체가 사분오열하게 될 판이었습니다. 일이 더 커지기 전에 주민회 임원들이 발 빠르게 움직였습니다. 당사자를 만나 미납하게 된 사유를 물어보고 주민들과도 일일이 만나며 답을 구하느라 동분서주했습니다. 그러기를 여러 날째, 핸드폰 단체방을 통해 공표된 해결책은 뜻밖이었습니다. 이미 정해진 임원 외에 미납 당사자를 임원으로 위촉한 것입니다. 미납자를 임원으로 두다니… 앞뒤가 맞지 않는 반전이었습니다. 고령의 당사자가 수락했다는 것도 의견 분분하던 사람들의 수군거림과 분노가 일시에 잠잠해진 것도 놀라운 일이었습니다. 한발 물러나 생각해 보니 현책도 이만한 현책이 없는 듯했습니다. 국민학생 시절, 사고뭉치 말썽꾸러기를 오히려 반장으로 임명하셨던 선생님이 떠올랐습니다.

한바탕 소란이 가신 마을에 새소리 바람 소리가 돌아왔습니다. 예초기 소리 잔디 깎는 소리도 여전합니다. 하지만 평범한 일상은 오래 지속되지 않았습니다. 뱀이 출몰한 까닭입니다. 가끔 마을 안 도로에 뱀이 나타났다는 얘기를 들었지만 직접 본 적은 처음이었습니다. 주차장 한구석에서 마치 자기 집에서 쉬는 듯 떡하니 누워 있는 녀석을 보는 순간 등골이 오싹하며 숨이 멎는 듯했습니다. 남편이 긴 막대로 녀석의 목을 제압하더니 수풀 속으로 휙 던지며 말했습니다. "네 집에서 살고 다신 나타나지 마라." 이 뱀도 원래 이 땅의 임자였을 텐데 어디서 지내다 지금 나타났을까요. 한낱 쓸모없이 여겼던 잡초와도 이기적인 사람과도 함께 할 방도를 찾았는데 징그러운 이 뱀과도 동반자가 될 수는 있는 걸까요.

뱀도 인간도 주님 손수 빚으신 피조물이라는 걸 기억하며 선과 악이 밀과 가라지처럼 공존하고 있는 세상을 반추하는 하루가 저물어갑니다.

너의 희망이 무엇이냐?

이인옥 체칠리아

　이 풍진 세상을 만났으니/ 너희 희망이 무엇이냐?/ 부귀와 영화를 누렸으면/ 희망이 족할까?/ 푸른 하늘 밝은 달 아래/ 곰곰이 생각하니/ 세상만사가 춘몽 중에/ 또다시 꿈같도다.
　1920년대에 유행한 '희망가'이다. '바람에 날리는 티끌'같이 덧없는 세상에서 과연 너희 희망은 무엇이냐? 만일 부귀영화를 누렸다면 만족할까? 그럴 리 없다. 인간은 하나를 얻으면 또 다른 것을 욕망하여 결코 만족하지 못하는 존재다. 하늘과 달은 항상 변화하는 것. 아니 세상만사가 모두 짧은 봄, 꿈에 불과한데 무엇을 희망할 것인가. 암울했던 일제 강점기라 그런지, 노랫말의 느낌이 슬프고 자조적이다.

　급변하는 세계정세에 휩쓸려 부귀와 영화를 얻었다가 급전직하 절망의 나날을 보냈던 성경 속 인물, 토빗이 떠오른다. 아시리아가 북이스라엘을 침공해서 쓸 만한 인물들을 니네베로 끌고 갈 때, 젊은 토빗도 그 틈에 끼어 있었다. 그는 왕이 쓸 물품을 사들이는 직책을 맡아 안정된 지위를 누린다. 하지만 운 좋게 얻은 부귀영화에 안주하지 않고, 먼 곳에 사는 친척에게 큰 재산을 맡겨두고 만일을 대비한다. 아니나 다를까, 토빗을 아끼던 왕이 죽고 새 왕이 들어서자, 그의 처지가 뒤바뀐다.
　토빗은 율법의 권고대로 처형된 동족들의 시신을 묻어주었다.(신명 21, 22-23) 새 왕은 이를 못마땅하게 여겨 그의 재산을 몰수하고 체포령을 내린다. 토빗은 도망자의 신세가 되었지만, 얼마 후 왕이 살해되었다는 소식을 듣고 집으로 돌아왔다. 오랜

만에 잔칫상을 받은 토빗은 가난한 이들이 생각나서 함께 음식을 먹으려고 그들을 불러오게 한다. 그러나 살해당한 시신이 밖에 있다는 말을 듣고 또다시 시체를 묻어준다. 자선을 행했지만, 정결법에 따라 잠시나마 부정한 몸이 된 토빗이 집안에 들어갈 수 없어 한 데서 잘 때에 하필 그의 눈에 뜨거운 새똥이 떨어졌다. 그 때문에 토빗의 눈이 멀게 되었으니 이런 억울한 일이 있을까. 이는 의인이 도리어 재앙을 겪는 불합리한 현실을 묘사한 것으로, 토빗은 납득할 수 없는 불행 속에 차츰 실의에 빠진다.

토빗이 앞을 못 본 지 사 년이 흘렀다. 혼자서는 아무것도 하지 못하는 토빗을 대신해서 부인 안나가 생계를 떠맡았다. 불행 중 다행인지, 그녀가 짠 옷감을 본 사람들은 정해진 품삯 외에도 넉넉하게 덤을 얹어 주었다. 어느 날, 안나는 새끼 염소를 덤으로 받아왔다. 토빗은 염소 울음소리를 듣고 다짜고짜 안나를 의심하며 어디서 훔쳐 왔냐고 한다. 안나가 사실대로 말해도 어서 갖다주라며 화를 내는 토빗은 옛날의 그가 아니었다. 의심 많고 옹졸한 사람으로 변해있었다. 안나도 남편에게 대든다. 과거의 선행들로 얻은 게 뭐냐고, 사람들이 비웃는다고 말해준다. 토빗이 가장 뼈아프게 생각하는 말이었다. 그는 하느님께 이렇게 사느니 차라리 죽는 것이 낫겠다고 부르짖는다.

흥미롭게도 그 시각 토빗과 똑같은 탄원 기도를 올리는 여자가 있었다. 토빗의 친척 라구엘의 딸, 사라이다. 아버지 '라구엘은 훌륭한 사람으로 이름이 났고, 사라는 현명하고 용감하며 대단히 아름다운 상속녀'(6, 12)로서 누구나 탐내는 신붓감이었다. 그런데 사라가 혼인을 하여 신랑이 신방으로 들어가기만 하면 바로 죽는 일이, 무려 일곱 번이나 되풀이되었다. 까닭 모를 이 재앙들을 악귀의 짓이라고밖에는 설명할 수 없었다. 혼돈과 슬픔 속에 날로 황폐해지던 사라는 하녀에게 손찌검을 하였다. 하녀가 대들며 '악귀가 바로 너'라고 하며 욕을 퍼붓자, 사라는 절망하여 목을 매려고 한다. 하지만, 부모님까지 외동딸을 잃고 모욕당할 것을 생각하니 그렇게 죽을 수 없었다. 사라는 하느님께 제발 자기 목숨을 거두어가라며 기도한다.

토빗과 사라 이야기의 공통점은, 그들은 희망이 안 보일 때 하느님을 찾았다. 둘째, 비록 잘못된 희망 곧 죽음을 원했지만, 온몸과 마음으로 청했다. 셋째, 하느님께서는 최고의 선으로 응답하셨다. 다시 말하면, 죽음이 아닌 복된 삶을 선사하셨다. 그들은 상선벌악의 하느님을 굳게 믿었으나 현실은 정반대가 되어 잠시 삶의 목표를 잃었다. 하느님께서는 라파엘 천사를 파견하여 토빗의 친척들을 연결해 주심으로써 그의 과거 선행이 무위로 돌아가지 않음을 입증해 주신다. 그들 모두 흩어져 살던 하느님 백성으로서, 어려운 시기에 서로 의지하고 연대했던 선한 이들이다. 곧 메디아에 살던 가바엘은 오랜 세월 맡았던 토빗의 큰 재산을 선뜻 돌려주었다. 사라의 아버지 라구엘도 토비야와 딸을 결혼시켜 재산의 반을 주어 보낸다. 하느님께서는 이처럼 당신을 찾는 이들 모두에게 합하여 선을 이뤄주시는 분이시다.(로마 8, 28)

다시 '희망가'의 질문, "너의 희망이 무엇이냐?"로 돌아가 본다. 이제 나는 힘차게 대답할 수 있을 것 같다. 남은 생애 동안, 하느님을 믿고(信), 그분만을 바라며(望), 사랑(愛)의 계명을 실천하는 것이 나의 희망이라고.

나도 이제 늙었는가 보다

이종옥 엘리사벳

천안에서 아버지 어머니를 모시고 봉천동 동생 집에 가는 시간이 그날따라 오래 걸렸다. 경부고속도로의 교통사고를 비롯하여 교통 혼잡은 두 분을 지치게 하였다.

"여보, 서울의 행사가 있어도 오늘을 마지막으로 합시다." 어머니 말씀이다.

"그러게요. 내가 이러지 않았는데, 이상한 일이구려!" 갓길에 차를 세우고 멀미로 토할 것 같다는 아버지 등을 두들기면서 잠시 쉬게 하였으나 별 도움이 되지 못했다.

"아버지! 죽전휴게소가 멀지 않으니 들렀다 갈까요?"

"아니다, 그냥 가자"라고 하신다.

서둘러 떠나려고 "제가 금방 도착할 테니 준비하고 천천히 내려오세요." 어머니께 전화를 드렸는데, 아버지는 평복으로 내려오셔서 하시는 말씀, "왜, 내려오라고 하였느냐."라고 한다. 내일 장손자의 결혼식 때문에 오늘 봉천동 동생 집으로 가기로 약속하였는데, 아마도 잊으셨는가 보다. 어머니께서는 귀가 어두워서 제대로 듣지 못하셨던 것을 내가 생각이 모자랐다.

아무런 보탬도 드리지 못하는 큰딸인데도 가겠다는 말만 들으시고 반가움에 두 분이 서로 엇갈려 6층 아파트에서 오르락내리락하시다가 30분 넘게 지체되었다. 시차로 고속도로가 막히기도 잘 달리기도 하는지라, 서둘렀던 일이 더 늦어졌다.

장 손자의 결혼식을 마지막으로 집안 행사에 참석하지 않으셨으면 좋으련만.

천안에서 봉천동 동생 집에 도착한 시간이 오후 6시경이었으

니, 무려 4시간이나 걸렸다. 나도 지쳐있었다. 그런데 지친 모습의 아버지, 침대에 눕자마자 하시는 말씀

"나도 이제 늙었는가 보다." 동생과 나는 얼굴을 마주 보면서 박장대소하였다.

"아버지! 아버지가 이팔청춘인 줄 아셨어요?"

"그러게나 말이다. 그렇다고 해도 늙었다고는 생각지 않는다. 허허" 하루 10,000보 걷기 운동에서 줄어들기는 했어도 쉬지 않고 걷고 있음을 자랑스럽게 여기시는 아버지로서는 그러실 만도 하겠으나, 11명의 증손을 두신 연세가 90이다. 평생을 정직과 성실, 베푸는 일이 몸에 배신 부모님이시다.

일제 강점기에도, 6·25 피란살이에도 어떤 어려움과 고난이 있어도, 희망을 잃지 않고 긍정적으로 살아오신 분들이다.

아마 1·4 후퇴 때였을 것이다. 눈이 펑펑 쏟아져 눈으로 하얗게 덮인 깊은 산골, 옥산, 사정리 음달마을에 할머니와 고모, 4살 된 동생과 내가 피란 가 살고 있었다. 그런데 아버지가 옷도 입지 않고 팬티 바람으로 두려움과 추위에 덜덜 떨면서 캄캄한 밤에 오셨다. 할머니가 깜짝 놀라며 "웬일이냐. 어서 들어와."라고 하시며 옷을 챙겨주셨다. 나는 잠결에 이불 속에서 아버지 얼굴만 빤히 쳐다보았다. 그런데 아버지 말씀이 "어머니를 뵈러 오는데, 괴뢰군이 어디서 나왔는지 총부리를 들이대고 '옷 벗어'라고 해서 벗었더니, 옷과 엿 인절미 미숫가루가 든 짐을 챙기고는 산속으로 도망치는 걸 보고, 뒤도 돌아보지 않고 왔슈, 죽이지 않고 살려 준 것만도 하늘이 도왔쥬."라고 하셨다. 그런 험난한 상황을 헤쳐 오신 분들이라서 그런지 어떤 역경이 닥쳐도 꿋꿋하게 견디셨다.

오래전이다.

"엄마! 아들이 한의원을 차리겠다는데, 걱정이 앞서요."라고

말씀드렸더니, "걱정할 게 무어냐, 샘물 파면 물 나온다. 물 나오면 고기가 생기게 마련이다. 걱정하지 마라." 나는 웃으면서 웬 물고기냐고 말씀드렸더니, 준비하고 있으면 필요한 사람은 찾아오게 되어 있단다. 라고 긍정적인 말씀으로 위안을 주셨다.

지팡이 짚지 않고 생활하시는 부모님께서 살아계셨기에 나는 부자처럼 마음이 늘 든든했다. 아침밥은 먹었느냐, 때 거르지 마라, 너 좋아하는 열무김치 담가놓았으니 가져가거라! 또는 운전 조심하라는 둥 시시콜콜 작은 일로 70이 내일모레인 딸을 걱정하셨다. 홀로 사는 딸이기에 더욱 마음을 쓰셨는가 보다.

부모가 자식 걱정하는 마음은 예나 지금이나 다르지 않다. 아마도 동서고금을 통틀어도 한국의 부모님 같은 가없는 사랑은 없을 것이다.

자식 키우면서 사랑의 걱정이 있었기에 나도 어려운 줄 모르고 살았다. 어려운 고비가 있을 적마다 기도드리고, 자식들 커가는 모습에서 힘을 얻고 용기 내어 잘 버텨온 세월이었다.

부모님께서 사셨던 삶처럼 나도 인내하면서 어른이 되어, 어른이 된 자식들 잘되길 소망하면서 살고 있다.

90의 연세가 늙었다고 생각지 않으신 아버지, 세월이 그곳까지 와 있는 것이지 아버지는 늙지 않으셨습니다.

청춘이신 아버지께서는 우리 가족의 기둥이었고 고통과 시련을 견디면서도 인생을 젊게 살도록 도움이 되셨었는데, 지금은 두 분이 세상에 계시지 않으신다.

부모님처럼 잘 듣지 못하고 눈앞에서는 날 파리가 날고 사물은 흐릿하게 보이게 되고 보니 생전의 부모님이 한없이 그리워진다. 나도 이제 늙었는가 보다.

열대야 신기록

정택영 에드워드

올여름 폭염의 기세가 심각하다. 광복절 다음 날 아침, 낮 기온이 35도 안팎을 오간다. 밤에는 초열대야 기온이 28도를 지키고 있다. 더운 날이 한 달 이상 이어지고 있다.

지난 한 주간 뉴스를 보고 깜짝 놀랐다. 2018년에도 올해처럼 서울에서 7월 21일부터 8월 15일까지 최저 기온 25도 이상인 열대야가 매일 밤 반복됐다. 하지만 그때는 광복절을 기점으로 끊어졌다면, 올해는 더욱 이어질 전망이다. 오늘 서울에서 최장 열대야 기록을 세웠다. 근대적 기상관측을 시작한 1907년 이래 118년 만이다. 내일도 서울 최저 기온이 27도로 예보돼 있어 최고 기록을 갈아 치울 듯하다. 제주는 32일째 열대야가 나타나 지속 일수가 한 달을 넘어섰고, 인천에서도 24일 동안 계속되고 있어 2016년과 함께 두 번째로 긴 열대야를 기록했다.

지난주, 일본 규슈 미야자키현 앞바다에서 규모 7.1의 강진 발생 뒤 거대 지진이 뒤따를 가능성이 커지면서 일본 열도가 긴장하고 있다. 쓰나미가 상정되는 고치현 쿠로시오쵸에는 약 서른 개의 피난소가 마련됐다. 난카이 해곡은 일본 시코쿠 남쪽 해저에 있는 수심 4,000m급의 깊은 협곡을 가리킨다. 필리핀해판이 유라시아판 밑으로 파고드는 경계에 자리한 이 협곡은 거대 단층을 품고 있는데, 이 단층이 움직여서 지진을 유발한다. 판의 경계에서 계속 조금씩 변형하는 단층이 어느 순간 한계에 도달하면 단번에 어긋나면서 거대한 지진을 촉발한다. 가장 최근에 있었던 관련 지진은 1946년 와카야마현 인근 해상에서 발생한 '쇼와 난카이 지진'으로, 가옥 삼만 오천 채가 붕괴했고 천사백 명의 희생자를 낳다.

미국과 캐나다 서부에서 최근 발생한 산불이 걷잡을 수 없이 확산하면서 이 지역의 산과 국립공원을 집어삼키고 있다. 미 캘리포니아주 북부 뷰트 카운티에서 발생한 '파크 파이어Park Fire'라는 이름의 산불로 지금까지 1천489㎢가 불에 탔다. 이는 샌프란시스코 카운티의 열두 배가 넘고 L.A.보다 더 크며, 서울 전체 면적(605㎢)의 2.5배에 달하는 규모다. 이 지역에서 발생한 역대 가장 큰 산불은 2020년 8월 발생한 '콤플렉스 파이어Complex Fire'로 4천46㎢를 태웠다. 덥고 건조한 날씨가 이어지면서 지난 주말 동안 '파크 파이어'는 그보다 두 배 이상의 면적을 태우는 등 빠른 속도로 피해가 커지고 있다. 이 지역에서 100개 이상의 건물이 파손됐고 수천 명의 지역 주민들이 대피하는가 하면 사천 개 이상의 다른 건물들이 산불로 인해 위협을 받고 있다.

캐나다 로키산맥에서 최대 규모인 재스퍼 국립공원에서 발생한 산불로 재스퍼 시市의 3분의 1이 불에 탔다. 당국은 "지난 100년 동안 재스퍼 국립공원에서 기록된 가장 큰 산불"이라고 말했다. 이어 "산불 진화에 앞으로 최소한 석 달을 예상한다. 지난 5년을 보면 재스퍼에서 발생한 산불은 가을까지 지속하는 경향이 있다."라고 덧붙였다. 미국 기상 예측센터 앤드류 오리슨 예보관은 "플로리다와 멕시코만 연안을 제외하면 현재 미국에서 연기가 나지 않는 곳이 거의 없다."라고 말했다.

한편, 중국 남부의 경제 중심지인 광둥성에서 일주일간 쏟아진 기록적 폭우에 따른 피해가 커지고 있다. 벼락과 돌풍을 동반한 폭우로 8만여 명의 주민이 긴급 대피한 가운데 주요 하천 수위가 높아지고 있어 현지 언론들은 '100년 만의 홍수'를 경험할 수 있다고 우려했다. 중국 국립기상센터에 따르면 대부분 피해 지역에는 200~350㎜의 비가 내렸다. 샤오관에서는 584.4㎜의

강수량을 기록했다. 한 차례 홍수를 겪었던 지난해 4월 강수량(417㎜)을 이미 초과한 수치다. 이에 따라 광둥성 전체에서 최소 11명이 실종됐고, 8만여 명의 주민이 긴급 대피했다. 또한, 9만 가구 이상이 정전을 겪었고, '베이징-광저우 구간'을 포함한 다수의 고속열차 운행도 중단됐다. 일부 지역에서는 초·중등학교 수업이 중단됐다. 광저우 지역은 제조업 공장들이 몰려 있는 중국의 경제 중심지 중 하나다. 광저우 당국에 따르면 44개 하천이 기준 수위를 이미 넘겼거나 곧 초과할 것으로 예상했다. 수자원 당국은 "베이강과 주강 등이 모두 범람하면 사실상 광둥성 전체 인구에 해당하는 1억 2천만 명이 홍수 피해를 볼 수 있다."라고 경고했다.

이런 현상은 반복되고 점점 빨라질 것이라고 한다. 마음이 바빠지기 시작했다. 거대 담론 앞에 망연자실하고만 있을 때가 아니다. 엄청난 기후변화와 자연재해 앞에 지구인이 재앙을 피할 방법은 무엇일까.

'지구의 탄생부터 인류의 멸종 가능성까지'라는 주제로 〈펭귄각종 과학관〉 이정모 관장의 강의를 들었다. 모두 알다시피 기후 환경 문제는 지구가 점점 뜨거워지고 있다는 데에 있다. 20세기 지구 표면 평균 온도는 15.8도였다. 그런데 지난 7월엔 평균 온도가 17.01도였다. 1.21도 차이는 절대 무시할 수 없는 문제라고 한다. 산업혁명 이후 세계적으로 이산화탄소 배출량이 많아져서 생긴 문제다. 과학의 발달로 인해 현대 인류가 그렇게 만들었다.

당장, 우리가 할 수 있는 일은 무엇일까. 이산화탄소(CO_2) 배출량을 줄여야 한다. 이정모 관장은 점심에 불 피워 고기 먹는 것을 줄이고, 대중교통 이용할 것을 권했다. 커다란 사건에 비해 이러한 실천 사항이 소소하게 보이지만, 지구 살리기는 혼자서

할 수 없고 작은 일부터 모두가 함께 고민하고 노력하기를 생각할 때다. 우리 인간은 동물과 식물 등 다양한 생명체와 생태계를 이루며 서로의 관계를 존중하고 함께 사는 세상을 만들어야 오래도록 공생하리라. 진인사대천명, 사람이 먼저 최선을 다해야 하늘도 돕지 않겠는가.

시간이 그리 많지도 않습니다

조광호 엘리지오

　과학적 이성과 물질에 의존하여 사는 오늘 우리는 이제 더 이상 새벽하늘의 샛별을 보고 길을 찾고, 뺨을 스치는 바람결로 날씨를 예측하지 않습니다. 러시아 문학평론가 빅토르 시클롭스키는 '너무나 많은 낭만과 신비를 잃어버린 오늘 이 시대는 불행한 시대'라고 규정했습니다.

　그렇습니다. 지난날 우리는 수많은 상징 속에서 영적 초월의 세계와 긴밀하게 소통하며 살았습니다. 그러나 오늘 우리는 번쩍이는 텔레비전 불빛 속에 인류가 수만 년 누려왔던 아름다운 낭만과 꿈을 잃어버리고 있습니다.

　그중에서도 가장 큰 상실은 천사의 존재일 것입니다.

　오늘날 천사는 단지 어린이 동화 속 환상적인 존재로 여겨질 뿐입니다. 그러나 과거 인류는 천사의 존재를 영적 실제로 인식했습니다. 그들의 삶 속에 깊이 새겨진 존재로 여겼습니다. 천사는 인간의 내면과 하늘의 신비를 잇는 다리, 우리 삶 속 영적 깊이를 드러내는 상징이었습니다.

　천사를 잃어버린 시대는 단지 낭만적인 상징을 잃은 것이 아닙니다. 그것은 인간이 본래 지니고 있던 영적인 능력, 초월적 세계로 향하는 문을 스스로 닫아버린 까닭입니다.

　오늘 우리는 지구의 대 멸종을 눈앞에 두고 대지의 황량함과 함께 인간 내면의 순수함을 잃고, 깊은 소외와 황량한 정신적 사막으로 내몰리고 있습니다. 이를 회복하는 것이야말로 오늘 날 우리의 가장 중요한 과제가 되었습니다.

　성서 속 아브라함의 이야기는 우리가 천사와 어떻게 다시 만날 수 있는지 보여줍니다. 목마르고 지친 세 사람의 나그네를 대접한 아브라함의 이야기에서, 그가 환대했던 세 사람이 사실은 천사였음을 깨닫게 된다는 얘기입니다. 이는 천사가 우리의 일상 속에서도 신비롭게 존재할 수 있음을 암시합니다.

철학자 가브리엘 말세르가 말했듯, 인간의 만남은 두 가지로 나뉩니다. 하나는 신비의 만남이고, 다른 하나는 문제의 만남입니다. 목적 없이 순수하게 다가온 만남이야말로 신비의 영역에 속하며, 우리는 그 속에서 천사의 존재를 발견할 수 있습니다.

아이들의 맑고 순수함, 그 투명하고 순수한 기쁨은 신비롭습니다. 그런 신비를 지닌 사람, 그 어린이와 같은 사람이 하느님의 사람, 하늘나라의 사람입니다. 이런 하늘나라의 순수한 사람을 만날 때 우리는 천사를 만나는 경험을 할 수가 있습니다.

그래서 인류는 천사의 모습을 언제나 사람의 형상으로 그려왔습니다. 서양에서는 날개로, 동양에서는 휘날리는 옷자락으로 (옷이 날개?) 그들의 신비로움을 표현했습니다.

우리 모두는 어느 순간 누군가에게 천사의 손길이 될 수 있습니다. 알게 모르게 그 누군가의 손길로 내가 살아가고 있음은 "내가 천사의 손길로 인도 되고 있는 경험을 할 수가 있을 것입니다." 사람은 누구나 그 누구에게 천사가 될 수도, 악마가 될 수도 있습니다. 이것이 인간 존재의 가장 큰 신비입니다.

이 사실을 아차 방관하면 그 자체로 인간은 천국에 살 수도 있고, 지옥으로 추락할 수도 있습니다. 하느님이 만든 지옥이 아니라 내가 만든 지옥으로.

누군가 내게 고맙고 아름다운 손길을 건넸을 때, 그가 나의 천사입니다. 당신도 오늘 누군가에게 천사가 되어 보십시오. 당신 내면의 겨드랑이에 날개가 달릴 것입니다. 곁에 보이지 않는 날개가 돋아나 당신은 이 험한 세상을 날아다닐 수가 있을 것입니다. 그리고 그 날개가 당신을 더 높은 곳으로 이끌 것입니다. 그러니 이제, 바로 당신 자신이 천사가 되어야 합니다.

천사는 환영이 아닙니다. 자비의 손길로, 뜨거운 눈물로 심장을 뛰게 하여 이 세상에서 당신은 저 천사들의 아름답고 장대한 환희의 행렬에 초대받고 있습니다. 당신도 살아서 날개를 달아야만 합니다. 시간이 그리 많지도 않습니다. 깜짝 세상, 날개 없는 천사는 이 세상에서 추락한 천사가 됩니다. 타락한 천사 루치펠의 종이 됩니다.

지금이 바로 당신에게 "천사의 시간"입니다.

따고 또 땄다!

조한금 카타리나

땄다. 매일 아침 보름 동안을 따고 또 땄다. 가지가 휘도록 매달린 초록 노랑 빨강 열매 중에서 검붉게 잘 익은 완숙만을 골라 땄다.

어릴 때 자랐던 완도에선 파리를 포리라 했고 마치 파리가 똥 싼 것처럼 몸통 전체에 점점이 박힌 하얀 무늬의 작은 열매를 포리똥, 또는 파리똥이라고 했다. 〈성문 앞 우물 곁에 서 있는 보리수〉와는 일찍이 노래로 친했지만, 포리똥이 보리수 열매인 것은 먼 훗날 연결했다. 그런데 늘그막에 우리 집 울타리에서 그 열매를 거두리라곤 꿈에도 생각 못 했다.

순전히 하느님이 지으신 농사다. 나는 토종 묘목 한 그루 심었을 뿐인데 10여 년이 지나니 몸통의 세를 불린 나무가 욕심껏 열매를 매달았다. 자잘한 열매들은 마치 뉴질랜드 와이토모 동굴 속의 반딧불이처럼 늘어진 실 끝에 매달려 있다. 참 예쁘다. 농익어야 떫은맛이 덜어져 새콤달콤 먹을 만해진다.

해마다 20kg쯤을 거뒀는데 올핸 웬일로 그 곱절이 달렸다. 키가 닿지 않은 높은 곳의 가지는 힘껏 잡아당겨도 부러지지 않고 낭창낭창 휘어준다. 농익을수록 금방 으깨지니 이내 설탕과 1:1로 효소를 담근다. 기관지 천식 해소와 설사 번열에 좋다니 오래 묵힐수록 효능이 있을 것이다. 올핸 수확량이 많아 잼도 만들어 봤는데 손 가는 것에 비해 양이 별로였다.

몇 해 전 블루베리 50주를 마당이 텃밭에 심었는데 시난고난 다 죽고 열댓 주 남았다. 서양의 귀화 목이라 성질이 까다롭다.

지난해에는 아예 큰 고무통에 피트모스에 심어진 나무 열 주를 더 들여놨다. 꽃이나 작은 열매 때 솎아주어야 씨알이 굵어진다는 걸 경험한다. 보라색 열매로 안토시아닌이 풍부해 몸에 좋다니 매일 아침 익는 대로 조금씩 거둔다. 알아서 잘 크는 우리의 토종 파리똥과는 너무나 대조적이다.

그러고 보니 모든 열매는 딴다고 한다. 고추 오이 가지 호박 참외 수박 등의 채소에서부터 복숭아 포도 살구 자두 등 여름 과일이며 사과 배 감 밤 대추 호두 등 가을 열매도 모두 손으로 거둔다. 그런데 우리 일상에서 따는 것이 어찌 열매뿐이겠는가. 꽃도 따고 돈도 딴다. 오로지 따기 위해 하는 노름은 패가망신하는 지름길이지만 불로 소득의 허황한 욕심의 기대심리로 중독도 된다. 모든 게임이나 주식 증권 심지어 부동산 투자까지도 따기 위해 하는 놀음이다. 사람이면 누구나 이익을 내고 싶은 마음이 근본적으로 깔려있어 그 '딸 것'들의 유혹을 물리치지 못한다.

그런데 온 국민이 기뻐하는 "땄다"가 있다. 전 세계가 열광하며 지켜보는 가운데서 기필코 따야 하는 것이 메달이다. 4년마다 나라를 바꿔가며 열리는 세계올림픽에선 사력을 다해 따야 하는 목표가 금메달이다. 국가의 지원과 선수 개인의 피나는 훈련과 기량 연마로 최종 국가대표가 되고 각국 선수들과 실력을 겨뤄 세계 일인자가 되는 수확이니 값지고 값지다.

요 며칠 35도가 넘는 찜통더위로 밤에도 숨이 막히는 시간에 프랑스 파리 올림픽경기를 보면서 우리 민족의 우수성을 마음껏 기꺼워한다. 조그만 나라 그것도 반쪽나라에서 어찌 그리 대단한 실력이 나오는지 자랑스럽기 이를 데 없다.

나이 어린 선수들이 따내는 메달이 장하고 자랑스러워 환호와 박수를 보내며 기뻐한다. 세계의 열강 대열에서 단연 우뚝 선 양궁의 10연패는 36년간 그 자리를 지켜온 신화다. 한국에 금메달을 주기 위한 올림픽이라는 얘기가 나올 정도다. 펜싱이며 사격 탁구 배드민턴 태권도며 역도 등 개인기가 뛰어난 종목이 우리나라의 위상을 높였다. 금메달 5개가 목표였다는데 금메달 13개 은메달 9개 동메달 10개로 세계 8위에 우뚝 섰으니 정말 정말 대단하고 장하고 자랑스럽다. 앞으로도 4년마다 따낼 메달이 대한민국이라는 나무에서 파리똥처럼 파랗게 노랗게 빨갛게 계속 익어가는 중이다.

  그런데 나는 세상에 실체가 없는 하느님 나무를 마음 안에 심었다. 그 나무는 사시사철 온갖 열매가 다 익어있어 언제고 따낼 그릇만 준비하면 된다. 세계의 전쟁이나 나라 안의 정쟁 사회의 불안이나 가정불화에는 초록 열매 평화를 따야 하고, 한없는 열정으로 도약하고 싶을 땐 노란 열매 희망을 따야 한다. 인품이 고매해지려면 보랏빛의 감사를 따야 하고 서로 위하고 나누는 열매는 빨간 사랑이다.
  하느님은 언제든 필요한 만큼 따서 쓰라고 모든 열매를 다 익혀 두셨는데 아직도 그 많은 열매를, 성령 칠은까지 다 따 담을 내 그릇이 터무니없이 적음이 늘 안타깝다.

이웃집 언니

조한순 마리아 막달레나

이웃집 언니가 병원에 입원한 지 3일째 되는 날이었다. 나는 그 언니의 입원실을 찾아갔다. 마침 그 병원에 근무하는 지인의 안내를 받으면서 6층으로 올라갔다. 공구상가의 정문에 서 있는데 막 들어오는 차를 피하지 않고 살짝 비켜선다고 섰는데 옆구리를 살짝 건드리고 들어가는 차의 압력으로 그 언니가 쓰러졌다고 한다.

그녀는 일단 집으로 와서 별일이 아닌가 하다가 문득 교통사고라는 것은 시간이 지나면 후유증이 있다는 이웃의 이야기를 듣고 다시 나가 큰길 건너에 있는 병원으로 갔다고 한다. 병원에 와서 차로 인해 넘어졌다고 하자 진찰을 해야 할 텐데 어쩌시겠냐? 고 묻고는 잠시 후 그대로 입원하게 된 것이란다.

"어디에서 그랬어요?"라고 묻는 접수대 안내의 말을 듣고서야 상황을 판단했고 공구상가에서 차에 걸려 넘어졌다고 엉성하게나마 이야기를 했단다. 그렇게 피해자의 입장으로 바뀌고 나자 마음이 착잡하기 시작했다. 내가 잘못한 것인가? 좀 마음에 걸리기도 했단다. 정문으로 들어서는 데 차가 들어오자 "거기에 서 있으면 안 돼요!"라고 소리 지르면서 경비가 목을 내밀고 손짓으로 저리 가라고 했기 때문이다. '뭐라고 해야 하는가?' 기왕에 이렇게 된 바에야 내가 손해 볼 수는 없다. 아마도 허리를 다친 듯한데 유리하게 말을 해야 할 것 같다는 생각이 들었다고 한다. 그리고 나서야 제정신이 난 것 같았다.

사실은 저녁 시간에 상가에서 파지가 나오면 그것을 가져갈 요량으로 나왔던 것이다. 바로 집 앞이기도 하니 금방 들고 가면 되는 일이었다. 그런데 경비가 눈치를 챘는가 쏘아 보는 바람에 망설였다. 그렇게 우물거리다가 차를 피한다고 옆으로 살짝 비켰는데 좁은 공간이니까 차가 옷깃을 스치고 갔고, 그 바람에 경비실에 확 부딪혔는데 앞으로 넘어지면서 허리가 삐꺽했다. 당연히 경비가 보고 놀랐고, 그 사이 트럭은 제 갈 곳으로 들어가고 말았다.

잠시 그녀는 말문이 막혔다. 내가 확실하게 잘못을 했나? 싶기도 하거니와, 좀 생각을 해야 했기 때문이다. 그때 차 번호 알아요? 했다. 그러나 그 대답은 할 수 없었다. 차를 피하느라 보지도 못했고 기억도 나지 않았다. 장소는 확실하고, 얼마 지나지 않았으니 경비가 알고 있을 것이다. 안내는 '신고를 해야 한다'고 하면서 장소를 물었다. 그 언니는 '공구상가 정문이었다'고 대답을 했다. 우선 입원을 하라고 하여 수속을 마치고는 6층 입원실로 안내를 받았다. 이 병원은 준종합병원이기에 입원실은 여유가 있었다. 아닌 밤중에 홍두깨라고 저녁도 안 먹고 나와서 이게 뭔 일이란가. 오늘 일진이 사나운가 보다. 경비실의 직원이 보지 않게 살짝 들어와서 파지를 골라서 영감이 오면 실어 보내려고 했던 건데 이렇게 복잡하게 일이 꼬이고 있으니 착잡하기만 했다. 퇴근 시간 보다 일찍 나와야 상가의 청소원들이 움직이기 전에 파지를 들고 갈 수가 있는 데 오늘은 일수가 안 좋은가 사고를 치고 말았다.

한 푼이라도 벌어야 생활비를 보탤 수가 있는 데 병원으로 오고 말았으니 겁부터 난다. 그전에도 영감이 자전거로 파지를 싣고 나가자 경비들이 소리를 지르고 쫓아 온 일도 있었다. 상가 바로 앞이 그녀가 사는 아파트이니 정문을 벗어나 아파트로 들어가기만 하면 피한다고 생각했지만 쫓아 오기도 했으니 이를 어쩌겠는가! 그렇게 숨바꼭질하듯 상인들이 포장을 뜯어 모퉁이에 모아놓은 파지를 슬쩍슬쩍 주워 간 것도 하루 이틀은 아니었다. 그런 터이니 오늘도 눈치를 보느라 서 있다가 트럭에 변을 당하고 말았다. 그녀는 죄인 가슴 조이듯, 가슴이 콩닥콩닥 뛰고 있었다. '내 이름과 주소만 불러주었는데 왜 이리 떨리는가? 도둑이 제 발 저리다'고 하지 않는가! 양심이 뛰고 있었다.

그녀가 캐리어를 끌고 갔었기 때문에 그들은 이미 알고 있었을 것이다. 3천여 개의 점포에서 거래되는 상품은 기계 부속이기 때문에 포장지는 두터운 박스가 많았다. 구역마다 쓰레기장이 있고 저녁이면 청소원들이 하나하나 모아 정리를 하곤 했다. 두말할 것도 없이 부수입이 되는 것이니 박스 모으는 일에 전력을 다하는 것은 당연한 일이었다. 파지 줍는 이들이 점차 많아지자 관리인들 뿐만이 아니라 상인들도 외부인들을 막고 있었다.

그 언니는 자식들이 성화를 대곤 했다. 용돈 드릴 테니 제발 파지 줍는 일 하지 말라고. 그러나 그 부부는 시간이 아까운 듯 하루도 쉬지 않고 그 일을 계속하였다. 요사이 거리에서 흔히 볼 수 있는 파지 줍는 노인들의 모습이다. 수레에 얹어 끌고 가는 힘겨운 운전은 보는 이의 마음을 조마조마하게 한다.

그 언니의 남편은 그 일을 못 할 만큼 쇠약하더니 세상을 하직하고 말았다.

자녀들이 그토록 말려도 그만두지 못하더니 남편의 죽음으로 인해 그 일을 그만두었고, 몇 달이 지나자 자녀들이 집을 정리하고 어머니를 모셔 갔다. 지금은 그 많은 시간을 어떻게 보내고 있을지 궁금하다.

손녀의 마음은 진심이었다

최경자 카타리나

나이가 들다 보니 주위 사람들에게서 귀담아듣는 말이 하나씩 늘어 간다.

제일 많이 듣고 대다수가 공감하는 단어가 있다. '나이가 들어갈수록 마음을 비우고 내려놓는 연습이 필요하고, 또한, 100세 세대. 모든 세대와 즐겁게 어울리려면 말은 줄이고 망설임 없이 자신이 먼저 지갑을 열어보자고.

맞는 말이다. 우리는 하느님께서 부르시는 그날까지 즐거운 삶으로 모든 사람과 공감 형성을 이루며 행복하게 지내는 것이 은총이다.

이미 고령화 시대에 접어들었다. 갈수록 수명은 늘어나고 태어나는 아기들은 없으니, 인구수는 줄고, 고령화 시대에서 벗어날 수 없는 현실의 삶을 우리는 살고 있다. 노인이 노인을 돌보며 살아야 한다는 노노 시대란 유행어 슬픈 이야기다. 젊은 세대들은 결혼의 적령기를 미루거나 아니면 결혼해도 2세는 아예 생각조차 하지 않고 있다. 나라가 젊어지는 것이 아니고 가면 갈수록 노인의 비중이 더 커지는 안타까움을 모두가 실감하며 살고 있다.

병들어가는 자연의 생태도 큰 문제지만 사실상 더 큰 문제는 인간의 생태가 눈에 띄게 무너지고 있다는 슬픈 현실이다.

인구가 감소하는 심각한 상황을 극복해 보려고 정부에서도 지자체에서도 별별 특혜를 내놓고 있지만, 사실상 뚜렷한 효과가 나타나지 않고 있다.

지금 시대 상황이 하나도 키우기 힘들다고 하는 실정이니 말이다.

여건과 상황이 사실상 쉽지만은 않다는 것을 이해하지 못하는 건 아니다.

인구가 줄면 나라가 망한다는 설이 있을 정도로 인구 감소는 그만큼 심각함을 뜻한다. 나라가 막강해지려면 인간의 무너진 생태를 어떻게 극복해 나가야 하나 정부도, 국민도 모두가 머리 맞대고 깊이 있게 생각하고 논의해야 할 문제다. 이렇게 걱정하는 나 자신도 40대 중반의 아들이 아직 미혼으로 있다. 미루고 하지 않는 것이 아니고 아예 생각이 없단다.

그나마 딸애가 결혼해서 남매를 두고 있으니 다행히 감사하다.

재잘거리는 아이들의 웃음과 말소리는 적막한 집안에 비타민 같은 존재다.

이렇게 소소한 행복이 우리가 늙어 가며 살아가는 삶의 낙이 아닐까 싶다.

그 남매 중 3학년짜리 손녀가 지구 환경에 큰 관심을 두고 있다.

어느 날 학교에서 돌아온 손녀가 느닷없이 묻는 말에 가슴이 뜨끔했다.

"할머니 우리가 사는 지구가 너무 아프데요. 열이 많이 나서 날씨도 이렇게 더운 거라고 해요. 그런데 아픈 이유가 다 우리 사람들 때문이라는데 할머니도 아세요. 왜 사람들이 지구를 아프게 했을까요.? 라며 아픈 지구가 불쌍하고 슬프단다.

"할머니, 선생님이 그러시는데 공기도 맑고, 하늘이 파란 깨끗한 나라로 만들려면 사람들이 정신을 바짝 차려야 하고 분리수거도 철저히 해야 지구가 열이 떨어지고 고맙다고 웃는대요."

어린 손녀의 말이 모두 맞다. 우리 사람들이 이 지구를 병들게 하고 몸살 나게 했다. 갈수록 뜨거워지는 지구의 반란에 우리는 속수무책으로 되받고 있는 상황에서 누구에게도 원망할 수 없는 우리들의 책임이다.

  일회용품을 사실 너무 많이 써왔고 지금도 줄지 않고 사용되고 있으니 쓰던 습관을 빠르게 변화시킨다는 것 쉽지는 않다.

  식품회사에서 제품 생산을 할 때 용기가 흙과 섞이면 바로 분회가 되어 썩는 물질로 만들 수는 없는 것인지 한쪽에서는 열심히 생산하고, 한쪽에서는 플라스틱을 줄이자고, 쓰지 말자고 캠페인을 하는 상황이 안타까움이다.

  줄이는 양보다 생산해 내는 양이 더 많으니, 지구의 병은 회복될 시간이 없이 깊어만 가니 지구가 아프다고 걱정하는 손녀의 마음은 더 아픈 것 같다.

  우리 가족은 모두 성당에 다니고 있는데 주일학교를 담당하고 계시는 부주임신부님께서 역시 지구 환경에 특별한 관심으로 학생들에게 환경 되살리기 강론을 하고 계신다.

  하느님의 사랑을 가르치는 것도 중요하지만 어릴 때부터 환경의 중요성을 일깨워 주는 것이 더 큰 은총이라며 가르치신다.

  그날 이후부터 손녀와 우리 가족은 분리수거를 더 철저히 하고 있다.

  우선 가정에서 할 수 있는 지구 환경 캠페인을 솔선수범 실천하면서 간접적으로 애들이 보고 배울 수 있도록 했다.

  세제 줄이기, 기름기는 커피 찌꺼기 사용해 닦기, 플라스틱 사용 줄이기, 음식물은 적당히 만들어 남기지 않기, 비닐 팩 줄이기, 쓰지 않는 전기 끄기 등 조금만 부지런하게 신경을 쓰면 지구 환경을 건강하게 지키기 위해 할 수 있는 일은 많다.

  주방 한 귀퉁이에 분리수거 통을 나란히 여러 개 준비해 놓고 가족들이 분리수거를 철저히 할 수 있도록 했다. 효과는 무척 컸다. 눈에 보이도록 이류을 써서 구분해 놓으니 그대로 차차 분리수거가 원활해졌다.

손녀가 "우리 가족이 분리수거를 잘하고 있으니 이제 지구가 안 아팠으면 좋겠어요. 할머니 지구가 아프지 않고 웃을 수 있겠지요."

손녀의 마음은 진심이었다.

뜨겁게 열기를 뿜어대는 지구의 아우성을 귀담아들어 그동안 우리가 얼마나 이기적으로 살아왔는가를 반성하는 시간이 필요하다.

아직도 희망은 있다. 지금부터라도 무너져가는 생태를 되살리고 후세대들이 안전하고 맑고 깨끗한 지구에서 마음껏 행복한 삶이 될 수 있도록 노력하는 것 우리가 꼭 해야 할 최선의 치료제다.

생태 위기와 꿀벌

최점순 헬레나

온갖 봄꽃이 폭죽을 터뜨린다. 벚꽃이 만발한 용인 에버랜드에 걸음을 멈춘다. 동심으로 돌아간 듯 나의 마음에도 꽃이 활짝 핀다. 축제장에 날갯짓을 팔랑거리며 앵앵거릴 꿀벌은 어디로 사라진 것일까.

오래전부터 지구온난화로 겨울 날씨가 따뜻해졌다. 잠을 자던 벌이 봄인 줄 알고 꿀을 따러 나왔다가 기온이 하강해 얼어 죽었다고 한다. 생태계 오염은 벌들이 살아갈 수 없는 치명적인 환경으로 변한 것이 아니었을까. 지구 환경이 급속이 변해 꽃과 벌, 인간과의 동맹관계에도 빨간불이 켜졌다. 벌이 꿀을 따는 과정에서 꽃을 피우고, 과일이나 곡식들에 수분을 준다. 최근 이상기온으로 봄, 가을은 짧고, 여름, 겨울이 길어진 환경의 영향도 미쳤을 것 같다.

인간의 무분별한 개발로 자연생태계가 무너졌다. 이대로 생태위기가 가속화되면 생명체가 살 수 없을 것이고, 인류의 장래에도 그림자가 드리워질 것이다. 북극의 빙하가 빠른 속도록 녹아내리고 있다. 지구 반대편 사람들이 홍수로 수재민이 발생하고 가뭄에 농사를 짓지 못해 굶주리고 있다. 나와 우리는 지구 동산에 잠시 머물다 떠나는 여행객이 아닌가. 꽃처럼, 벌처럼 살기도 시간이 부족한데, 자연에 도움을 주지 못할망정 해만 끼친 것이 아닐까.

현대인들은 누구를 막론하고 편리함에 익숙해졌다. 대중교통이 발달한 우리나라지만 출근 시간대에 도로를 장악한 자동차들이 내 뿜는 매연으로 숨이 막힌다. 생태계가 신음하는 경고음에도 사람들은 먹고, 입고 버리는 일회용이나 생활용품이 넘쳐났다. 그로 인해 지구의 다양한 종들이 고통 속에 멸종해갔다. 이대로 방치하다 미래의 주인공들 아들, 손주 세대가 감당해야 하는 재앙으로 덮친다면 누가 책임을 질 것인가.

　'가톨릭교회는 10월 4일, 생태계 수호성인인 성 프란치스코 축일'을 기념한다. 성인은 하느님이 창조하신 피조물을 형제자매로 받아들였다. 불의 형님, 물의 자매, 땅을 어머니로 찬미 기도를 바쳤다. 그분의 영성을 쫓아가는 삶이라 미력하나마 친환경 제품을 사용하고 쓰레기를 줄이려고 노력해 왔다. 아침밥을 짓고 반찬을 만드는 과정에서 긴장한다. 시장에서 물건을 살 때 장바구니를 들고 가까운 거리는 걷고 걷는다.

　동물은 욕심을 부리지 않아 생태계를 오염시키지 않는다. 하지만 인간의 창의력 덕분에 눈부신 과학 발전이 지구 오염에 한 몫하지 않았을까. 기업에서 편리한 제품을 쏟아내면 신상품 홍보 1+1에 충동구매를 한다. 눈을 뜨면 치약, 비누, 샴푸, 세제를 사용한다. 인터넷으로 구매한 상품포장지들 아이스박스, 비닐봉지가 바다에 쌓여 물고기들의 먹이로 변해 사람의 밥상에 다시 오르고, 여름철 홍수가 범람하면 공장폐수도 강물로 유입되어 물고기도 떼죽음을 당한다.

　사람들은 꽃과 꿀벌이 있기에 시를 쓰고 낭만적 꿈을 꾼다. 지구에 살고 있는 모든 피조물은 한 가족임을 코로나19로 확인되었다. 공동의 운명에 처한 생명체의 동맹관계로 질서유지는 옛말이 되었다. 전문가들은 한목소리로 꿀벌의 소멸은 지구의 재앙이라고 했다. 벌이 꿀을 따는 과정에서 과일이나 곡식에 수분을 준다. 벌이 없으면 사람이 붓끝에 꽃가루를 묻혀 일일이 수분을 시켜주는 일이 가능하기나 할까.

올여름 폭염이 기상청 신기록을 세웠다. 찜통더위에 숨을 쉬기도 힘든데 건설 현장에서 일하다가 일사병으로 사망한 사람들이 많았다. 이대로 남의 집 불구경하듯 두고 볼 수는 없지 않은가. 소비자들이 친환경 제품을 선호하고, 개인 컵을 휴대하고 다니면 일회용품을 주린다. 음식은 먹을 만큼, 한 번 산 물건을 오래 쓰고, 입지 않는 옷, 가전제품 등 이웃과 나눔을 하고 가까운 거리는 걸어 다니면 건강에 도움이 될 것이다.

선조들이 물려준 오염되지 않는 환경, 맑은 공기로 숨을 쉬고 물을 마시며 살아왔다. 지구의 신음은 절규에 가깝다. 오염된 바다와 강물, 동식물들이 아우성치고 있는 소리가 들리지 않는가. 더 늦기 전에 머리로 알고 있던 자연보호를 행동으로 옮기는 일만 남았다. 현대인들이 불편을 감소하고 환경운동에 동참한다면 후손들에게 아름다운 자연을 물려 줄 수 있을 것이다.

선각들뿐만 아니라 모든 사람이 자연을 존중하고, 환경운동자가 되어야 한다. 도시의 자투리땅, 건물 옥상, 베란다 화분에 꽃을 심으면 벌이 찾아올 것이고, 국민의 먹거리를 책임지는 농민들도 농약 살포를 줄이고 친환경 농법을 개발해야 한다. 미래 세대들이 깨끗한 환경에서 상추, 무, 배추, 오이, 키울 수 있도록 나와 당신이 앞장서야 한다. 그리되면 지구의 생명체들이 더불어 건강하게 살 수 있는 날이 올 것이다.

   생태계복원을 위해 호소하고 싶다. 한두 사람의 노력만으로는 밋밋할지라도, 나비효과를 일으킨다면, 지구 가족에게도 희망을 줄 수 있고, 사라진 꿀벌도 돌아오지 않을까.

천국의 기쁨

최현희 골롬바

지난 5월에 성모 발현 성지순례를 다녀왔다. 그중 한 곳인 파티마의 코바 다 이리아Cova da Iria에 1917년 5월 13일부터 10월 13일까지 6회에 걸쳐 성모님께서는 양을 치던 루치아Lúcia와 그녀의 외사촌 프란치스코Francisco와 히야친타Jacinta에게 발현하셨다. 그때 루치아는 10살, 프란치스코는 9살, 히야친타는 7살이었다.

코바 다 이리아는 성모님 발현 당시 세 어린이들이 자연과 하나 되어 양들에게 풀을 뜯기고 가시금작화 덤불 둘레에 돌담을 쌓고, 줄넘기를 하며 놀았던 푸르른 숲속 들판이었는데, 이제 거대한 성당이 들어서 옛 자취를 찾아보기 어려웠다. 아쉬운 마음에 예전에 보았던 영화 「파티마 성모님의 기적」(1952년)의 장면, 장면을 떠올리며 그 당시 모습을 머릿속에 상상해보았다.

푸른 들판에서 양들이 한가로이 풀을 뜯는 동안, 세 어린이들이 묵주기도를 하면서 꾀를 내어 장난끼 가득한 얼굴로 앞부분만 뚝 잘라 '은총이 가득하신 마리아님~~! 은총이 가득하신 마리아님~~! 은총이 가득하신 마리아님~~!'만 반복해서 묵주기도 드렸던 장면이 떠올라 나도 모르게 배시시 웃음이 흘러나왔다. 산의 메아리를 듣기 위해 목청껏 드리던 그 기도 소리에 응답이라도 하듯이 갑자기 번갯불이 번쩍이며 떡갈나무 위에 수정보다 더 빛나는 흰옷을 입으신 더없이 아름다우신 성모님께서 나타나셨다. 세계 평화와 전쟁의 종식을 위해 매일 묵주기도를 요청하시며, 성모님께서 루치아에게는 하느님의 사명을 위해 지상에 오래 머물게 될 것이지만, 프란치스코와 히야친타에게는 죄인들의 회개를 위해 희생하면 곧 천국에 데려가겠다고 말씀하셨다.

프란치스코와 히야친타처럼, 어느 날 갑자기 성모님께서 나타나셔서 천국에 곧 가게 될 거라 말씀하신다면 어떤 마음이 일어날지 궁금하다. 사람에 따라 다르겠지만 아무리 천국이라 해도 죽음과 연결되어 "주님, 먼저 집에 가서 아버지의 장사를 지내게 허락해 주십시오."(마태 8,21)라던 제자들처럼 이런저런 핑계를 대며 보통은 두려운 마음에 당황해할 것이다. 히야친타의 어머니도 히야친타가 곧 천국에 데려가시겠다는 성모님의 말씀을 천진스럽게 전하자 절대 다시는 그런 말을 하지 말라며 당황해한다.

그러나 곧 천국에 데려가시겠다는 성모님의 말씀에 프란치스코와 히야친타의 반응은 달랐다. 『파티마 루치아 수녀 회고록』(1987)에서 어린 프란치스코는 "나는 그분이 원하시는 모든 고통을 참아 받을 테야. 내가 원하는 것은 천국에 가는 거야!"라고 말하면서 천국에 갈 것을 고대한다. 그의 동생 히야친타도 "그 부인은 얼마나 좋으신지! 그분은 우리를 천국으로 데려가시겠다고 벌써 약속하셨어."라며 오히려 희망에 부풀어 있다.

어린 프란치스코와 히야친타는 어른들처럼 천국과 죽음을 연관시키지도 않고, 천국 외에 다른 부수적인 복잡한 생각도 하지 않는다. 그래서 어린 나이에도 불구하고 죽음에 대한 두려움도 없고, 부모와 헤어질 걱정도 하지 않는다. 그들은 지극히 천진난만하고 단순해서 천국에 가리라는 희망에만 들떠있다. 마치 자신의 부모님들이 자신들이 좋아하는 놀이공원에 데려가겠다고 약속한 것처럼 기뻐한다. 프란치스코와 히야친타의 삶을 통해 너희가 "어린이처럼 되지 않으면, 결코 하늘나라에 들어가지 못한다."(마태 18,3)라 하신 예수님의 말씀을 온전히 이해하게 되었다.

프란치스코와 히야친타는 성모님의 발현 이후 영적인 존재로 급성장한다. 장난스럽게 첫 소절만으로 급히 끝내던 묵주기도를 하나도 빼놓지 않고 정성을 다해 전부 드리고, 죄인들의 회개를 위해 자신들의 점심을 어린 거지들과 양 떼에게 양보하는가 하면, 쓴 도토리를 일부러 주워 먹고, 허리에 밧줄을 동여매어 아플 때마다 화살기도를 하고, 쐐기풀로 종아리를 치고, 갈증이 나도 물을 마시지 않는 등 일상에서 보속과 희생을 실천하며 즐겁게 자신들의 고통을 봉헌한다.

"우리 주님은 우리의 희생을 보시고 틀림없이 기뻐하실 거야…, 정말 목말라! 하지만 물을 마시고 싶진 않아. 나는 그분께 대한 사랑으로 고통받고 싶어."라고 히야친타는 말한다. 육적인 사람들은 고통을 하느님께로부터 버림받은 불행한 일로 간주하고 거부하지만, 영적인 존재로 변모된 프란치스코와 히야친타는 고통의 신비를 깊이 인식하고 고통을 통해 일하시는 하느님의 사업에 적극 동참한다. 프란치스코의 나이 11살, 히야친타의 나이 10살이라는 이른 나이에 그들은 천국에 갔다.

세상의 관점에서 보면, 세상에 태어나 꿈 한번 제대로 펴보지 못하고 온갖 고통을 받다가 스페인 독감으로 이른 그들의 죽음을 불행한 일로 가엾게 여길 수도 있다. 그러나 독감으로 고통 중에 있던 프란치스코와 히야친타를 병문안한 많은 이들은 그들의 방에 들어갈 때면 마치 성당에 들어갈 때와 똑같은 느낌을 갖게 된다고 말하면서 "이 앤 틀림없는 천사다."라고 전하고 있다. 파티마 성모 발현 100주년이 되는 2017년 5월 13일 프란치스코 교황은 자신들의 삶을 기도와 희생으로 하느님께 봉헌한 프란치스코와 히야친타 남매의 시성식을 거행하였고, 용감한 프란치스코와 히야친타는 영광스런 성인의 반열에 올랐다.

주님께서 허락하신 이생의 소명을 다 마치고 눈에 보이지 않는 저세상으로 이동하는 여정 중에 우리 모두의 마음도 프란치스코와 히야진타 성인들처럼 소풍 떠나는 아이들처럼 벅찬 천국의 기쁨으로 가득 차길 희망한다.

소설

비 내리는 고모역

구자명 임마꿀라따

"우와, 저때 할아버지 살아계셨으면 우리도 맛봤을 텐데, 쩝."
식혜를 벌컥벌컥 들이켜던 막내가 티브이에서 '그때 그 뉴스'를 일별하더니 말했다. 간밤에 늦게 내려와서는 집안 남정네들 틈에 끼어 겁없이 가양주를 마셔대더니 부석부석해진 얼굴이 티를 냈다.
경산댁은 마흔이 낼모레인 딸년이 철딱서니라곤 도통 없이 시들어 가는 게 참 딱했지만, 마루에 나가 담배를 피우고 있는 영감이 행여 들을까 나직이 대꾸했다.
"와 아이라, 니 아부지가 할부지 돌아가시기 직전까지 그 일로 관에 들락거렸다 아이가. 그래도 그기 그래 금방 성사될 거란 생각은 못했었제."

시아버지가 원산서 부르주아 반동 지식인으로 찍혀 동란이 터지기 얼마 전 홀어머니를 두고 단신 월남한 실향민이란 건 알만한 사람은 다 아는 사실이었다. 그는 전쟁 중에 미군 통역이 돼 종군하는 동안 서울 수복 직후 어머니를 모셔올 기회가 있었는데 신중을 기하느라 머뭇대다 때를 놓쳐버렸다고 들었다. 2대 독자였던 그는 집을 떠날 당시 여학교를 갓 졸업한 어린 처녀였던 동생이라도 찾고픈 생각에 이산가족 상봉을 1차 때부터 계속 신청했으나 북측의 반동자 명단에 들어 있었는지 번번이 좌절되고 말았다.
칠 년 전 봄, 그는 앞서간 아내의 10주기 즈음 이흔두 살의 생애를 마감하기 며칠 전에 아들을 병실로 불러 지시했었다. 적십

자사에 이산가족 상봉 신청을 새로 하라고 이르고는 귓속말로 때가 머지않았어, 하며 미소 지었다던 시아버지. 그의 예견은 신기하게도 들어맞아 이산가족 상봉은 그 이듬해에 재개됐다. 추석 전 남북정상회담을 마치고 돌아온 대통령이 그쪽에서 선물 받은 송이버섯 2톤을 미상봉 이산가족에게 나눠 보낸다는 뉴스가 명절 며칠 전부터 화제가 되었던 터였다. 방금 막내가 보고 침을 삼키며 부러워한 것은 당시 구순 생일을 맞은 어느 할머니가 버섯을 받고 감격의 눈물을 흘리는 장면이었다.

　흐으유, 아부지가 쪼매만 더 사셨더라믄…. 그러잖아도 이른 아침부터 한숨을 푸지게 섞어 중얼거리던 영감이 경산댁은 마음에 걸렸다.

　"그기 뭐 방사능으로 떡칠한 버섯이었다매. 주산지가 칠보산이라꼬, 바로 옆에가 핵실험장이라 카대…. 갸들은 묵지도 않는 거를 받아와 가꼬 저 난리였던 기라 마. 웃기제, 조카."

　차례를 마치기 바쁘게 떠나려는 큰아들 내외를 붙잡아 앉힌 시누이 남편이 제주를 한 사발 그득히 따라 내밀며 따리를 붙였다. 간밤에 모여 앉아 한잔들 하는 중에 미국서 사느라 이번 명절에도 못 온 작은 아들네의 전화를 받고 나서 미국 대선 얘기가 나왔고 자연스레 남북문제로 화제가 옮겨 가 설왕설래하던 끝에 '좌우' 충돌이 좀 있었다. 하지만 내내 묵묵히 듣고만 있던 장남의 속내는 누구도 분명하게 알기 어려웠다. 경산댁은 아이가 어릴 적에 병사한 전실의 자식인 그를 머리 굵도록 키웠기에 그래도 그 성질을 좀 알았다. 그가 말을 아끼면 상대방에게 동화되지 않고 있다는 뜻이었다. 그의 처가 눈치를 채고 시고숙을 만류했다.

　"어둡기 전에 부여 외조부모님 찾아뵈려면 곧 출발해야 하는데 이 사람 그거 마시면 운전 못 해요."

"자네가 하믄 되잖아?"
"저, 장롱면허예요, 고모부. 하하."
스스로도 운전을 곧잘 하고 다니는 걸로 아는 며느리가 시치미를 뗐다. 막내가 제 올케를 거들고 나섰다. 큰오빠에게 생모가 따로 있었다는 걸 어느 시점에 알게 된 이후로 왠지 더 잘했다.
"고모부, 고모부는 고모 운전면허도 못 따게 하시고선 뭘. 에고 언제나 우리 집안에 남녀 대동 세상이 구현되려나?"

시누이는 그 틈을 타 제 남편에게 눈치를 주어 술잔을 놓게 만들고는 마루에 걸터앉아 기척 없는 오라비를 불렀다. 경산댁이 곁눈질로 보니 그는 아까부터 차례상에 놓인 부모님 신위를 향해 간간이 눈길을 돌리는 것 말고는 무릎 위에 놓인 뭔가에 온통 정신이 팔린 듯했다.
"오빠! 언제든가 다시 이산가족 상봉이 재개되기만 하믄 인자마, 우리 이름으로 신청해보까예? 우리라도 북의 고모 만나게 되마 하늘에서 아부지가 좋아하실 낀데…."

경산댁은 누이가 부르는데도 묵묵부답인 영감이 걱정돼 슬그머니 뒤로 다가갔다. 그는 낡은 수첩을 들여다보고 있었다. 그녀가 기억하건대 대구에서 미군 부대 군속으로 오래 일한 시아버지가 은퇴할 즈음부터 지니고 있던 수첩이었다. 국방색 가죽 표지에 은빛 돋을새김 활자로 'Memoirs'라고 적혀 있었다. 언젠가 미국서 다니러 온 작은아들에게 물어보니 '회고록' 같은 거라고 했다. 영감의 시선을 붙들고 있는 것은 그 수첩의 표지 안쪽에 붙여놓은 누르스름한 신문 쪼가리였다. 무슨 시 같은 것을 소개한 기사처럼 보였다.
"보소, 정이 아부지. 그기 뭐요?"

경산댁은 전처가 낳은 아들, 자신이 낳은 아들을 분별하는 마음을 경계해 딸이 태어나고부터는 그 호칭으로 남편을 불러왔다. 영감이 그제야 정신이 드는 듯 고개를 드는데 눈가가 흥건히 젖어 있었다. 제 이름이 들렸는지 막내가 쪼르르 달려오더니 수첩을 들어 올려 읽기 시작했다.

고모역을 지나칠 양이면/ 어머니가 기다리신다./ 이제는 아내보다도 별로 안 늙으신/ 그제 그 모습으로/ 38선 넘던 그날 바래주시듯/ 행길까지 나오셔 기다리신다.[2]

막내가 낭송을 이어가는 동안 시누이 내외와 큰아들 내외도 마루로 나와 숙연한 표정으로 경청했다. 달라진 좌중의 분위기가 어색했는지 막내가 씨익 웃으며 눙쳤다.
"얼래, 이 동네 비 오게 생겼네."
그러자 영감이 무겁게 입을 열었다.
"니 말이 맞다. 할아부지는 핑생 가심에서 비가 내렸던 기라…!"
딸이 고개를 주억거리며 시를 마저 읽었다.

이북 고향에 홀로 남으신 채/ 그 생사조차 모르는 어머니가/ 예까지 오셔서 기다리신다.[3]

① * 주(註): 1은 대구—경산 사이에 위치한 고모령에 인접한 폐역. 2와 3은 각각 구상의 시 '고모역(顧母驛)'의 첫 연(聯)과 마지막 연에 해당.

까마귀

김은제 리디아

곧 죽을 것 같다. 어지럽고 숨이 막힌다. 팽이처럼 머릿속이 돈다. 이마와 등줄기를 식은땀이 흘러내린다. 항암 주사를 맞은 다음 날, 구토로 온 세상이 메스껍다. 남편과 아이들은 모두 나가고, 집엔 파출부가 도착 전까지 혼자다. 혜인은 싱크대에 기대어 설거지한다. 물방울이 떨어지는 느슨한 수도꼭지를 보며, 언제 자신의 목숨이 떨어질지 모른다는 허무함에 사로잡힌다.

항암 주사 이후 담대했던 마음은 소심해졌고, 모든 일이 내키지 않는다. '암 다스리기' 책을 읽고, 자연생활의 집에서 식이요법과 운동요법을 실천했지만, 일상으로 돌아오며 흐지부지됐다. 자신이 결심한 일을 쉽게 포기한 자포자기 상태가 쓸쓸하다.

FM 방송의 노래가 혜인의 마음을 흔든다. 가사는 서글프지만, 리듬은 톡톡 튄다. 혜인은 따라 부르며 눈물을 흘린다. 울 수 있다는 것은 은총일까? 하느님의 은총을 받고 있다면, 항암 주사와 우울함에 싸우다 죽는 건가? 창밖 산수유가 뿌옇게 흐려졌다. 혜인은 자신에게 눈물을 흘린 것이 부끄럽다.

6개월의 항암 주사가 끝난 어느 날, 남편이 핑크빛 장미 한 다발을 안겨준다. 낯선 장미 향이 그녀를 오래전 기억 속으로 데려간다. 하지만 황홀했던 장미 향은 아니었다. 남편은 "이제 당신은 황후마마야"라며 자유를 선포하고 혜인을 안는다. 혜인은 풀려난 듯 벌떡 일어나며 장미 향의 출처를 찾고 싶어진다.

혜인은 명상의 집으로 향한다. 화장하며 희미한 거울 속 자기 얼굴을 본다. 기억은 점점 선명해진다. 여섯 살 봄, 쪽빛 바다의 하얀 등대. 봉분 옆을 지나며 외할머니가 속삭였던 이야기들. 까마귀를 무서워하며 할머니 품에 숨던 날들. 할머니의 맑은 눈과 그 눈에서 흐를 듯한 눈물. 그리고 할머니의 죽음 이후, 어머니와 함께 살게 되어 행복했던 시간.

10평 남짓한 명상의 집. 혜인은 벽에 걸린 액자의 글을 읽는다.

"우리 부족이 어떻게 살아가야 할지 알고자 했을 때, 한 남자가 고독 속에서 지혜를 가져다줄 동물을 기다렸다."

방 한쪽의 종이 울린다. 혜인은 둥글게 앉아 내면을 깨우기 위한 명상을 시작한다.

그들은 둥글게 가부좌를 하고 앉아 공통적인 아픔인 유방암을 앓는 사람들로, 예술치료 시간 동안 서로 별칭을 지어 자기소개를 한다. 선생은 각자 이름을 외친 후, 함께 점프하며 자신의 별칭을 표현하는 활동을 진행한다. 각 별칭은 개인의 소망이나 성격을 반영한 것으로, 참가자들은 큰 목소리로 서로의 별칭을 외치며 점프한다. 선생은 행동을 통해 진실을 표현하는 중요성을 강조한다.

"날자, 비행"

선생이 외치자, 그들은 "날자, 비행!"을 외치며 두 팔을 벌려 천장에 닿을 정도로 점프한다.

"명랑하게 살고 싶은 귀여운 토끼." 그들은 "귀여운 토끼!"를 외치며 두 팔을 벌려 점프한다.

"멀리 내다보며 모두를 사랑하고픈 기린." 그들은 "사랑하고픈 기린!"을 외치며 두 팔을 벌려 점프한다.

"코끼리처럼 선한 일을 하다가 깨끗한 죽음을 맞이하고 싶은, 선한 눈의 코끼리" 그들은 "선한 눈의 코끼리!"를 외치며 두 팔을 벌려 점프한다.

"많은 사람을 사랑하고 사랑받고 싶은 사랑받는 강아지." 그들은 "사랑받는 강아지!"를 외치며 두 팔을 벌려 점프한다.

"집안을 지키고 세상의 밝은 빛이 되고 싶은, 용맹스러운 사자" 그들은 "용맹스러운 사자!"를 외치며 두 팔을 벌려 점프한다.

"죽음의 무서움을 극복한 영리한 새가 되고 싶은, 반짝이는 까마귀" 그들은 "반짝이는 까마귀!"를 외치며 두 팔을 벌려 점프한다.

"노래방 가기가 싫고 즐겁게 놀 줄을 몰라 유쾌녀가 되고 싶은, 노래하는 놀이" 그들은 "노래하는 놀이!"를 외치며 두 팔을 벌려 점프한다.

"성격이 모가 나서 배처럼 맛있는 사근사근한 사람이 되기를 원하는, 맛있는 둥근 배." 그들은 "맛있는 둥근 배!"를 외치며 두 팔을 벌려 점프한다.

그들은 큰 목소리로 각자 별칭을 외치곤 함께 점프한다. 선생은 말한다.

"행동으로 표현하지 않으면 진실은 알 수 없지 않을까요?"

혜인은 예술치료의 첫 번째 주와 두 번째 주 동안 여러 감정을 겪는다. 첫 번째 주, 혜인은 술래 역할을 맡아 놀이를 시작하지만, 성인들 사이에서는 유년 시절의 놀이에 대한 의구심과 걱정이 끊이지 않는다. 그들은 생활 속 걱정과 의심으로 놀이에 집중하지 못하며, 혜인은 유년 시절의 상처와 아버지의 부재를 떠올린다. 두 번째 주, 예술치료에서 선생의 지도에 따라, 혜인은 벽에 점을 찍고 욕설을 퍼붓는다. 처음에는 욕을 꺼리지만, 시간이 지나면서 억눌린 감정이 폭발한다. "문디 가시나, 문디 콧구멍에 박힌 마늘씨도 파먹을 년, 에이 더럽고 앵꼽다." 치매에 걸린 시어머니가 매일 혜인에게 퍼붓던 욕이다. 그동안 참아왔던 감정이 터져 나온다. 혜인은 가족과의 관계에서 억압된 감정과 자기 몸에 대한 무시를 느끼며, 결국 눈물을 쏟고 가슴의 무거움이 풀린다. 이 과정에서 혜인은 자신을 철의 여인으로 살아왔던 삶의 한계를 깨닫고, 그동안 감춰왔던 감정을 마주하게 된다.
"무-궁-화 꽃이 피었습니다."
양지바른 토담에 양 손바닥을 붙이고 이마를 댔다. 혜인은 감았던 눈을 뜨고 고개를 재빠르게 돌렸다. 그리고 소리쳤다.
"복순이 움직였데이."
"머라캐쌋노, 안 움직였다카이" 복순이는 떼를 썼다.
"떼깔치기는." 혜인은 지지 않고 소리쳤다.
"지아부지도 없서면서 우기기는."
도끼눈으로 쏘아붙이는 복순의 한 마디에 혜인은 으앙 울고 말았다. 눈물을 뿌리며 집으로 달렸다. 땅거미가 내리고 있었다. 감나무에 앉은 까마귀가 울고 있었다.
"가악가악 가여운 내 새끼….”라고 우는 것 같았다.
"할매." 부엌으로 달려갔다. 어머니 가슴에 얼굴을 묻었다.
"죽은 할매는 와 찾노?"
어머니에게 퉁바리 맞은 것이 서러워 더 크게 울었다.
"으앙, 할매, 까마귀…. 아부지…."
혜인은 아버지와 할머니의 부재를 실감하지 못했다. 아버지는 혜인의 가슴 속에 영리한 까마귀로 자라고 있었기에…. 먹을 것이 부족하여 배가 고파도 어머니와 함께 살았기 때문에 행복했다. 어머니가 계시고 놀 친구만 있으면 외롭지도 무섭지도 않았다. 하지만 오늘 복순이가 처음으로 아버지의 부재를 깨우쳐 주었다. 슬펐다. 죽은 아버지의 힘이 없어 슬픈 것보다 내 마음을 몰라주고 야단만 치는 어머니 때문이었다. 아버지가 내 가슴 속에 영리한 까마귀로 자라고 있었다는 사실을 어머니는 몰랐다.
유년 시절은 신비와 비밀을 지니고 있다. 그러나 누가 그 신비와 비밀을 말하고 해명할 수 있을까? 혜인은 유방암에 걸렸다는 핑계로 아이들의 마음을 몰라주고 괜히 화를 내고 야단을 쳐서 상처를 주었을지도 모를 일이라고 생각한다.
"당신은 착하니까, 며느리니까 어머니에게 잘 해드려. 당신은 젊고 건강하니까 병들고 늙으신 어머니를 잘 모셔야 해."
혜인에게 모든 책임을 강요하는 남편. 이 얼마나 음험한 형벌인가.
"개새끼."
혜인은 아악, 소리를 지른다. 봇물 터지듯 욕설이 터져 나온다. 참고 있었던 억압된 감정이 욕이 되어 터져 나온다. 힘들고 참고 있었던 일들의 기억이 비누 거품처럼 부풀어 오른다.
여수에서 서울로 가는 길, 사위는 먹물을 뿌린 듯 깜깜했다. 빨강 신호등도 무시하고 가속페달을 밟았다. 고속도로에 접어들자, 속력을 냈다. 짙은 안개로 전방 50m도 보이질 않았다. 감각으로 운전을 했다. 앞만 보고 달리는 내 인생 같았다. 시곗바늘은 새벽 1시를 가리키고 있었다. 눈꺼풀은 자꾸만 아래로 쳐졌다. 졸음을 쫓기 위해 창문을 열었다. "엄마, 추워." 뒷좌석에 자고 있었던 딸아이가 짜증을 부렸다. 혜인은 창문을 닫았다. 딸은 개선장군이었다. 전국 국악 경연대회에서 중등부 최우수상을 받은 딸을 위해 모든 것을 참아야 했다. 힘든 하루였다. 새벽 4시에 서울집에서 출발해서, 여수에 도착하여 경연대회에 참가한 후 발표를 보고 밤 9시에야 서울로 가는 것이었다. 벌써 어제가 지나고 오늘이 된 새벽 3시, 집에 도착한 혜인은 잠깐 눈을 붙였다가 아침 준비를 했다. 그런 나를 남편은 철의 여인이라 불렀다. 그때만 해도 혜인은 건강했다. 그러나 내가 신호를 무시하고 운전을 한 것처럼 내 몸은 나에게 빨강 위험신호를 보내고 있었겠지만, 혜인은 그 신호를 무시해 버린 것이다. 내 몸이 감당하기에 한계를 넘은 사실을 몰랐다. 가족은 철의 여인으로 살기를 원했다. 혜인 역시도.

선한 눈의 코끼리가 눈썹을 찌푸리며 말한다.

"저는 코끼리를 통해 죽음의 자세를 배웠어요. 예술치료가 끝나는 대로 요양원으로 갈까 해요."

"남편과 애들은?" 용맹한 사자가 묻는다.

"참 창피한 이야기지만 딸은 기숙사에 있고. 남편은 전셋돈과 내 암 보험금을 받아 챙겼어요. 다행히 요양원 갈 돈은 조금 남겨두었더군요."

"죽일 놈." 그들은 동시에 터져 나온다.

선생은 코끼리의 아픈 마음을 원 중앙으로 부른다.

그들은 일어서서 손을 잡고 원을 만든다. 원은 마음을 한데 뭉쳐 준다. 내 경험으로 손을 맞잡으면 편안해진다는 것을 알고 있다.

수술 후 내가 마취에서 깨어났을 때 아픔으로 고통스럽기도 했지만, 감정적으로 고갈되어 있었다. "고생했어." 하고 말한 남편에게 나의 첫 말은 "손 좀 잡아주세요."였다.

"숨을 들이쉬면서 코끼리의 아픈 마음을 자신에게 가져오세요. 숨을 내쉴 때 아픈 마음이 원 안으로 모인다고 상상해 보세요. 이 모든 아픈 마음들이 한자리에 모이게 될 겁니다."

선생의 지시에 따라 그들은 긴 호흡을 한다. 몸을 가만히 흔들며 영창 조의 노래를 듣는다. 대금 소리에 따라 휴, 하고 숨을 내쉰다. 대금 소리는 슬프지도 음울하지도 않다. 감미롭고 부드럽다. 달빛에 뱃놀이하는 기분이다. 잠시 후 율동적인 음악으로 바뀐다. 일어선다. 손을 잡고 리듬에 맞추어 춤을 춘다. 맥박이 강하게 뛰고 있다. 손으로 전달된 서로의 힘은 다리로 발로 옮겨간다. 활력이 넘쳐흐른다. 기운이 돈다. 생각은 통로다. 그들의 생각과 목소리는 선한 눈의 코끼리에게 보낸다. 강력한 힘은 서로를 연결한다.

그들은 표정이 밝다. 얼굴에는 입꼬리가 올라간 미소다. 서로서로 눈빛으로 교감을 나눈다. 애정 어린 눈빛이다.

그들은 흡족하게 예술치료를 마친 뒤에 차 한 잔을 마신다. 혜인은 연둣빛 차 속에 비친 웃고 있는 자기 얼굴을 보며 생각한다. 결국 살면서 부딪히는 중요한 문제들은 말이 아니라 삶으로, 행동으로 전 생애를 대답하는가 보다.

귀여운 토끼가 애교를 떨며 말한다.

"예술치료 끝난 기념으로 자장면 먹으러 가요?"

용맹스러운 사자가 묻는다.

"어디가 맛있어?"

"마라도."

귀여운 토끼가 엉뚱한 소리를 한다. 그들은 귀여운 토끼를 향해 눈을 동그랗게 뜨고 합창한다.

"우리나라 끝, 마라도?"

귀여운 토끼가 샐샐 웃으며 말한다.

"자장면도 먹고, 여행도 하고."

멀리 내다보는 기린이 신바람이 나서 말한다.

"좋아요. 갑시다. 여행은 현실을 벗어나기 위한 좋은 방법이에요."

사랑받는 강아지가 기린의 어깨를 툭 치며 맞장구를 친다.

"현실을 벗어난다는 것은 참된 현실을 붙잡기 위한 유일한 방법이 되고요."

선한 눈의 코끼리가 슬픈 목소리로 말한다.

"저도 가고 싶어요. 요양원 들어가기 전에 마지막으로 동병상련하면서 보내고 싶어요. 그 여행이 요양원에서 지내기에 많은 힘이 될 거예요."

돼지 엄마는 달떠서 말한다.

"하하. 현실 너머 공간을 찾아 유쾌한 탈출이 될 것 같아요."
용맹스러운 사자가 말한다.

"좋아, 좋아요. 다 같이 가는 거야. 죽기 전에 해야 할 일이죠. 우리에게는 모든 것에서 멀어짐이 필요해요. 나를 짓누르는 현실에서 멀리 떠나 삶을 재충전합시다."

혜인은 잠깐 망설인다. 그래, 이 외침! 혜인은 어떻게 살아가야 할지 인디언 추장처럼 고독 속에서 외치지 않았나. 삶의 지혜를 가져다줄 때까지. 이렇게 동맹자 까마귀가 나에게 성스러운 노래들과 축하하는 춤을 가져다주지 않았나. 혜인은 동맹자 까마귀의 힘을 얻어 말한다. "갑시다! 앞으로 저는 '스마트? NO! 바보가 돼라!', 바보처럼 살 겁니다. 이탈리아 패션 브랜드 디젤의 광고 문구에서 얻은 힌트에요. 스마트는 즉 똑똑한 인재보다 바보가 혁신적인 미래를 열 수 있다는 이야기죠. 바보에게는 배짱과 행동이 있다는 말입니다. 죽기 아니면 살기로 배짱을 가지려고요. 가슴이 없어도 심장으로 사랑하며 행동하면 되잖아요. '큰 지혜는 바보 같다'라고 한 노자가 아니어도 바보처럼 살아가는 지혜를 예술치료 받으면서 터득했잖아요. 가능한 매사를 심각하게 생각하지 않을 것이며 더 많은 기회를 붙잡으려고 할 겁니다. 여행을 더 많이 다니고 석양을 더 자주 구경하고, 산에도 자주 가고 강물에서 수영도 많이 하겠어요. 상상 속의 고통은 가능한 피하고 많이 웃고, 이 순간을 감사하면서 무엇보다 만나는 사람마다 따뜻한 눈길을 보내주고 싶어요."

마라도를 다녀온 후 혜인은 암 환자들의 고통을 함께 나누고 들어주는 자원봉사자로 삶을 재창조한다. 처음 암 선고를 받고 어찌해야 할 줄을 몰라 두려움에 떨고 있는 환자의 위로자가 된다면, 고통에 떨고 있는 한 사람의 삶을 평안하게 이끌 수 있다면, 자기 삶이 재창조되리라고 생각한다.

<유고작>

환경 지킴이 신부님

박광호 모세

마태오 신부가 '환경 지킴이 신부님'이라는 색다른 별명을 갖게 된 데에는 특별한 사연이 있다. 그는 군종신부 적에 강원도 고성의 군인 성당에서 사목했다. 이태째 되는 해 그곳에서 대형 산불을 겪었다. 2019년 4월 4일 저녁에 발생한 이른바 고성 산불이 그것이다.

이 불길은 인근 산으로 옮겨붙었으며, 때마침 휘몰아친 강풍으로 인해 산에서 산으로 걷잡을 수 없이 확산되었다. 마침 저녁 식사를 하던 마태오 신부는 갑자기 주방이 밝아지는 것에 놀랐다. 부지불식간에 전쟁이 일어났는가 싶었다. 그렇지만 포성이나 총성이 들리지 않은 것이 이상했다. 급히 창문으로 달려갔다. 금세 자신의 눈을 의심했다. 가까운 산이 온통 불길에 휩싸였기 때문이다.

"얼레, 이게 무슨 일이야?"

맹렬한 기세로 보아 조만간 성당에 이를성싶었다. 위기감을 느낀 가운데 정수리를 치는 것이 있었다. 미사실 감실龕室에 모셔진 성체였다. 성당에 위급한 상황이 생겼을 때 가장 염두에 두어야 할 것이 성체의 안전이었다. 그는 망설일 겨를 없이 미사실로 달려갔다. 그리고 감실을 열고 성합聖盒을 들면서 "예수님, 화재가 발생해 이동하셔야겠습니다." 하고 여쭈었다. 경황이 없음에도 이 급박한 상황을 아뢰는 것이 도리였다.

그가 성합을 안고 성당 문을 나서자, 뜨거운 기운이 얼굴에 확 덮쳤다. 어느새 십여 미터 전방에는 검붉은 화염이 미친 듯이 널름거리고 있었다. 강력한 뒤바람이 부채질을 하여, 거대한 불덩이에서 떨어져 나온 파편들이 '휘익, 휘익' 소리를 지르며 날아갔다. 그런가 하면, 수목들과 짐승들이 내지르는 아우성이 강풍에 실려 소름을 돋게 하였다. 마치 불의 악마가 지배하는 지옥을 보는 느낌이었다.

그러나 그것은 순간이었다. 이 생사의 갈림길에서 살아야 한다는 절박감이 뇌리를 스쳤다. 급히 승용차로 달려가 문을 열었다. 성합을 조수석에 내려놓고 시동을 걸자마자 엑셀레이터를 밟았다. 조금만 지체했더라면 불똥이 차를 덮쳤을 터였다. 그의 입에서 "웜마!" 하고 외마딧소리가 나올 정도였다.

그렇다고 마음을 놓을 수 없었다. 이제부터가 문제였다. 거침없이 날아든 불길이 앞길을 가로막았다. 사방이 불바다를 이루어 꼼짝없이 갇힌 꼴이었다. 그렇다고 사제관으로 돌아간다는 것은 죽음을 찾아가는 격이었다. 이 상황을 알고 있다는 듯 휴대폰이 주머니 속에서 드르륵거렸으나 받을 겨를이 없었.

마태오 신부는 속히 이곳을 떠나야 한다고 생각했다. 사느냐 죽느냐 이판사판이었다. 그가 성당 정문에 다다랐을 때였다. 전방에서 지프차가 달려오더니 그의 앞에 멈추었다. 차에서 내린 군인은 사목회장 이 베드로 대령이었다. 그는 차를 멈추고 문을 열었다.

"무슨 일이신가요, 베드로 회장님?"

"주임 신부님, 어서 차에서 내리십시오. 신부님 걱정이 되어서 왔습니다."

"지금 속초 쪽으로 피신하려는 중입니다."

"안 됩니다. 산불이 속초 방면으로 번지고 있습니다. 제가 알고 있는 곳으로 모시겠으니, 제 차에 타십시오."

마태오 신부는 망설일 계제가 아님을 직감했다. 자신의 차에서 내려 다시금 성합을 안고 사목회장의 지프차에 탔다. 그때였다. 뒤쪽에서 '하르르 팍' 소리가 들렸다. 본능적으로 고개를 돌린 그의 눈에 불이 붙은 성당 건물이 보였다. 그는 "어헛!" 소리를 내다가 꿀꺽 삼키었다. 지금 성당의 화재를 걱정할 상황이 아니었다. 지프차는 불똥이 휙휙 날리는 길을 쏜살같이 달리었다. 사목회장은 곡예를 하듯 이리저리 불똥을 피하면서 도로를 내달렸다. 하마터면 논두렁으로 떨어질 뻔하기도 하였다. 그야말로 필사적인 탈출이었다. 마태오 신부는 성합을 품에 모신 채 전방을 응시할 따름이었다.

이윽고 지프차가 멈춘 곳은 산 중턱에 있는 방공호였다. 다행히 불길이 비껴간 곳이었다. 사목회장은 "신부님, 여기 방공호면 안전할 것입니다. 오늘 밤 여기서 지내십시오. 저는 부대에 들어갔다가 내일 찾아뵙겠습니다." 이렇게 말한 다음, 마태오 신부가 차에서 내리자마자 차를 돌려 불길 속으로 사라졌다. 혼자 남은 마태오 신부는 불똥이 수없이 날아가는 허공을 넋을 놓고 바라보다가 방공호 속으로 들어갔다. 안쪽에서 이곳 주민인 듯싶은 열몇 사람이 나타났다. 로만컬러를 한 그에게 허리를 굽혀 예를 갖추었다. 그러나 모두 말이 없었다. 말할 기력을 잃은 눈치였다.

그 역시 이 놀라운 재난 앞에 말을 잊은 채 맨 앞에 있는 탁자에 성합을 내려놓았다. 그리고 걸상에 앉아 화살기도를 하였다. 이때까지 화재의 발생 원인을 알지 못했으므로 '이 미증유의 재난을 가라앉혀 주시기를' 간청하였다. 잠은 좀체 오지 않았다. 난생처음 겪은 어마한 산불이 뇌리에서 떠나지 않았다. 게다가 성체 예수님을 지켜야만 하였다. 그러다가 이 작은 공간에 자기 혼자만이 아니라는 생각이 들었다. 안절부절못하는 교우들과 함께하지 않으면 안 되었다. 그것이 자신이 채무라고 여기었다.

"형제자매님들, 묵주기도를 바칠까요?"

이렇게 말하자, 교우들이 기다렸다는 듯이 탁자 앞으로 다가왔다. 그는 묵주를 들고 큰소리로 성호경을 바쳤다. 교우들은 화색이 돌면서 성호를 그었다. 환희의 신비를 묵상할 때는 특히 이 세상에 오신 예수님께 구원의 은총을 간구했다. 자기도 모르게 탐욕과 비리의 세상 부조리가 격하게 쏟아졌다. 빛의 신비 때는 불가능을 가능으로 바꾼 가나의 혼인 잔치를 인용하면서 재난을 잠재워 주시고 피조물들을 구해 주십사, 고통의 신비 때는 자신이 들었던 수목과 동물들의 비명을 열거하면서 그들을 지키지 못한 인간의 무심함을 탓하였다. 영광의 신비 때는 인간의 잘못된 삶을 용서해 주시고 새롭게 태어나도록 해 달라고 청원했다. 이날의 산불이 사람들에 의해 저질러진 응보應報인 듯싶었다.

 이어서 미사를 집전했다. 주님께서 함께하신다는 확신 속에 마음이 한결 차분하였다. 성체를 받아 모신 교우들도 그러하였다. 그제야 휴대폰을 연 마태오 신부는 산불이 고성 일대를 태우고 남쪽으로 향하고 있음을 알았다. 이어서 가족과 선배·동기·지인들이 보낸 수십 통의 메시지에 무사함을 알렸다. 그는 방공호에서 첫날밤을 그렇게 보냈다.

 베드로 사목회장은 이튿날 오전에 왔다. 피엑스에서 사 온 김밥이 넉넉하여 두루 나누어 먹었다. 회장의 설명에 의하면, 밤새 불길로부터 부대를 지키기 위해 장병이 총동원되었다고 한다. 한편에서는 맞불을 놓았고, 다른 한편에서는 불똥이 날아오는 건물에 호스로 물을 뿌리거나 물통을 짊어지고 숲속 초목에 물을 뿌렸다고 한다. 마태오 신부가 고생 많았겠다고 하자, "본당 신부님, 말씀 마십시오." 크게 손사래를 하면서 "산불과의 전쟁은 적과의 교전보다 훨씬 참담했습니다. 사방이 불길이어서 우리가 수세에 몰린 채 결사적으로 방어했는데요, 그 결과는 엄청난 참패였습니다. 주변 산들이 온통 숯더미가 되었으니까요." 하고 진저리를 쳤다.

이날 성당에 돌아온 마태오 신부는 산불의 여파에 말문이 막혔다. 눈앞의 성당은 철근 뼈대만 남은 채 흔적이 없었다. 자신의 군종 사목 생활을 담은 자료들도 잿더미가 되었다. 마당 여기저기에는 불길을 피해 산에서 내려왔다가 최후를 맞은 멧돼지와 사슴과 고라니 등의 사체가 널브러져 있었다. 자신의 차도 앙상한 몰골만 남았다.

어디서부터 손을 댈지 난감했으나, 그래도 눈에 띄는 대로 쓰레기를 모으기 시작했다. 낮에는 군인들이 가져온 텐트를 치고 탁자에 백포를 깔고 성체를 모시었다. 이후 군종교구를 비롯한 전국 각지에서 구호품이 전달되고 성당과 사제관 공사가 진행되었다. 이때 후원자와 봉사자들이 나타나 여간 큰 도움이 되지 않았다.

그리하여 일 개월여 만에 산뜻한 성당이 건립되었고, 임시거처에 모시던 성체를 감실에 모시었다. 군종 교구장과 부대 장성들이 참석한 가운데 축성식을 가졌다. 모든 것이 종전대로 진행되었다. 그러나 주임인 마태오 신부는 마음이 편하지 않았다. 전날의 불길 속에서 난무하던 수목들과 동물들의 아우성과 몸부림이 머릿속에 각인되어 그를 괴롭혔다. 어느 때는 꿈속에서 그에게 무엇인가 요구하는 몸짓을 하기도 하였다.

그것은 마태오 신부에게 새로운 깨달음을 주었다. 재난은 자연적이든 인위적이든 간에 만물을 창조하신 하느님의 뜻을 거스른다는 것이었다. 오늘날 산업의 현장에서 내뿜는 이산화탄소와 무분별한 벌목 등에 의한 지구 온난화 현상으로 생태계가 파괴되고 소멸되는 현실을 교회가 용납해선 안 된다는 것이었다. 자신이 사목자로서 환경 보전에 관심을 갖는 것은 시대적인 사명이라는 것이었다.

마음을 정한 그는 가까운 곳에서부터 행동에 옮기었다. 숯덩이가 되어버린 폐목들을 정리하는가 하면, 자신의 얄팍한 지갑을 털어 나무 묘목을 수백 그루 구입하여 성당과 주변의 산에 심었다. 한 그루 한 그루 정성껏 심으면서 이것이 무럭무럭 자라나 대지를 푸르게 하기를 소망했다. 그에게 '환경 지킴이 신부님'으로 불리게 된 것이 이 무렵이었다.

마태오 신부의 환경에 대한 애정은 전역 후에도 계속되었다. 광주대교구로 복귀한 그는 생각하는 바가 있어 섬의 본당을 지망했다. 예전에 보았던 지저분한 해안의 정화작업이 절실했기 때문이다. 그는 시간이 날 때마다 작업복 차림으로 바닷가로 출근했다. 그곳에는 중국에서 조류를 타고 떠내려온 패트병, 스티로폼, 폐목을 비롯한 각종 쓰레기가 수없이 널려 있었다.

처음에는 이상한 눈으로 보던 교우들이 그의 진의를 이해하고 너도나도 동참했다. 그가 성당을 나설 때는 일반 주민들도 합세하였다. 그들은 환경 보전이 삶의 질을 윤택하게 하며 지구를 살리는 지름길임을 터득했다. 이로써 도내에서 가장 지저분한 이곳은 그들에 의해 날이 갈수록 청정해역으로 탈바꿈하고 있다.*

좀머 씨가 걷는 길에는

신말수 비비안나

좀머 씨의 하루는 거의 걷기로 소비된다. 걷는다는, 이 행위는 좀머 씨 일상에 먹는 것 이상으로 중요하다. 오늘도 아직 덜 깬 눈을 비비며 습관적으로 신발을 더듬는다. 앗, 기습적인 누군가의 공격이다. 좀머 씨가 발을 들이민 신발 속에는 벌 한 마리가 누워 있다. 죽을 때까지 자신을 방어하며 좀머 씨 발바닥에서 압사당한 생명.

좀머 씨는 제집인 양 편히 드러누운 신발 바닥의 벌을 집어 올린다. 날려 보내는 시늉을 했지만 벌은 그만 땅에 뚝 떨어지고 만다. 순식간에 저지른 살생이다. 그리곤 치우지 못해 늘 숙제였던 전기 계량기 속 벌집을 히뜩 바라본다.

'꿀벌이 지구상에서 사라지면 인간에게 남은 시간은 4년뿐이다.'

그러다 문득 신발 속에 나란히 드러누운 아인슈타인의 말을 바라본다. 어젯밤, 베르나르 베르베르의 〈꿀벌의 예언〉에서 읽은 글이다. 소름이 돋았다. 꿀벌, 한낱 곤충에 지나지 않는 생물이 지구의 모든 생명에 간여하고 나서다니.

좀머 씨는 뜰의 모과나무 밑에서 장례 준비를 한다. 발바닥의 통증은 엄살인 듯 물러갔고 그는 손가락 두 개로 땅을 헤집어 벌을 눕힌 후 성호를 긋는다. 다시 세상에 태어나려면 죽음도 보장받을 수 있는 인간으로, 그렇게 중얼거리며 흙 한 줌으로 무덤을 남긴다.

좀머 씨는 걷기 위해 길을 나선다. 좀머 씨는 삶을 위해 걷는다.

'꿀벌이 지구상에서 사라지는 순간 인간에게 남은 시간은 4년뿐이다'

그의 걸음마다에 아인슈타인의 말이 밟혀든다. 물론 생태계를 파괴하는 살충제와 농약 남용에 대한 경고인 줄 안다. 도대체 왜 이러는가, 아인슈타인의 말은 좀머 씨에게 항의하는 시위대처럼 떼 지어 몰려든다. 도무지 물러설 기세가 아니다. 벌 한 마리, 그것도 원한 없이 실수로 밟은 것뿐인데.

소소한 나비의 날갯짓에 태풍을 일으키는 '나비효과'란 말을 굳이 불러오지 않아도 된다. 지구의 주인이라는 자만심에 젖어 있는 우리 인간들에게 〈꿀벌의 예언〉은 경각심을 일깨워 준다. 수분을 나르는 꿀벌이 사라지고 갖은 식물의 열매가 부실해지고 식량 공급이 불안해지고 인류의 종말도 도래한다는, 어렵지 않은 공식이다.
시간은 선형적으로 흐른다는 과학적 통념에 반하는, 베르나르적 판타지 소설이지만 좀머 씨 마음을 통째 흔들었던 건 사실이다.

엊그제 거실로 침입한 벌 한 마리를 살충제로 제거했다. 많이 낯익은 벌이었다. 창밖의 벌 두 마리는 며칠째 좀머 씨 어지러운 거실을 살피는 중이었다. 불편했다. 그 벌들의 시선 때문에 의자에 널브러진 옷가지를 정리했다. 그랬어도 꿀벌의 기웃거림은 여전했고, 끝내는 청소기까지 동원해야만 했다.
그러더니 어떻게 들어왔는지 벌 한 마리가 제집인 양 거실에서 놀고 있는 것이다. 지난봄에 손등을 쏘였고, 아무런 원한도 없는 택배 아저씨도 당했다. 그 두 번의 기억이 본능적으로 살포한 살충제였다. 그런 후 짝지를 찾아다니는 중인가, 벌 한 마리가 좀머 씨 창밖을 집중적으로 기웃거렸다. 마음이 편치 않았다. 뭔 혐의라도 찾아내려는 심보인가, 제 짝지를 살해한 범행을 파헤칠 심산 같기도 했다. 범인, 말하자면 가해자로 몰린 좀머 씨는 불리한 입장이 되고 말았다. 사뭇 불편했다. 벌은 끊임없이 좀머 씨 창밖을 배회 중이었다.

솔로몬 왕은 인간이 본받아야 할 이상적인 지혜의 모델이 꿀벌이라고 했다. 그는 성전 설계를 맡은 천재 건축가 히람을 살해한 범인들의 배를 갈라 벌통을 집어넣는 형벌을 내린다.
그리스 철학자 피타고라스는 제자들에게 조화로운 공동체의 완벽한 모델이 벌집이라고 했다. 그는 이탈리아의 크로토네에 학교를 세워 꿀벌사회의 작동 원리에 따라 운영했다.
기원전 320년 아리스토텔레스도 역시 벌집을 모델로 삼아 학교를 만들었다. 그는 꿀벌이 인간보다 지능이 뛰어나다고 믿었다. 알렉산더 대왕의 스승인 그는 어린 알렉산드로스에게 꿀벌 숭배를 가르쳤다.
초기 기독교인들은 꿀은 그리스도의 은혜를, 꿀벌의 침은 그리스도의 고통을 의미한다고 믿었다. 꿀은 인류 최초의 약이었고 상처를 아물게 했으며 썩지 않아 영구 보존이 가능하다. 메로빙거 왕족의 왕들은 꿀벌이 행운을 불러온다고 믿어 보석에 꿀벌 문양을 새겼으며 훗날 메로빙거 후계자로 자처한 나폴레옹 또한 똑같이 따라 했다. 말벌이 나무의 섬유질을 으깨어 집을 짓는 걸 본 중국 후한대의 환관, 채륜은 최초로 종이를 발명한다.

좀머 씨는 베르나르의 이 많은 메시지들에 포위되어 점점 흉측한 죄인으로 몰려가는 자신을 바라본다.
'내가 무슨 일을 저지른 거지?'
그는 자신이 만들어내 마음의 포승줄로 이미 꽁꽁 묶이고 만 신세이다. 벌 한 마리가 몰고 온 나비효과이다.

생각의 갈래들을 헤집듯 좀머 씨는 걸어 나간다. 좀머 씨의 걷기는 살아가는 이유이며 그래야만 살아낼 수가 있다. 오늘은 유달리 발걸음이 무겁다. 엉겁결에 살해한 벌 한 마리에 대한 죄책감이 지구를 다 얹은 것 같은 무게감으로 맘에 걸려 있다.
한참을 걸었다. 길 저만치에서 실루엣과도 같은 움직임이 잡혀 든다. 뭘까, 시선이 집중된 그곳, 바닥에서 일어서려 안간힘을 쓰는 사람이다. 좀머 씨의 걸음이 조급해지기 시작한다.
뇌졸중 환자의 후유증으로 짐작되는 여자였다. 주저앉고 또 엎어지고, 그런 몸부림의 동작이 수없이 반복되는 중이었다. 그 젊은 여자의 고통이 점점 좀머 씨 걸음 가까이로 다가오고 있었다.
도와줄까요, 라는 예의 차림은 필요 없었다. 절박함과 함께 나뒹굴고 있는 여자 앞이었다. 약간의 스킨십 결벽증은 좀머 씨가 내세울 만한 캐리어가 아니다. 여자를 끌어안았다. 온 힘을 다해 일으켜 세우려 했지만 힘에 부쳤다. 여자와 좀머 씨는 함께 길바닥을 나뒹굴고 만다. 그 짓만 또 하고, 또 하는 수없는 반복이다. 지쳐버린 여자와 좀머 씨는 서로의 등을 돌린 채 주저앉고 만다. 보진 않아도 서로의 얼굴은 붉어졌을 게다. 도움을 받아야 하는 처지와 남자로서 퍽 괜찮은 도움이 되지 못한다는 각각의 몫인 열패감으로.
그까짓 것, 안중에도 없다는 듯 좀머 씨는 의연하게 일어선다. 이번엔 좀 효율적인 방법을 쓴다. 좀머 씨는 두 팔을 여자의 겨드랑이 사이로 용감하게 끼어 넣는다. 절박함이 택한 마지막 비상구이다. 좀머 씨 손끝을 예리하게 전해지는 물컹이, 여자의 가슴은 좀머 씨 온 신경에 비상사태를 선포하고 나선다. 그렇지만 그 포스가 먹혀들었다. 여자는 일어섰고, 여전히 두 시선은 서로의 사각지대를 지키고 있다. 눈 마주침을 사양하는, 아니 그 마주침을 목숨처럼 거절하고 있는 두 사람.

길가에 널브러져 누운 지팡이를 주워 그녀의 손에 쥐어 준다. 그 지팡이로 한 걸음씩 서툴게 걸어가는 그녀의 등을 바라본다. 그녀의 등에는 깊이를 가늠할 수 없는 열패감이 현수막처럼 걸려 있다. 좀머 씨가 애써 피한 여자의 얼굴도, 해독하지 못한 여자의 마음도 함께 너덜거리는 현수막.

얼굴만은 지키고 싶어 하던, 그래서 좀머 씨 또한 여자의 얼굴만은 애써 외면했던. 좀머 씨는 그런 그녀가 맘에 들었다. 부둥켜안고 넘어지고 일어섬을 수없이 반복했던, 그 짓에 얼마나 많은 자존심이 소모되었을까. 여자는 아무런 흔적을 남겨두지 않았고 그 흔적 없음에 좀머 씨는 안심했다. 서로의 마음에 담아둔 부채 없이 개운하게 돌아서는 길이었다. 그런데 도대체 뭘까. 그녀의 등 뒤에 성호를 긋는, 좀머 씨 손끝에 뭔가가 꼬물거린다. 손끝에서 물컥, 은밀한 어떤 감촉이 알은체한다. 여자가 남기고 간, 아니 좀머 씨가 몰래 숨겨 온 여자의 가슴이다. 화들짝 놀란 좀머 씨는 손을 털어내는 시늉으로 바삐 걸음을 옮긴다.

전기 계량기 속에 집짓기를 시작한 벌집은 그냥 모른 체 하자, 저 미물들이 거대한 지구를 구한다고 하지 않는가, 그렇게 자위도 하면서.

'꿀벌이 지구상에서 사라지면 인간에게 남은 시간은 4년뿐이다'
중얼중얼, 걸음마다 그 중얼거림을 변명처럼 떨어뜨리는 좀머 씨, 그는 걷는다. 어제도 걸었고 내일도 그리고 모레도 그는 그렇게 쉼 없이 걸을 것이다.

식물의 비밀

유시연 레아

개복숭아가 줄줄이 달렸을 때 그녀는 누구보다도 기뻤다. 복숭아 묘목을 심은 지 삼 년째 되는 해였다. 개복숭아가 꼭 필요해서라기보다는 어릴 적 밭두렁에 흔하게 열리던, 그 복숭아를 산복숭아, 혹은 들복숭아라 하여 대접도 못 받았는데 여동생 란이 꼭 심으라고 신신당부하여 한 그루를 심어놓고 잊어버리고 있었다. 건강 염려증이 있는 란은 좋다는 음식과 약재에 해박한 지식과 정보를 갖고 있었는데 어느 날 뜬금없이 개봉숭아 타령을 했다.

해 질 무렵 그녀는 산책 삼아 나왔다가 밭두렁에 붉은 열매가 가지를 늘어뜨린 것을 보고 어리둥절하였다. 바쁜 일에 매여 잊고 있었던 개복숭아가 붉은 포도주 빛깔보다 진한 색감을 드러내며 주먹덩이만하게 커져 있었다. 바닥에는 흩어진 복숭아가 여기저기 나뒹굴었다. 아무리 보아도 그건 개복숭아가 아닌 상품성이 있는 복숭아였다. 한 알 따서 깨물어 먹는데 무슨 맛인지 모를 정도로 복합적인 맛이 뒤섞여 있었다. 어떻게 된 일일까. 그녀는 외출에서 아직 돌아오지 않은 그에게 전화를 했다. 그도 잘 모르겠다며 전화를 끊었다. 조금 후 그가 고무 대야를 가져와서 복숭아를 땄다.

그녀는 왜 자꾸 이런 일들이 벌어지는지 의아했다. 귀농 육 년차. 어느 정도 시골살이에 적응이 될 법한데 심는 작물마다 이상한 일이 생겨났다. 지난 봄 그가 참외 모종을 사왔다. 처음으로 심어보는 참외 모종에 그녀는 호기심과 기대감에 차서 참외가 열리기를 기다렸다. 얼마 후 참외가 아니라 오이가 달렸다. 판매를 한 가게 주인은 고개를 갸웃거리며 어찌 그런 일이 있었느냐며 자기도 영문을 모르겠다고 했다. 오이 줄기가 사방 밭을 기어 다니며 고추밭과 들깨밭을 점령하여 면적을 넓혀 갔는데 오이냉국 한번 해 먹자고 서로 뒤엉켜 뻗어나간 줄기와 잎을 헤집으며 겨우내 찾아내면 늙은 오이가 곳곳에 숨어 있었다. 대를 세워주어 저도 자유롭게 허공으로 뻗어나가야 좋을 텐데 불편하기 그지없었다.

그녀는 옥수수 밭머리 쪽으로 시선을 돌렸다. 이제 며칠 후에 있을 친정 가족들과의 만남을 위해 다른 옥수수보다 한 달가량 늦게 심은 옥수수가 밭 자락을 가득 메운 채 기다란 잎을 흐느적거리며 서 있었다. 그 풍경을 볼 때마다 마음이 풍요로 가득했다. 도시에 살다가 시골로 온 이후 거의 만나지 못한 동생들과 조카들을 여름 휴가철에 한 번 보는 것이야말로 가슴속에 맺힌 답답함을 해소할 자리였기에 그녀는 그 시간을 애타게 기다렸다. 동생 수와 란이 좋아하는 찰옥수수를 심으며 그녀는 기대감에 가슴이 부풀었다.

한 차례 시누이 가족과 시동생 가족들이 왔다 간 후 그녀는 천천히 영글어가는 찰옥수수를 흐뭇하게 지켜보고 있었다. 저녁 하늘을 배경으로 옥수수가 키를 키우는 정경은 마치 생명의 약동을 보는 것처럼 삶에 활기를 가져왔다. 물려받은 천여 평 농지에 그는 원 없이 작물을 심었다. 그사이 많은 시행착오를 겪었다. 고구마 농사를 지어 창고에 두었다가 얼어버린 일이며 콩이나 팥을 한 알씩 심었다가 모종이 나지 않아 실패한 일들이 어제 일인 듯 스쳐 지나갔다. 고구마가 추위를 타는 작물인 걸 모르고 고스란히 얼러서 내다 버린 일은 가슴 아픈 경험이었다. 시골에 사는 사람들은 모두가 아는 사실을 그와 그녀만이 몰라서 겪은 일이었다.

동생 가족이 오기로 한 아침에 그녀는 일찌감치 옥수수를 따러 밭으로 갔다. 멀리서 그저 바라보며 키가 훌쩍 큰 옥수수 줄기와 기다란 잎과 수염을 보며 충만한 물결이 가슴을 적시곤 했다. 동생들에게 잘 익은 찰옥수수를 대접할 생각에 그녀는 가슴이 설렜다. 옥수수 밭머리에 서자 그녀의 가슴 속으로 불안함이 피어올랐다. 무슨 연유인지 옥수수수염이 바짝 말라 있고 크기가 작았다. 옥수수 껍질을 까보고 그녀는 실망감에 한숨을 내쉬었다. 첫 번째 파종한 옥수수와 한 달 차를 두고 심어서 지금쯤 따면 적당한 시기였다. 무슨 일인지 옥수수는 딱딱했고 드문드문 병이 들어 있었다. 더구나 흰 찰옥수수를 심었는데 노랑과 보라색 알갱이가 섞여 있었다. 밭고랑을 지나가며 적당히 익은 옥수수를 찾았으나 모두 딱딱하게 영글어서 수확시기가 한참이나 지나 있었다. 도무지 알 수 없었다. 그녀는 밭두렁에 주저앉아 망연히 하늘을 바라보았다. 막막한 마음과는 다르게 푸른 하늘에는 흰 구름이 평화롭게 흘러가고 있었다.

    그녀는 작년 들깨 파동처럼 혹시 비슷한 일이 벌어진 게 아닌가 싶어 골똘히 생각에 잠겼다. 옥수수 옆에 들깨를 심었는데 경쟁하느라 들깨가 키를 키워서 옥수수 키와 비슷하게 커버린 일이었다. 장마가 끝나가며 닥쳐온 태풍에 들깨 모종이 모조리 쓰러져서 수확을 포기한 일이 다시 떠올랐다. 지 주제를 모르고 옥수수를 따라 키를 키웠던 들깨를 망연히 바라보던 그녀는 농사일이 노력한다고 되는 게 아님을 알았다. 닭이나 강아지와 마찬가지로 식물들도 왕성한 활동을 하며 그들 나름으로 성장을 했다. 일찍 심은 옥수수 모종과 경쟁하느라 늦게 심은 옥수수가 키를 돋우며 발돋움을 하였음이 틀림없었다. 자연스러운 생장이 아니라 과속하여 딱딱해져 버린 옥수수를 두고 그녀는 망연자실 앉아 있었다. 여름 찰옥수수를 대접하겠다고 미리 큰소리를 쳐 놓았는데 계획이 무위로 돌아갔다. 그녀는 오일장터에서 찰옥수수를 사야 하나 말아야 하나 고민에 빠졌다.

농사를 지어 놓고 사 먹는 일이 반복해서 일어나자 그녀는 지쳐 있었다. 호박전을 하려고 애호박을 찾으면 그들은 교묘히 제 몸을 숨겨서 보이지 않았다. 누런 늙은 호박덩이들이 때가 되었다는 듯 햇볕에 덩그러니 드러날 때는 숨바꼭질을 하는 기분이었다. 전적으로 농사에 기대어 사는 것은 아니었지만 그와 그녀는 나름 충실하게 농부의 길을 갔다. 하지만 농사는 콩 심은 데 콩 나고 팥 심은 데 팥 나는 일이 아님을 그녀는 경험으로 겪었다. 남들은 쉬운데 왜 그와 그녀만이 어려운지 알 수 없었다.

"우리 옥수수가 이상해요."

"작년 씨를 그냥 심은 거 아이가."

"그러면 안되나요."

"하모. 요새는 묵은 씨앗은 어림없다."

시골 노인들도 요즘은 유전자 조작 어쩌고 하는 말을 한다. 기후 위기 하는 말들도 한다. 감자와 고구마, 콩이나 팥, 옥수수와 꽃씨에 이르기까지 씨앗은 이제 '보관'이라는 의미를 잃어버렸다. 씨앗 시장을 선점한 다국적 기업에서 유전자를 변형하여 당해연도에 나온 씨앗을 무용지물로 만들었기 때문이었다. 몇 번 시행착오를 겪은 노인들은 해마다 농협을 통해 씨앗을 주문하여 심는 일이 고착되었다.

그녀는 어쩌면 식물들이 변화된 환경에서 살아남으려 부단히 몸부림치고 있는 게 아닌가 하는 의문이 들었다. 점점 더워지는 기후에 맞서서 그들도 치열하게 살아남으려 몸부림치느라 이렇게 저렇게 몸을 변형하고 있는지도 모르겠다는 의혹이 들었다.

"느들도 힘들겠지."

그녀는 중얼거리며 밭고랑에서 기어 나왔다. 햇볕이 불덩이처럼 타오르고 있었다. 지구를 태울 듯이 이글거리는 태양 빛에 모든 식물들이 축 늘어진 채 숨을 헐떡이고 있었다. 그녀는 잰걸음으로 서둘러 집으로 갔다.

한반도는 그 자체가 아픔이었습니다
– 북한 꽃제비 출신 조국성趙國城의 영국 망명기

이명환 사도 요한나

　티모시 조Timothy Cho, 조국성 씨는 1986년 함경북도 온성 출신으로 아버지가 고등학교 역사 교사, 엄마는 수학 교사였다. 어느 날 학교에서 집에 와보니 부모님이 편지 한 장 없이 사라진 뒤였다. 혼자 남겨진 아홉 살 아이는 우선 인근의 기차역으로 뛰어가 텅 빈 철길을 바라보면서 몇 시간이나 펑펑 울다가 지쳐 집에 돌아와 옷장에서 엄마 아빠 옷을 꺼내 부둥켜안고 밤새 통곡했다. 다음 날 학교에 갔더니 탈북자 자식이라고 왕따 당해 견딜 수가 없어 도중에 나와 외할머니한테 달려갔다. 거기에서도 지낼 형편이 안 돼 기차를 타고 큰 아버지 집을 찾아간 날 마침 식탁에 옥수수빵과 김이 모락모락 나는 죽이 보였다. 몹시 배가 고픈 상태였으므로, 저걸 먹을 수 있겠구나 싶었는데 큰어머니가 오랜만에 본 조카한테 밥 먹었느냐는 인사 한마디도 없이 그냥 묵묵히 서 있는 바람에 기다리다가 울면서 뛰쳐나왔다.
　하루아침에 노숙자 꽃제비 신세가 됐다. 달리는 기차에 4시간 이상 매달려가다가 내린 어느 기차역에서 잔 날 하도 등이 아파 옆의 친구에게 보이니 빈대들이 등가죽을 뚫고 들어간다 해 바늘로 파내달라고 했다. 피가 흐르고 아파서 참기 힘들 때 지난 밤사이 굶어 죽은 어린 꽃제비 둘의 시체를 시청 직원들이 가마니때기에 둘둘 말아 달구지에 싣고 가는 걸 보는 순간 아픔이 싹 가시더란다.
　몇 해 만에 아버지가 보냈다는 사람의 도움으로 처음 탈북할 때 두만강은 무사히 건넜으나 중국에서 공안에 잡혀 도로 북송

되고 말았다. 잡혀 온 사람들 백여 명이 비좁은 감방에 웅크리고 촘촘히 끼어 앉아있는 걸 보고 깜짝 놀랐다. 남녀노소 매 맞아 피멍 든 공포에 질린 얼굴들이 아직도 눈에 선하다. 어느 날 내 등 뒤 사람이 하도 이쪽으로 기대와 좀 바로 앉으라 불평하며 몸을 뒤챘더니 피투성이가 된 죽은 아저씨가 옆으로 픽 쓰러진 일이 있었는데, 밤새 그 시체와 등을 맞대고 있던 괴이한 감촉이 지금도 트라우마로 남아있다면서 몸서리친다.

공개처형 죄목이라는 것이 모두 다 사소한 일들이다. 김씨 일가가 좋아하는 자두 재배 과수 농장에서 벌어진 기가 막힌 사례 하나. 내년의 단맛을 위해 설탕 100Kg을 각 나무 아래에 묻는 것을 본 애가 철망 밑의 땅을 파고 기어들어가 흙 범벅 설탕을 훔쳐 먹다가 들켰다. 성역 침입 죄로 엄마 아빠가 보는 앞에서 여덟 살 아이를 총살시키고도 멀쩡히 돌아가는 사회.

올여름 유난히 덥고 습한 삼복 중에 에어컨을 켜고 누워서 휴대전화 유튜브를 이것저것 보는 중에 특별히 탈북민 이야기에 꽂히게 됐다. 동족의 일이라서 그런지 상상 초월 현대판 노예제도의 호러물은 더위조차 잊게 했다. 주로 이만갑(이제 만나러 갑니다)이라는 공영 채널을 봤는데 영국에서 북한 인권운동가로 활동하고 있는 티모시 조의 경우가 나를 사로잡는다.

졸지에 고아가 된 아이는 무리 꽃제비에 끼지도 못하고 단신 꽃제비가 돼 외로움과 굶주림에 몸부림치며 허허벌판에서 눈물로 밤을 지샌 적이 많았다. 어떻게 영국까지 가서 활동을 하게 됐느냐는 사회자 질문에 "내게 한반도는 그 존재 자체가 아픔이었다. 이곳에서 가장 먼 지구 반대편 낯선 곳으로 가서 다시는 이 땅을 밟지 않고 거기서 조용히 살다가 죽겠다고 찍은 곳이 영국이었다" 한다. 맨체스터에 거주하고 있는 그는 영국 의회 데이비드 앨튼David Alton 상원의원의 보좌관으로 북한 관련 초당적 의원 모임인 APPG-NK 사무국장, 한반도 북한 이슈 전문가로 활약하면서 보수당의 추천을 받아 지방선거에 출마하는 등 주목을 받고 있는, 슬하에 남매를 둔 37세 가장이다.

사실 자기는 이런 일을 하리라고는 꿈에도 생각지 않았고, 처음 영국에 도착하니 말도 안 통하고 외로워서 자살을 하려 한 적도 있었다. 어느 날 노숙자들에게 무료 급식을 하는 교회에 가게 됐는데 보디 랭귀지로 뭐 할 일이 없나 물었더니 설거지하는 시늉을 하기에 잘할 수 있다는 내 제스쳐가 통해 받아들여졌다. 거기서 티와 커피 만드는 일도 하게 됐을 때 티 한 잔을 낼 때마다 영어 단어 한 개씩을 기브 앤 테이크로 받기로 했더니 얼마 안 돼서 1000단어가 되더란다. 그들이 내게 'We love you'라는 말을 자주 했는데 그 소리가 눈물 나게 고마워서 더욱 열심히 일했고, 저녁에 팝에 나가서 '나는 영어를 못하는데 당신들 테이블에 앉아 듣기만 해도 되겠는가'를 종이에 써가지고 보여주면 거절하지 않고 끼워줬다. 이청용 박지성 등 축구 얘기를 질문하면 그들은 미칠 지경으로 좋아하더란다.

영어가 조금 되자 공부가 하고 싶어졌다. 주경야독으로 열심히 해 치과의사를 목표로 대입 자격시험을 쳤는데 성적이 괜찮게 나와 대학에 입학했다. 1학년을 마칠 즈음 우연히 탈북 청년의 말을 듣고 충격을 받아 몸부림치면서 고민을 하게 됐다. 그는 영어를 익혀 마이크를 들고 세계 방방곡곡을 다니면서 자기가 북한에서 겪은 일을 낱낱이 고발하여 그들을 노예 생활에서 구해내고 싶다고 했다. 그렇지, 아무리 작은 일이라도 뜻을 가지고 시작하면 그것이 빌미가 돼 그 혜택을 보게 되는 사람이 생기고. 이렇게 서로서로 돕는 연결고리가 되려면 치과보다는 정치 외교

학으로 전공을 바꾸는 게 좋지 않을까. 영어가 달려 고생은 배로 했으나 결국 석사과정까지 마치자 이쪽으로 길이 생기더라는 것이다. 인터뷰 중에 그는 '몸부림을 쳤다'는 어휘를 빈번히 썼다.

  2차 탈북 때는 중국 공안이 뜸한 청도까지 가서 열 명의 똘똘한 여자들과 합류하게 됐다. 그들은 상해에 있는 외국인 학교 담을 넘어 들어가는 초강수를 썼다. 〈우리는 북한 난민입니다. 도와주세요.〉라 적은 피켓을 들고서.
  수업을 하던 어린 학생들이 놀라 밖으로 뛰쳐나와 웅성거리는 중에 교장선생은 일단 그들을 교장실에 앉혀놓고 어디로 전화를 걸었다. 헌데 이 외국인 학교는 중국 정부승인 학교였으므로 치외법권 행사가 안 되는 학교다. 잘못 들어간 것이다. 소식을 들은 중국 경찰 40여 명이 들이닥쳐 그들을 끌어내려 해 11인이 모두 스크럼을 꽉 짜고 항거했으나 역부족으로 질질 끌려 나가는 신세가 됐고 이 실랑이를 지켜보면서 눈물을 흘리는 어린 학생도 있었다. 이제 북송되면 바로 총살이다. 대외적 핫이슈의 중심인물들이 됐기 때문이다.
  2004년 조씨 일행이 2차 탈북에 성공한 스토리는 천우신조랄 정도로 기적이다.

"내가 수감된 방에는 여러 국적의 범법자들이 모여 있었는데, 중국, 일본 교수, 콜롬비아, 미국, 말레이시아, 우락부락한 한국 깡패 아저씨, 북한 난민 나 이렇게 다양했다. 그들은 모두 며칠 뒤면 풀려나게 돼 있는 사람들이었으나 우리는 북송되자마자 처형될 운명이므로 나는 잠도 못 자고 울기만 했다. 하루는 유일하게 말이 통하는 남한 아저씨가 너는 왜 밥도 안 먹고 계속 울기만 하느냐, 너 살고 싶지 않냐, 시간 많은데 이 책이라도 읽어 보고 빌어봐라. 신이 있다면 혹시 너를 구해줄지도 모르잖아. 이러면서 생전 처음 보는 꺼먼 책을 내미는데 그게 성경이었다. 저 아저씨가 미쳤나 이 판국에 책은 무슨 책, 이러면서 뿌리쳤는데 문득, 울기만 하는 대신 그냥 뭐라도 빌어볼까 하는 마음이 생겨서,

북한에 가서 죽고 싶지 않습니다. 아멘!/ 북한에 가지 않게 해주세요. 아멘!"

쉬지 않고 몸부림치면서 반복 기도를 하다 보니 점점 절실해져서 정말 매일 매일 피눈물로 간절히 기도했다. 한 삼 개월쯤 지났을 때 하루는 '조국성 면회요'라는 소리가 들려와 아, 기어코 마지막이 왔구나! 싶어 발이 안 떨어져 누가 부축을 해줘서 겨우 걸어 나갔다.

헌데 저 복도 끝에 서 있는 두 사람이 만면에 미소를 지으면서 다가와 대뜸 하는 말이, 당신들은 하늘이 도운 행운아다. 중국 정부에서 이례적으로 당신들을 필리핀으로 추방 결정을 내렸다. 중국의 명절인 춘절이 지나면 당신들 모두에게 외교관 여권과 필리핀행 1등 좌석권이 배부될 것이라는 통보다. 기적이 일어난 것이다.

*후일 담: 상해 외국인 학교 10세의 학생이 이메일로, 안 나가려고 발버둥치는 북한 난민들을 중국 경찰이 끌고 가 힘이 없는 우리는 울기만 했다. 등등 문법도 안 맞는 어설픈 글을 올렸고, 그 학교 교사 중에 자료를 올린 사람도 있었는데, 마침 2008년 베이징 올림픽 유치로 중국이 이미지 쇄신을 위해 총력을 기울일 때와 맞물려 이런 용단을 내린 것이다. 우리나라 신문에도 중국이 이상한 추방령을 내려 탈북민들이 필리핀을 통해 귀국한다는 기사가 실렸었다 한다.

그때 조국성은 정상적인 멘탈이 아니었나보다.

두 번의 탈북 실패와 네 번의 감금 생활을 거치는 동안 세상에 대한 불덩이 같은 분노가 가슴에 응어리로 남아있었고, 뭔지 자기를 노리는 마귀가 뒤꼭지에 달라붙어 계속 따라오는 듯한 트라우마에 시달렸다. 천신만고 죽었다가 살아나온 사춘기의 17세 소년은 국정원으로 찾아온 아버지를 알아보지 못했고, 몇 해째 병석에 누워있는 어머니를 만나려 하지 않았다. 부모도 버리고 한반도에서 가장 먼 곳으로 영원히 떠날 결심까지 하게 됐으니.

오랫동안 하반신 마비로 투병하다가 임종을 맞게 된 어머니의 주치의로부터 전화를 받았다. 의사를 통해 필담으로, "아들, 엄마를 용서해 줄 수 있어?" "이미 용서했다구. 나 여기서 대학교도 다니고 며칠 있으면 결혼도 할 건데." 하니까 어머니도 기쁨의 눈물을 흘린다고 의사가 전하더란다. 임종이 임박했다던 어머니는 아들의 목소리를 듣고는 좋아가지고 2주일이나 더 살아있다가 편안히 소천했다는 소식을 들었다면서 티모시 조는 흐느낀다. 비로소 그동안 못했던 어머니께 감사한다는 말을 하면서.

사랑의 목동

전경애 젬마

'노아의 방주는 평화의 방주' – H라는 단체는 6·25 직후 폐허가 된 한국에 가축 3,200마리와 유정란 21만 개 등을 보내 농·축산업의 기반을 다지게 했다.'

나는 이 가슴 풋풋한 조간신문 기사를 읽으며 기지개를 폈다. 오랜만에 느린 아침을 즐기고 있었다. 봄볕이 찬란했다.

내가 좋아하는 우유빵에 버터를 발라 토스트를 굽기 시작했다. 빵과 치즈, 신선한 우유 한 잔으로 간단히 아침을 먹기 위해 나는 식탁에 앉았다.

"따르릉!"

전화벨이 울렸다.

요즘은 모든 연락을 핸폰으로 하기 때문에 집 전화기는 장식품에 지나지 않았다. 집 전화기로는 여론조사 오는 것이 대부분이어서 거의 받지 않았다. 그런데 오랜만에 느린 아침 봄 햇살의 유혹이었는지 문득 수화기를 들었다.

"여보세요?"

"여보세요–, 영어신문 코리아 뉴스 기자님이시죠?"

"네? 그런데, 누구시죠?"

"여기, 한 미국분이 기자님을 찾으시는데요, 이름이 조우라고…, 저는 통역인데요."

"그런 미국분 모르는데!"

보이스 해킹으로 피해를 본 사람이 있다는 기사가 생각나서 나는 차갑게 대답했다. 내 오래된 집 전화 전화번호를 기억하는 미국분이라면 미국인 K 교수 뿐이었다. '한국전쟁과 평화'라는 영어신문에 실린 내 기사를 읽고 감명받았다며 나를 콜로라도주 한국전쟁 정전 50주년 기념행사 때 초대했던 참전 노병이었다. 그는 이미 돌아가신 지 오래되었다.
"가지가지 사기를 치는구나, 이젠 미국에서 왔다고까지—"
전화기를 막 내려놓으려는데 웬 투박한 남자의 목소리가 전화기를 타고 울려왔다.
"애니! 애니!"
나는 멈칫했다. 콜로라도에서 K 교수가 발음하기 어려운 내 이름을 애칭으로 '애니'라고 부르며 참석자들에게 나를 소개시켜 주곤 했던 것이다. 참석한 노인 중에는 상원의원, 신문사 사장 등으로 활동하는 사람들도 있었고 땅콩농장 주인, 목장주들도 있었는데, 그들 역시 나를 애니로 불렀었다.
"아엠 죠, 더 카우보이!"
그제나 나는 그가 누군지를 알 것만 같았다. 전화를 건 사람은 대목장주 셀소 씨의 조카로서 취재차 간 그 미국행사 때 내가 며칠 묵었던 목장의 카우보이였다.
카우보이 죠는 오토바이를 타고 한바탕 가축을 몰고 돌아오면 검게 탄 얼굴로 유난히 희고 빛나는 이를 드러내며 웃었다. 하루는 그가 목장의 창고 옆에서 낡은 말발굽 편자를 새것으로 갈아 끼우고 있었다. 나는 그 장면이 신기해서 가까이 가서 들여다보았다. 그는 말발굽 편자를 갈아 끼우는 일을 끝내자 활짝 웃으며 그 낡은 말편자를 내게 선물로 주었다.
"애니, 이 말편자를 'U'자로 세워 놓으면 행운이 온대요."
"땡큐, 죠!"
나는 한국으로 돌아와 선물로 받은 그 말편자를 현관에 U자로 세워 놓고 까맣게 잊고 지냈다.
'아, 그 옛날 목장에서 내게 말편자를 주었던 죠가 관광차 한

국에 왔구나!'

나는 전화를 끊고 황급히 그가 묵고 있다는 호텔로 찾아갔다. 20여 년만의 해후였다. 서로가 많이 변했지만 우리는 서로를 금세 알아보고 활짝 웃었다. 개인적인 일이 있어 잠시 한국에 왔지만 오늘은 자유라고 그가 말했다.

나는 그를 호텔에서 가까운 명동으로 데리고 나왔다. 우뚝우뚝한 고층 건물과 인파는 미국 시골 목장에서 온 그를 놀라게 하기에 충분한 것 같았다.

명동에서 불고기와 냉면을 먹은 후 우리는 인사동 전통찻집으로 자리를 옮겼다. 인사동 거리는 세계 각국에서 온 관광객들로 한층 더 붐비고 있었다. 우리는 달콤한 대추차를 두 잔 주문하고 창 밖에 시선을 주었다. 이때 죠가 문득 말했다.

"사실은, 제 아버님이 한국전쟁 때 한국에 왔었어요."

"네? 그럼 한국전쟁 때 유엔군으로 오셨군요?"

"아니요, 아버지는 카우보이였는데, 노아의 방주 작전 때 한국에 온 가축 운반 봉사자였어요."

"아, 그 노아의 방주?"

나는 아침에 읽은 놀라운 기사를 상기하며 물었다.

"예, 아버지를 포함하여 항해하는 카우보이라 불리우는 봉사단이 가축을 싣고 한국에 왔었데요. 농부, 의사, 상원의원, 고등학생까지 있었다는데, 저의 부친은 카우보이라 제일 선두에서 지휘를 했다고 해요. 이 단체의 이름 〈헤퍼 인터내셔널〉, 헤퍼 heifer는 암송아지를 의미하죠."

전쟁의 참화 속에 소도 닭도, 씨종자까지 다 먹어버린 폐허에 씨가축을 싣고 한국에 온 사람들이 있었던 것이다.

"이 봉사단은 1952년부터 한국에 소, 돼지, 닭, 종란, 염소, 꿀벌 등을 계속 운반했죠. 아마 한국에 있는 닭의 절반 이상이 이때 들여온 종란에서 부화한 것일런지도 몰라요. 지금 저도 이 단체의 일원으로 일하고 있어요. 지난 80년 동안 세계 20여 개국에 7,000명이 넘는 카우보이들이 파견됐지요. 이 단체는 2차대전 패전국인 일본, 독일, 이탈리아에도 가축을 보냈어요."

전쟁의 폐허에서 부활한 화려한 서울의 도심지에서 호기심 어린 인파를 바라보던 죠는 대추차를 맛있게 마시며 말했다.

노아의 방주는 성경 속에만 있는 이야기가 아니었다. 우크라이나의 폐허와 가자지구의 참혹함에 절망했던 나는 아직 지구는 살 만한 곳이라는 생각이 들었다. 그와 헤어져 돌아오며 나는 아침에 읽은 그 '노아의 방주' 기사 끝부분을 상기하며 미소를 지었다.

'헤퍼 코리아가 네팔로 101마리 젖소를 보냈다.'

파멸로 가는 지구

정효모 베드로

　준호가 경영하고 있는 회사는 기후 온난화에 영향을 미치는 온실가스를 배출하는 화학 공장이다. 기후 온난화로 인하여 지구가 병들어가고 있고 자연재해가 속출하고 있다. 오늘도 준호는 총무부장의 결재 서류를 보고 잔뜩 찌푸린 얼굴로 면박을 주고 있다.
　"총무부장! 회사 내의 조경을 사철나무로 바꾸고 휴게 공간이 꽃길로 꾸며진 쾌적한 환경사업을 펼친 지가 몇 개월밖에 안 되었는데 또 작업을 해야 된다 말인가? 과연 이 작업이 필요한지 다시 한번 검토해보세요."
　총무부장은 역정을 듣고 사장실 문을 나섰다. 그날 오후 사장 준호는 '환경오염 및 기후 온난화에 대한 대책'이라는 정부에서 주최하는 세미나에 참석하면서 내 회사는 상관없어. 최신 시설에 나는 200명이라는 일자리 창출에 공헌하고 있어. 코웃음 치면서 얼큰하게 취한 몸으로 잠자리에 들었다.
　준호는 꿈속에서 알지 못하는 무엇에 끌려 하늘 높이 솟아올랐다. 알 수 없는 누군가가 두 개의 지구를 보여주며 말했다.
　"지금 보여주는 지구를 보라. 현재 지구에서 차지하는 육지의 면적은 약 1.49억 평방킬로미터 Km^3. 그리고 바다의 총부피는 1,332억 평방킬로미터 Km^3다. 바다의 염분은 약 3.5%다. 이어서 다른 지구를 보여주면서. 육지의 면적이 5%에서 10% 정도 침수된 모양이다. 앞으로 수천 년이 지나면 지구상의 빙산과 빙하가 전부 녹아서 해수면이 65-70미터가 상승된 지구다. 육지가 1,490만 평방킬로미터가 침수되고. 해수면이 낮은 많은 지역의 국가 자체가 침수된다."
 그는 준호의 어깨를 억누르고 손가락으로 바다를 가리키며.
 "이렇게 되면 바다의 염분은 3.5%에서 2.9%로 낮아진다. 이는 해양환경의 큰 변화를 가져올 수 있으며 다양한 생물체에 영향을 미칠 수 있다. 염분 농도가 적정수준보다 낮아지면 해조류의 성장률이 저하되고 어류의 삼투압 조절에 문제가 생기게 되면서 생존율이 낮아질 수도 있다. 해양 생태계에 큰 교란이 올 수 있다. 이 모든 주범은 이산화탄소(Co2), 메탄(CH4), 이산화질소(N2O), 불화 탄소(HFCs) 등의 지구온난화의 주범들이다. 네가 운영하는 회사도 포함된다."
 준호의 몸이 움찔했다.
 "준호야 인간의 몸은 지구의 성분들로 이루어져 있다. 지구에서 생성하는 공기를 마시며 지구의 물로 생명과 생기를 얻는다. 그런데 창조주가 창조하신 자연을 파괴함으로써 인간들은 혹독한 시련을 겪고 있다. 개발로 인한 자연 파괴는 결국 공존하면서 서로의 경계를 가지고 있던 인간과 다른 생물체의 경계선이 무너지고 있다. 자신들의 영역이라고 생각했던 모든 생명체들이 인간들의 무자비한 환경파괴로 거처할 곳을 잃게 되었다. 그들은 갈수록 있어야 할 곳이 파괴되고 있어 개체 수가 급격히 줄어들고 있다. 다 못된 인간들의 자연 파괴 때문이야. 결국 지구상에 있는 자신들의 영역이 침범당하자 모든 생명체들은 인간들이 살고 있는 곳으로 이동하게 되어있지. 갈 곳이 없으므로 결국 그 생명체들이 가지고 있던 모든 것들이 인간들에게 옮김으로서 팬데믹이라는 엄청난 재앙으로 코로나-19가 온 것이다. 우리가 3년이라는 긴 시간 동안 전 세계에서 7억5천만 명 이상의 환자가 발생했고 700만 명이라는 사람이 죽었다. WHO 통계에 집힌 것이지만 더 많은 사람들이 있을 것이다. 이러한 모든 것은 창조주가 창조하신 목적대로 있어야 할 곳에 있지 못하도록 인간이 저지른 죄 때문이다. 알겠는가?"

그의 이야기는 이어졌다.

"온실가스가 열을 대기 중에 가두어 지구의 평균기온이 상승하고 따뜻해진 대기 온도는 해양의 온도도 상승시키며, 이는 빙하와 빙산의 융해를 가속화 한다. 2,100년까지 해수면이 0.3m-1미터까지 상승할 것으로 예측되고 몇 세기 내에 그린란드 빙산과 서 남극 빙상이 모두 녹을 가능성이 있다. 이는 해수면을 6-7미터 상승시킨다. 그리고 언제 올지는 모르지만 빙산과 빙하가 모두 녹으면 육지가 침수되면서 인간의 삶 자체가 지각 변동이 일어날 것이다. 보라! 세계의 지도가 바뀌는 것을, 많은 국가들이 소멸되고 생태계가 파괴되는 것을. 이 모든 것이 인간들이 저지른 것 때문이다. 자연히 생태계도 변화되고 생태계가 파멸되면 인간들도 파멸될 수밖에 없을 것이다. 지구 온난화는 대기와 해양의 순환 패턴을 변화시켜 특정 지역의 온난화를 가속화시켜 해류와 바람의 패턴에 영향을 미친다. 북극과 남극의 온난화 속도가 다른 지역보다 빠르기 때문에 빙하와 빙산의 융해가 더욱 심각해지면서 극지방의 온난화가 가속화된다. 빙하와 빙산이 녹아내리는 결정적인 이유는 주로 인간 활동에 의해 촉진된 지구온난화 때문이다. 온실가스 배출증가, 대기와 해양의 온도 상승, 해빙 감소와 알베도(반사율) 효과 등 복합적인 요인이 빙하와 빙산의 융해를 가속화하고 있다."

그는 다시 지구를 빙그르 돌리다가 한 곳을 정지시켰다가 천천히 돌리면서 준호에게 똑바로 보라고 했다.

"이런 곳을 '쓰레기 섬' '쓰레기 지대'라고 하지. 북태평양에 위치한 '태평양 거대 쓰레기 지대' 이곳은 해류의 영향으로 전 세계에서 모여든 플라스틱 쓰레기와 기타 해양쓰레기들이 모이는 곳이다. 그리고 '인도양 쓰레기 지대', '대서양 쓰레기 지대', '남태평양 쓰레기 지대', '남대서양 쓰레기 지대' 똑똑히 보고 있나."

그는 준호를 매섭게 째려보며.

"특히 태평양 쓰레기 지대가 주목을 받고 있지. 똑똑히 보렴. 주로 플라스틱 제품이 많다. 직경이 5mm 이하인 미세 플라스틱이 반짝반짝 빛나는 것을 고기들은 먹이로 착각하고 먹어 치운다. 그 고기를 인간들이 먹으니 결국 인간들의 몸속에는 미세 플라스틱이 쌓이고 있지. 인간들이 저지른 행위가 인간에게 되돌아가는 것이지. 불쌍하고 미련한 인간들. 그리고 플라스틱병, 비닐봉지, 어망 플라스틱 포장재 등 눈에 보이는 쓰레기를 매크로 플라스틱이라하지. 낚시도구, 폐기된 어구, 타이어 등 다양한 인간 활동으로 인해 발생한 쓰레기들이다. 크기가 얼마냐 하면 약 1.6백만 평방킬로미터(약 620,000평방마일)에 달하는데 이는 프랑스 면적의 약 세 배에 해당되고 텍사스주 면적의 약 두 배가 된다. 쓰레기양은 약 80,000톤 이상의 플라스틱 쓰레기가 이 지역에 모여 있다. 인간들의 환경오염은 결국 바다도 이렇게 오염시키고 있다. 스스로 멸망의 길로 들어서는 인간들이 불쌍하구나."

그는 준호를 세차게 다그치면서.

"똑바로 보라. 너의 공장을!"

준호는 자신이 경영하는 공장에서 내뿜는 이산화탄소가 지구에 퍼지고 있는 것을 보았다. 섬찟했다. 회사 내에 잘 정비되어 있고 다른 회사 사장들에게 뽐내던 조경에 쓰인 나무들과 꽃들이 힘없이 축 처져있고 땅들은 이상하게 변색 되어있다. 나뭇잎들이 누렇게 변색되어 있는 것을 보고 깜짝 놀라자. 그는 준호를 지구로 밀어 떨어뜨리면서 말했다.

"정신 똑바로 차려! 인간들아. 이 지구는 잘 보손했다가 후손들에게 물려줄 귀한 자산들이다."

홍수

최의선 세실리아

1

장마가 시작되었다. 방송에서는 올 장마가 길 것이며, 게릴라성 호우로 집중폭우가 예상된다고 했다. 젬마는 삼 년 전의 일이 떠오르면서 불안해졌다.

새벽녘 집 안으로 들어온 물로 두 내외가 발목까지 차오른 물과의 사투는 지나고 나서 몸서리가 쳐졌다. 그래도 폭우가 길지 않아 안으로 들어온 물을 쓸어버리면서 퍼내는 작업이 두어 시간으로 끝났다. 남편은 또다시 10년 전 아파트를 팔고 이 낡은 시골집을 선택한 젬마에게 퍼부었다.

"썩은 집에 왔을 때 내 다 알았어! 내 이럴 줄 알았다고…"

사실 김포 끝자락 문수산 아래 낡은 집에 거처를 옮기면서 뒷켠 조그만 배수구가 신경쓰였지만 살던 사람이 20여 년 사는 동안 물난리는 한 번도 없었다는 장담에 집수리를 하면서도 배수구 고칠 엄두는 내지 않은 게 화근이 되었다.

방이 작아 침대 대신 늘 두꺼운 요를 깔아놓고 살았으므로 물 먹은 침구를 버리는 일은 초상 치르는 일만큼 힘들었다.

물이 들어차자 3년 전 젬마는 불안한 일에는 어김없이 그 일이 터진다는 사실을 실감하면서도 면에서 사후조처로 방수와 물받이를 해 주었을 때 그 낡은 배수구를 바꾸지 못했다. 배수구를 깊이 파고 큰 통으로 바꾸려다가 중간에 버티고 있는 바윗덩어리를 캐내는 일이 만만치 않음을 안 일꾼이 방수 처리를 잘하고 지붕에 물받이를 하면 괜찮을 것이라는 말에 그러라고 슬그머니 넘어갔었다.

젬마는 장마가 길어지자 지난 2년 동안 별일이 없었으니 괜찮을 것이라 위안하며 비가 내릴 때마다 뒷켠 배수구 통 거름망에 나뭇잎이 걸려 막히지 않도록 수시로 점검을 했다.
비는 내려도 너무 내렸고 일은 터지고 말았다.
한밤중 물이 안으로 삽시간에 들이닥쳤다.
둘이 물 퍼내는 일은 간에 기별도 가지 않는 수준이었다.
젬마는 바로 뒤에 사는 이장에게 구호를 청했고 고맙게도 이장 내외는 기다렸다는 듯이 금방 와주었다. 이장 남편은 현관문과 중간 문을 다 뜯어내고는 눈 치우는 도구로 물을 쓸어 내렸고 그 어느 이장들보다 일 잘하기로 소문난 여자 이장은 컴퓨터 등 전자제품 전선을 위로 올리고 손전등, 플래시, 초를 찾으라고 하고는 두꺼비집 전기차단기를 내리라 소리쳤는데 그러기도 전에 불이 나갔다. 플래시와 촛불 아래 물과의 전쟁은 비가 그칠 때까지 이어졌다.

2

들어왔던 물은 사라졌지만 그 흔적은 물이 불보다 더 무섭다는 의미로 실감되었다.
물먹은 침구류는 너무 무거워 꼼짝도 하지 않아 우선 옷가지와 바닥에 놓여있던 자질구레한 물건들을 밖으로 끌어내리면서 젬마는 이렇게 물건이 많았나 의아해지면서 "이게 다 내 물건 맞아?" 스스로에게 반문이 되었다.
"당분간 마을회관에서 지내세요. 치우는 일은 행복마을 사람들이 와서 해준다고 했으니 우선 몸을 추스르셔야 해요. 병나시면 큰일이에요."
이장이 김이 나는 단호박 접시를 내밀면서 말했을 때 젬마는 터지려는 눈물을 겨우 참았다.

'나, 정말 나쁜 년이야… 욕심쟁이 같으니라구…'
스스로에게 하는 말이 밖으로 터져 나올 뻔해 젬마는 수건으로 얼른 얼굴을 닦으면서 입을 막았다.
젬마가 시골로 온 이후 지인들은 올 때마다 물건들을 가지고 왔다.
"이 전기장판 옥돌이 들어가 아주 좋아. 아파트는 더워 필요가 없었는데 시골에선 유용할 것 같아서…"
"응, 고마워"
젬마는 친구들이 들고 오는 물건은 언제나 환영했다.
당장 필요하지 않아도 언젠가는 쓸 수 있을 것이며 그들은 정말 자신을 생각해서 갖고 오는 것이기 때문이었다.
옷도 마찬가지였다. 그들은 그 옷을 살 때 신중하게 고르고 샀을 것이므로 젬마는 자신이 고르는 시간은 물론 공짜이니 땡잡는 것이라 여기면서 무조건 오케이였다.
그리고 옷가지나 물건이 많아지면 마을회관에서 재활용 장터를 열었다.
"전 이 꼴이지만 서울 강남 사는 제 친구들은 멋쟁이여서… 필요하면 가져들 가시어요."
젬마는 동네 이웃 부녀회원이나 할머니들이 친구들이 가져온 옷을 입은 모습을 보면 자신이 절대로 욕심쟁이가 아니라고 위안을 하기도 했다.
옷뿐이 아니라 소소한 가전제품도 마찬가지였다.
"옷이나 물건 중 2년 동안에 한 번도 손이 가지 않은 물건은 내게 필요한 것이 아니라네요. 그런 것은 필요한 사람에게 주거나 재활용하는데 줘야 하는 게 맞아요…"
젬마는 그렇게 말했고 자신이 쓴 칼럼 "서랍을 열자"에서도 그 점을 주장했지만 정작 자신은 실천하지 못하고 있었다.

젬마는 이번에 겪은 물난리가 그냥 난리가 아니었음을 깨달았다.

그랬으므로 친구들이 위로 전화를 해오면,

"하느님이 '젬마야, 제발 욕심내지 말고, 구질구질하게 살지 말거라', 경고장 날리신 거지 뭐. 후후…" 라면서 자신이 탐하는 마음이 많았다는 것에 대해 고백했다.

"내가 얼마나 치사하게 욕심 많았는지를 알게 해주시려고 한 대 멋지게 때리신 거지… 아니다. 그러고 보니 두 번째네… 후후…"

"암튼 넌 성격 하나는 끝내준다."

"야! 끌탕하고 속상해하면 두 가지 손해 보잖아? 난 약아서 절대로 두 가지 손해는 안 보는데 이번 일은 하느님이 경고하신 것 맞아! 내가 더 이상 구질맞게 사는 걸 보시지 못하시겠나봐… 흐흐…"

정말 그렇게 생각이 되어선지 젬마는 이번 물난리가 고맙다는 생각이 들었다.

구질맞게 알뜰한 자신이 이렇게 혼쭐나지 않으면 앞으로도 주는 것을 덥석 받기만 할 것이 아닌가.

이사할 때 아주 유니크했던 이삿짐센터 직원의 말이 떠올랐다. 그는 뭔가를 버릴 때 설레지 않는 것을 다 버려도 된다는 유머에 젬마는 '남편이 설레지 않는데 어쩌지?' 하면서 웃었던 일이 있었다.

젬마는 설레지는 않지만 당장 필요하지 않은 것을 버리면서 스스로가 버릴 수 있는 용기를 주신 하느님께 감사기도를 했다. 그녀는 그냥 감사기도를 한 것이 아니라 미사에 가서 익명으로 감사헌금을 하면서 스스로가 좀 깔끔하게 살지도 모르겠다는 희망으로 설레이기도 했다.

나비

홍양순 레지나

11월 하순 오후, 완도를 출발해 제주로 향하는 카페리호 선착장. 열 살 남짓의 여자아이가 해운회사에서 제공한 결속바로 자신의 자전거를 묶고 있다. 선박의 고정대에 핸들과 앞바퀴와 뒷바퀴까지 가로지르는 건 지나치게 수고로워 보인다. 하지만 여자아이의 입매와 손길은 빈틈없이 야무지다. 반면 아이 옆의 아빠인 듯한 마흔 중반의 젊은 남자는 허우룩한 얼굴로 결속하던 바를 자꾸 손에서 놓치고 있다. 아이가 제 아빠를 쳐다보고는 그의 바를 빼앗아 자기 것과 똑같은 방식으로 꼼꼼히 엮는다. 제법 단단해 보이는 마지막 매듭이 아이의 주먹보다 크다. 일을 마친 아이가 마찰열에 발갛게 된 제 손바닥을 잠시 들여다본다.

카페리호는 물결이 넘실대는 바다를 헤치며 남쪽으로 향하고 있다. 몇 개의 섬이 고물 뒤로 밀려나고 곧 망망대해가 펼쳐진다. 겨울 채비를 하는 서늘한 바람과 잿빛 하늘이 갑판 위로 날카롭게 엉겨든다. 행락객들이 어깨를 움츠리며 바다 풍경을 배경으로 삼삼오오 모여 있다. 가족이거나 친구, 친목회거나 동호회로 어수선한 탁자들 사이, 여자아이 아빠가 장의자 한쪽 끄트머리에 엉거주춤 엉덩이를 걸치고 있다. 그의 앞 탁자에는 으그러진 맥주캔 두 개가 뒹굴고 새로 딴 캔 하나는 그의 손에 들려 있다. 딸아이는 앙다문 입술로 휴대폰을 들여다보며 가끔 못마땅한 듯 제 아빠를 힐긋거린다.

전화가 왔는지 아이가 황급히 휴대폰을 귀에 댄다.

"응, 할머니. 우리 인제 배 탔어. ……아빠? 지금 맥주 마셔."

아이의 미간이 제 아빠를 내려다보며 살짝 찌푸려진다.

"응. 알았어. 걱정하지 마. 잘 타고 갈게. ……걱정하지 말라고! 알았다니까."

아이가 단호하면서도 쓸쓸한 얼굴로 전화를 끊는다. 통화 내용을 들은 아빠가 캔을 든 채 말없이 일어선다. 아이도 휴대폰을 작은 크로스 백에 넣어 지퍼로 잘 잠그고 아빠가 남긴 빈 캔까지 양손에 잘 거둔 뒤, 그를 따르며 쫑알거린다.

"엄마가 아빠한테 젤로 싫어했던 게 뭔지 알아? 너무 얌전한 거. 착하고 진지한 사람 같아 그게 좋아 결혼했는데 완전 맹탕 꽝이었대. 그게 힘들었다고 했어. 누구랑 좀 싸우기라도 했으면 차라리 좋았을 거 같대."

아빠가 걸음을 멈춰 돌아보더니 한마디 한다.

"넌 어쩜 엄마랑 그렇게 똑같니? 말투랑 표정이랑."

그의 낯빛이 허허롭다.

"엄마 딸이 엄마 닮지 누굴 닮겠어? 그니까 이제부터라도 좀 씩씩해지라고!"

"그래서 너 말대로 자전거라도 타 보려 제주도까지 가잖아."

"맥주는 그만 마시고!"

그가 푸념하듯, 내가 할 수 있는 게 뭐겠나, 혼잣말을 하며 난간 쪽으로 걸음을 옮긴다. 아이가 따라붙으며 소리친다.

"엄마 이젠 절대 안 와. 아니 못 와. 받아들여!"

그가 돌아서며 "나도 알아. 그치만 그렇게 말하지 말아 줄래?" 하고는 등을 보인다. 딸이 입을 비죽 내밀며, "아빠가 늠름해 봐라, 나도 이런 말 안 하고 싶다, 나 열 살이야! 인제 열 살밖에 안 됐다고.", 그의 등에 대고 앙탈을 부린다. 그러는 중에도 쓰레기 분리수거함을 발견한 아이는 얼른 빈 캔을 가져가 그것을 정리한다. 그새 아빠는 뱃머리에 부딪쳐 솟구치는 흰 포말을 바라보며 맥주를 홀짝거리고 있다.

딸 또래의 여자아이를 데린 일가족이 그의 옆으로 다가온다.

그들 부부도 얼추 그와 비슷한 연배다. 오는 동안 엄마와 딸은 계속 티격태격 중이다. 엄마는 딸의 머리를 새로 묶어야겠다고 성화를 부리고 딸은 제발 그냥 놔두라며 강하게 도리질한다.

"나비 핀 건드리지 마. 엄마가 만지면 딱 그 자리에 못 꽂는단 말야."

제자리에 꼭 꽂아 주겠다며 엄마가 잽싸게 파란 나비 핀을 아이의 머리에서 빼내는데 맥주를 마시던 맥주캔 아빠가 거칠게 돌아선다. 순간 그의 어깨가 아이 엄마의 손을 치고 만다. 그 충격으로 아이의 나비 핀이 엄마의 손을 떠나 바다로 날아간다.

"어머!" 엄마의 비명과 동시에, "내 핀! 내가 제일로 아끼는 핀인데, 난 몰라. 당장 찾아왓!", 아이가 주저앉아 악을 부린다. 부부가 달려들어 달래 보았자 소용이 없다. 맥주를 마시던 아빠는 잠깐 아이를 내려다보고는 별일 아니라는 듯 난간을 떠나려고 몸을 돌린다. 그때 머리핀을 잃은 아이 아빠가 맥주캔을 든 아빠의 어깨를 홱 나꿔챈다.

"거, 어린아이한테 사과라도 하고 가야 하는 거 아녜요?"

맥주캔의 아빠가 그의 손을 무심하게 털어내며 돌아선다.

"아니, 저놈이!"

성큼성큼 떠나는 맥주캔의 아빠를 향해 머리핀의 아빠가 "야!" 하고 고함을 지른다. 어느새 상황을 파악한 맥주캔의 아이가 머리핀의 아빠한테 머리를 조아린다.

"죄송해요. 아빠가 요즘 힘든 일이 있어서요. 이해해 주세요. 대신 사과드릴게요." 아이는 핀을 잃은 아이에게도 진심으로 사과한다.

"뭐 저딴 개념 없는 놈이 다 있어? 야, 네 딸이 훨 낫다야!"

맥주캔 아이가 머리핀 아빠한테 한 번 더 고개를 숙이고 제 아빠를 쫓아간다.

배의 고물 쪽, 부녀가 나란히 난간에 기대어 있다. 여전히 아빠의 손에는 맥주캔이 들려 있다.
"아빠, 이제 얼마나 가야 하지?"
"한 시간쯤만 더 가면 될 거야."
"아까 사과하지 그랬어."
"그냥 그러고 싶었어."
"잘했어, 아빠."
그때 아빠 위로 꽃잎처럼 생긴 파아란 무엇이 날아온다. 이윽고 아이의 머리 위로 옮겨온 파아란 무엇, 아빠가 "이거 뭐야?" 하며 그것을 잡으려 엄지와 검지를 오므린다. 그 무엇은 아이 머리 위에서 춤추듯 나울거린다. 파란 빛깔이 움직이는 각도에 따라 다양하게 영롱하다.
"이거 뭐지? 어, 나비인데? 어디서 왔지? 망망 바다, 이 계절에 어떻게 왔지?"
"나비라고? 엄마야, 엄마! 엄마가 우릴 보러 왔어."
딸이 폴짝거리며 얼굴을 하늘로 젖히고 나비의 동선을 바삐 쫓는다. 그리고 나비를 향해 큰소리로 묻는다.
"엄마지? 엄마 맞지? 엄마가 정말 올 수 있는 거구나. 아빠, 엄만 우리 보고 싶음 언제든 올 수 있는 거야."
아빠가 눈물을 글썽이며 고개를 끄덕인다.
"엄마가 나한테 그랬어. 언제라도 나비가 되어 날 보러 오겠다고."
나비가 화답하듯 아이의 눈앞에서 한참 날아돌다가 이내 바다 위로 나울나울 멀어져 간다. 흥분한 부녀는 두 손을 꼬옥 붙잡은 채 가뭇없이 사라지는 새파아란 나비를 오래 배웅한다. 캔은 언제 떨어졌는지 바닥에 쿨럭쿨럭 맥주를 쏟고 있다. 아이가 손나발을 만들어 바다를 향해 소리친다.
"엄마~! 또 와~!"

동시

달팽이

강순아 레지나

집을 지고 길을 기어간다
한 걸음, 한 걸음
내디딜 때마다
지구가 숨을 쉰다

발자국도 남기지 않고
길을 뒤돌아보며
너는, 그 길 위에 꿈을 새긴다

나무 위에서 새들이 지저귄다
-땅이 꿈틀대잖아
-어린싹이 나오고 있잖아
-어머, 달팽이가 땅속에 공기와 먹이를 넣어주고 있네

해 종일, 네가
느리게 남긴 길이
하루의 끝에서
맑고 영롱한 세상이 된다는 걸
아무도 모른다

그래도 너는
어제도 오늘도
쉼 없이
그 길을 기어간다.

새해 인사

고영미 세라피나

콩쥐를 돕던
부지런한 참새 가족
성모상 앞에서
아침 일찍 새해 인사한다.

"새해 복 많이 받으세요."
짹짹 짹 짹짹 짹짹짹짹

말씀 선물 받고
입가에 미소를 얹어
만나는 모든 이에게
소망을 전했지!

내가 더 기쁘게
알렐루야! 평화를 드립니다

물으신다면

김영 요비타 엘리사벳

새벽 한밤중 저녁 한낮 아침
처서 입추에도 끄떡없는 삼십 도를 넘나드는
사십여 일간 우리 동네 여름 날씨
최강 폭염 온도계에 신기록 진행 중인 2024 여름

열 폭탄에 폭발 직전 날씨에도
혼자서는 에어컨, 선풍기조차 틀지 않는 마리아 할머니

바싹 마른 몸이 비밀병기인가?
더위를 견디는 비법이라도 숨겨놓았나?
"할머니, 덥지 않으세요? 열사병에 걸려요."
안타까운 마음을 넘어선 궁금증에 돌아온 대답
하느님을 뵐 수 있을 때
"넌 어찌 살다 왔느냐?"
물으신다면

하느님이 만드시고 보기에 참 좋았던 지구에서
아픈 지구가 더 아프지 않게
땀이 나면 손부채로 땀방울을 식히고
시원한 물 한 모금에 목을 축이고
아껴가며 물세례를 온몸으로 받고
마음과 몸을 다해 견디고 왔다고 말씀드리고 싶어.

이래서야 되겠어?

박광희 소피아

과자봉지, 사이다 캔
텃밭 주변 쓰레기들
어린 상춧잎 다칠라

이래서야 되겠어?

스티로폼 조각, 플라스틱병
약수터 길목 쓰레기들

이래서야 되겠어?

조로록 개울물 따라
개골개골 어린 청개구리

까딱까딱 각시투구꽃

만나지 못할라

질소

서희경 세실리아

오늘은 무얼 하였소?
물었소
무얼 물었소?

왜 내가 또 졌소?
하늘소에게 물었소

"빠락빠락 우기지 좀 마소
 또 누구랑 싸웠소?"

하늘소는 말씀하셨소

"하늘나라는 질소로 이루어졌소
 질소로 모두 다 살아있소."

오늘도 장수풍뎅이한테 진 사슴벌레는
질소의 공기를 함빡 마시고
하늘소를 바라다보며
사슴처럼 촉촉한 눈망울이 되었소

꽃잎 하나

선용 베드로

엄마 함께 나갔다가
멈춰 선 아이

엄마는 성체 모시고
자리로 가는데

-엄마, 저거!

아이가 가리키는
성모상 앞 꽃바구니

-그건 안 돼!
-아니야, 저거!

아이 손끝 그 자리
떨어져 있는 꽃잎 하나

허리 굽힌 나무

신정아 스텔라

길가에
허리 굽힌 나무

왜일까
왜일까

나무 밑을
내려다보니

자그마한
애기똥풀

노랗게
웃고 있네

애기똥풀이
예뻐 보였구나

귀여워서
안아주고 싶었구나.

지렁이의 말

안종완 테오도라

징그럽다고?
그렇게 생각할 수도 있겠지.

그렇지만, 내가 하는 일을 알면
서연이, 너도 생각이 달라질걸.

나는 쉬지 않고 땅을 뒤집어
내가 움직일 때마다 땅은 포근포근해져.

내 응가로 흙은 기름지게 되어
고구마나 감자, 알뿌리를 토실토실 키우지.

주인아저씨는 나만 보면
"우리 밭의 보물!" 외치며 반가워하시지.

서연이, 네가 나를 만날 때마다
"아이, 징그러워!" 소리칠 때면 난 슬펐어.

그렇지만 언젠가는 너와 내가 친해지리라 믿었어.
내가 하는 일을 네가 알게 될 때가 오면.
이제 친해질 수 있겠지?

버려진 의자

오원량 카타리나

산기슭
나무가 의자가 되어 돌아왔네

반갑다고
신기하다고

나비도 잠자리도
사뿐 앉았다 가고

잠자리도 앉아 몸을 둥굴려 보고

구름도 걸터앉았다 가면

메꽃도 앉고 싶어
서로 다리에 붙어
낑낑거리며 오르고 있네.

봄날

이경애 레지나

벚꽃잎 하나가
꼼질꼼질 움직인다.

쪼그리고 앉아
자세히 보니
작은 개미 두 마리가
마주 물고 간다.

커튼을 만들려나?
이불을 만들려나?

무엇을 만들든
향기는 참 좋겠다

손뼉

정금윤 요안나

눈 코 입 귀처럼
닿는 곳마다
크고 많은 관심을 전해요

첫째가 굽으면 둘째와 셋째가
둘째가 짧으면 첫째와 셋째가 나서는
진한 형제애도 지녔어요

2-1=0이니
같은 듯 다른 좌우가
오순도순하면 그만이지요

고맙다

정두리 세라피나

까맣게 씨앗을 매단
메리골드
너 애썼다
비바람 견디고
무더위 이기고

이듬해,
환한 얼굴
꽃이 되려고
지금 까매진
네가 진짜 고맙다

희망의 초록 세상

정화 미카엘라

여름을 점령한 무더위
집중포화 하듯
맹렬한 기세 물러나지 않아요

한적한 숲길 따라 걸어가면
하늘에 작은 구름 둥둥 떠다니고
싱그러운 향기로 맞이하는 나무들
초록 세상을 만나요

매미 노래하고 풀벌레 장단 맞추어요
잔잔히 흐르는 맑은 계곡물 가만히 발 담그니
반짝이며 헤엄치는 송사리 떼
반들반들 깨끗한 조약돌

솔솔 부는 초록 바람이
지친 몸과 마음을 달래주네요

자연의 선물 초록 세상
우리들의 희망입니다

동화

모니의 기도

김율희 임마누엘라

하느님께서는 이 세상을 만드시고 난 후에 단 하루도 마음이 편한 날이 없었습니다. 그뿐인가요? 단 하루도 쉬어본 적이 없습니다. 일요일을 만들어 인간들을 쉬게 하고 하느님 자신도 좀 쉬려고 했지만 말썽쟁이 인간들은 일요일에도 끊임없이 사고를 치고 일을 만들었거든요.

너무 피곤에 지친 하느님은 천사들의 조언을 받아들여 하느님을 대신해서 인간들을 도와줄 천사들을 대거 세상으로 보냈습니다. 그래서 사람의 모습을 한 천사들은 세상으로 내려와 온갖 일로 고통스러워하고 힘들어하는 인간들을 도왔습니다. 하지만 세상은 점점 더 복잡해지고 점점 더 일은 많아져서 이제는 천사들도 기진맥진 상태가 되어버렸습니다.

온갖 보고와 일에 시달리고 시달리던 하느님은 어느 날, 멍하니 하늘 CCTV를 바라보고 있었습니다. 이 하늘 CCTV는 예전의 세상 거울을 보완한 것으로 더 많은 세상 사람들을 비추었기 때문에, 하느님은 곳곳의 세상 모습을 살필 수 있었습니다. 어쩌면 그랬기 때문에 하느님의 일이 더 많아진 것인지도 모르지요.

그야말로 지친 눈으로 CCTV를 관찰하던 하느님은 옹색한 어느 집의 어두운 방에서 홀로 기도하고 있는 소년을 발견했습니다. 그 모습이 너무 애잔하여 하느님은 눈을 번쩍 떴습니다. 그리고 곧 그 소년에 대한 정보를 순식간에 스캔했습니다. 그 소년의 이름은 모니였습니다. 모니는 어린 나이에 부모를 다 잃었습니다. 몇 년 전, 전 세계를 강타했던 코로나로 모니는 졸지에 고아가 되었습니다. 그 후에 할머니가 모니를 맡아서 키웠는데 할머니마저 노환으로 세상을 떠나고 말았습니다. 모니는 보육원에 가야 했지만, 한사코 거부하고 할머니의 집에서 혼자 살았습니다. 학교도 가지 않고 밥도 잘 먹지 않았습니다. 그 대신 모니는 하루 종일 어두컴컴한 방 안에서 기도만 했습니다. 부모님이 돌아가시고 나서 할머니 집에 맡겨졌을 때 모니가 본 것은 할머니의 기도하는 모습이었습니다. 모니가 지독한 외로움을 견디고 슬픔과 고통을 견딜 수 있는 것은 기도뿐이었습니다. 하느님의 눈에 눈물이 핑 돌았습니다. 모니가 너무 가엾게 여겨져 견딜 수 없었습니다.

하느님은 곧 깊은 생각에 잠겼습니다. 저 어린 소년을 구할 방법이 없을까 하고 한참을 고민했습니다. 그러다 마침내 하느님은 천사 '류'를 불렀습니다.

"류, 네가 세상에 좀 갔다 와야겠다. 저기 저 소년이 보이느냐? 모니 말이다."

하느님의 말에 천사 '류'는 하늘 CCTV를 자세히 들여다보았습니다. 바싹 야윈 데다 고통에 일그러진 표정의 소년 모니가 보였습니다.

"예 하느님, 제가 어떻게 하면 될까요?"

"네가 세상에 내려가서 모니를 도와주어라. 저 아이가 밥을 먹을 수 있도록 해주고 저 아이에게 살아갈 용기를 주면 좋겠구나."

천사 '류'는 곧 날개를 퍼덕여 초고속으로 날아서 모니를 찾아갔습니다.

모니는 남루한 옷차림으로 어두운 방 안에서 삶의 희망을 잃은 채 오직 엄마 아빠를 보고 싶다는 기도에만 열중하고 있었습니다. 모니의 옆에는 마을 사람들이 가져다준 음식들이 있었습니다. 하지만 모니는 음식에는 입도 대지 않고 오직 기도만 하고 있는 듯 보였습니다. '류'는 다정한 아저씨의 모습으로 모니에게

다가갔습니다. 그리고 모니의 어깨에 손을 얹었습니다. 모니는 순식간에 자리에 쓰러져 잠이 들었습니다. 그러자 그토록 보고 싶었던 엄마 아빠를 만날 수 있었습니다. 엄마 아빠는 환한 미소를 띤 얼굴로 모니를 안아주었습니다. 모니는 기쁨에 겨워서 어깨를 들썩이며 꺼억꺼억 울었습니다. 한참 동안 모니는 엄마 아빠와 손을 잡고 아름다운 꽃길과 숲길을 걸었습니다. 얼마의 시간이 흘렀을까요? 모니는 잠에서 깨어났습니다. 그러나 엄마 아빠는 모니의 옆자리에 없었습니다. 모니는 슬픔과 상실감에 기진맥진해서 오히려 더 정신을 잃어버렸습니다. 천사 '류'는 모니의 옆에서 한참 동안 아이를 지켜보았습니다.

다음날, 새 소리에 눈을 뜬 모니는 바깥으로 나왔습니다. 그런데 마당에서 놀랍게도 포실포실 털이 예쁜 강아지 한 마리가 모니를 쳐다보고 있었습니다. 모니는 처음에는 강아지의 눈을 외면했습니다. 그렇게 시간이 흘렀습니다. 바람이 불고 마당에 있는 풀들이 서걱서걱 소리를 내며 흔들렸습니다. 모니는 허리를 숙여서 강아지를 가만히 가슴에 안았습니다. 따뜻한 온기가 느껴졌습니다. 모니의 눈에 눈물이 흘러내렸습니다.

모니는 그날부터 강아지와 함께 살기 시작했습니다. 천사 '류'는 모니에게 먹을 것을 가져다주었습니다. 모니는 강아지에게 먹을 것을 나누어 주고 자신도 조금씩 음식을 먹기 시작했습니다. 그리고 강아지와 장난도 치고 간혹 미소를 짓기도 했습니다.

햇살이 눈부시게 내리쬐는 어느 날 아침, 모니는 집안을 둘러보았습니다. 곳곳이 온통 먼지투성이였습니다. 모니는 빗자루를 찾아서 우선 방과 마루부터 청소하기 시작했습니다. 그리고 나중에는 마당까지 깨끗이 쓸었습니다. 깨끗해진 마루에서 모니는 마당 한 편에 피어있는 능수화를 바라보았습니다. 주황색의 기다란 꽃 속에 엄마 아빠의 얼굴, 그리고 얼마 전에 세상을 떠난 할머니의 모습도 보이는 듯했습니다. 능소화를 바라보던 모니는 힘을 내서 신발을 신고 밖으로 나갔습니다. 그리고 마을회관을 찾아가 어른들에게 떠듬떠듬 힘들게 부탁했습니다.

"이제 학교 가고 싶어요. 저를 학교로 보내주세요."

곧 이장님이 마을회관으로 달려왔습니다. 그리고 모니를 꽉 안았습니다.

"모니야, 이제 학교 갈 수 있겠니? 이제."

모니는 고개를 끄덕였습니다.

"그래, 그래, 장하구나. 네가 원하면 언제든 우리 집으로 와도 된다. 할머니께서 부탁하셨어."

마을회관에 모인 어른들은 어떻게 하면 모니를 도울 수 있을지를 의논했습니다. 우선 당분간은 식사를 모니의 집으로 가져다주고 개학하면 모니를 학교에 보내기로 했습니다. 그리고 빨래와 청소는 서로 당번을 정해서 도와주기로 했습니다.

모니가 천천히 말했습니다.

"제가 집안 청소는 대충 했어요. 다른 것들도 알려주시면 배워서 할게요. 고맙습니다."

마을 어른들은 그동안 모니의 걱정을 많이 했는데 다행이라고 모니의 어깨를 토닥여주었습니다.

천사 '류'는 이 모습을 멀리서 지켜보고 있었습니다. 그리고 가볍게 미소를 짓고 곧 하늘로 날아올랐습니다.

하늘에서 CCTV로 이 광경을 바라보던 하느님은 휴 하고 안도의 한숨을 내쉬었습니다.

"그래 모니야 잘했다. 앞으로도 많은 사람들이 너를 도와주겠지. 그래도 너는 앞으로 더 씩씩해져야 한단다."

모니를 바라보면서 하느님은 마음속으로 다짐하고 또 다짐했습니다.

"단 한 사람이라도 슬퍼하거나 고통스러워하거나 억울한 사람이 없는 세상을 만들겠다고 내 그리 다짐했건만 슬픔의 눈물을 흘리는 것을 보기가 이제는 너무 괴롭고 힘이 드는구나."

다가오는 천사 '류'를 바라보면서 하느님이 다정한 목소리로 말했습니다.

"류, 애썼구나. 모니는 잘할 거야. 애썼다."

하느님은 잠깐의 휴식도 없이 곧바로 하늘 CCTV를 통해 세상을 둘러보았습니다. 기쁜 일, 슬픈 일, 아름다운 일, 고통스러운 일, 신나는 일, 아픈 일, 보람 있는 일, 참담한 일, 행복한 일 등 여러 가지 일들이 일어나고 있었습니다.

"사람들이 가끔 잘못을 저지르거나 어리석은 일을 해도 나, 저들을 탓하지 않겠다. 내가 이미 완전한 사랑을 약속했기 때문이다. 사람들이 기도를 멈추지 않는 한 저들의 눈물을 닦아주고 저들의 상처를 아물게 할 것이다."

천사 '류'는 가만히 하느님의 옆에서 고개를 끄덕였습니다. 하늘나라의 빛이 천천히 세상을 향해서 뻗어나가고 있었습니다.

동이의 오이도 선사시대

박명영 카타리나

동이는 작살과 빗창을 들고 친구 여울이랑 바닷가로 나왔습니다.

이곳 바닷가는 조수간만의 차가 크고 수심이 얕은 특징을 가지고 있습니다.

동이는 사냥을 나간 아빠와 곡식 채집을 나간 엄마를 조금이라도 돕고 싶은 마음에 친구랑 고기잡이를 나선 것입니다. 물론 어패류로 배고픔을 채우고 싶기도 했습니다.

신석기 시대 한반도 서해안 지역은 해안선이 복잡하고 작은 섬들로 이루어져 있어서 바다가 아름답습니다.

동이의 마음은 복잡합니다. 어젯밤에 엄마 아빠가 나누던 대화가 생각나서입니다. 그것이 머릿속에 남아 고기를 잡는 게 아니라 머릿속 생각 잡느라 자꾸만 작살을 엉뚱한 곳으로 찔러 댑니다. 그런 동이를 약 올리듯 물고기들은 꼬리를 살랑살랑 흔들며 요리조리 잘도 피해 다닙니다. 여울이는 계속 힐끔힐끔 동이를 쳐다보았습니다. 동이가 엉뚱한 곳으로 작살을 찔러대는 것을 보고는 결국 한마디 던집니다.

"동이야, 물고기는 안 잡고 생각만 잡고 있니?"

동이는 친구 여울이에게 어젯밤에 들은 이야기를 나눌 수 없습니다.

사실 여울이 부모님에 관한 얘기였기 때문입니다.

어른들은 별일도 아닌 거로 싸우고 그걸 어려운 문제로 만드는 재주가 있는가 봅니다. 아무 말 없이 동이는 작살을 버리고 오이도에서 흔한 굴을 빗창을 들고 채취하기 시작합니다. 여울이도 살그머니 작살을 내려놓고 빗창을 들고 동이 옆으로 와서 굴을 채집합니다. 속으로 궁금하면서도 동이가 왜 그런지를 묻지 못하고 눈치만 슬슬 살핍니다.

늦가을에 동이네 가족과 여울이네 가족은 이곳 오이도로 들어왔습니다.

식량 자원이 부족한 것을 해결하기 위해서 겨울을 여기에서 보내고 초봄까지 있게 될 것입니다.

오이도는 갯벌이라 조개류가 풍부합니다. 먹을거리가 부족해지는 겨울에도 풍부한 단백질을 보충할 수 있습니다.

동이 가족도 채집한 조개류로 단백질을 보충하였기에 굴을 채집해서 가면 엄마나 아빠 그리고 동생이 좋아할 것입니다.

동이는 입술을 굳게 다물고 굴 채집에 집중했습니다. 그래야만 어젯밤에 들은 이야기들이 더는 생각나지 않을 것 같았기 때문입니다.

동이의 그런 생각을 읽은 듯이 친구 여울이도 옆에서 말없이 굴만 채집하고 있습니다. 동이는 머릿속의 생각을 저 깊은 바닷물 속으로 던져 버릴 수만 있다면 던져 버리고 싶습니다. 그만큼 동이의 마음속에는 커다란 혹이 들어있습니다. 그 혹이 어느 날 동이의 가슴을 짓누를 것만 같아 불안합니다. 만약 어젯밤에 부모님이 한 말이 사실이라면 여울이 부모님은 많은 상처를 안고 빨리 떠날 수도 있기 때문입니다. 그러면 유일하게 동이의 마음을 달래주던 친구 여울이와 헤어지게 됩니다. 여울이와 헤어지는 게 너무 싫습니다. 동이는 예전에 왕따당하여 혼자서 외로이 지내던 시절로 돌아가고 싶지 않습니다. 여울이가 없는 시간을 생각할 때마다 동이의 머릿속은 번개가 치기 직전처럼 폭발할 것 같은 마음입니다

옆에서 계속 침묵을 지키며 굴을 채집하던 여울이는 심심한

듯 계속 종알거리기 시작하였습니다. 여울이를 힐끗 쳐다보다가 동이는 눈물이 날 것 같아서 고개를 숙이고 굴만 열심히 채집하였습니다. 그리고 아무 죄 없는 동죽만 꾹꾹 질러대었습니다.

　나무껍질로 만든 용기인 바구니에 동죽과 굴로 가득히 채우고 나니 어느새 해가 바닷속으로 들어가려고 하고 있습니다.

　동이는 석양이 지는 아름다운 바다를 바라보며 걷는 이 길을 여울이와 계속해서 걷기를 희망해 봅니다. 여울이와 걷는 이 시간이 동이에게는 붉은 태양이 바닷속으로 숨바꼭질하듯 즐겁고 신납니다.

　며칠 후면 '여울이네 가족은 이 오이도를 떠나겠지'라고 생각하고 걷다 보니 어느새 동이네 움집 앞입니다. 여울이는 오늘 하루 종일 동이가 말을 걸지 않아서 심심했다며 투덜거립니다. 그런 여울이를 물끄러미 바라보던 동이는 또 한 번 눈물이 울컥 나왔습니다. 그런 모습을 보이기 싫어서 뛰다시피 움집 안으로 들어왔습니다. "내일 또 만나 신나게 놀자."라는 여울이의 말이 움집 안으로 들려옵니다.

　움집은 땅을 파서 자연적인 토벽을 만들고 기둥을 세운 뒤 지붕을 덮어씌운 집입니다. 움집 입구가 매우 좁습니다. 이유는 무서운 동물들이 들어오지 못하게 하기 위해서입니다. 그리고 움집 안의 체온을 빼앗기지 않기 위해서 움집 안은 조금 낮게 만들었습니다.

　움집 안에는 엄마가 채집해 온 곡식이 빗살무늬 토기에 가득 담겨있습니다. 엄마는 남은 것으로 분주하게 요리하고 있었습니다. 엄마가 해주시는 요리는 이 세상의 어떤 요리보다 맛있습니다. 엄마는 언제나 우리 가족을 위해 사랑을 듬뿍 담아 요리하십니다. 그래서 엄마 냄새가 좋습니다. 엄마는 주로 조, 기장, 수수, 팥, 보리, 밀, 벼 등의 야생 식물자원을 재배합니다. 시간이

나면 식물성 식재료인 도토리를 채집해 와 갈돌과 갈판에 갈아서 도토리 요리도 해주십니다. 동이는 나무껍질로 만든 바구니 속에서 동죽과 굴을 꺼내 조심조심 모닥불에 던져 넣었습니다. 동이는 괜히 눈물이 나왔습니다. 자신도 모르게 막대기로 불을 휘젓다가 소매로 눈물을 훔쳤습니다. 그 모습을 본 엄마가 놀라 동이를 쳐다보며 물으셨습니다.

"동이야, 오늘 무슨 일이 있었니? 슬퍼 보이는구나."

"아무 일도 없어요"

이렇게 답하는 동이의 마음이 더욱더 옥죄여 왔습니다.

동이는 엄마에게 여울이네 가족이 정말로 떠나야만 되는지 여쭙고 싶었지만 꾹 참았습니다. 어른들이 말하는 걸 엿들었다고 뭐라고 하실 것 같아 여쭈어보지 못했습니다.

아빠는 행동이 민첩하고 후각이 발달한 멧돼지를 눈앞에서 놓쳤다고 중얼거렸습니다. 아빠가 사냥해 온 고기는 우리 몸을 튼튼하게 해주는 단백질입니다. 가죽이나 이빨과 뿔은 우리 몸을 보호해 주거나 장식품으로 사용됩니다.

엄마께서 뼈로 바늘을 만들고 뿔이나 이빨은 예쁜 장신구로 만들었습니다. 지금도 동이 목과 동생 목에는 동물 이빨이 목걸이가 되어 걸려있습니다.

가죽으로는 추운 겨울에 체온유지를 위해 뼈로 만든 바늘로 동이와 동이 동생 옷과 신발, 가죽 보호대를 만들어 주셨습니다. 엄마가 만들어 준 가죽옷은 한겨울에도 따뜻합니다. 가죽 보호대는 발목을 따뜻하게 해주어 한겨울에도 아프지 않습니다. 또한 가죽 신발을 신고 있으면 발이 시립지도 않습니다.

때로는 식물의 줄기로 엮어서 옷을 만들어 주기도 하셨습니다. 옷을 만들 때는 가락바퀴를 이용해서 만들었습니다. 가락바퀴는 가운데에 막대기를 꽂아 섬유를 회전시키면서 길게 꼬아

실을 만들었습니다. 다음날 동이는 엄마 아빠와 여울이네 가족이 어떻게 하는지를 엿보고만 있었습니다.

　동이는 신이 있다면 그 신에게 여울이네 가족이 떠나지 않게 해달라고 빌고 싶었습니다. 동이의 가슴엔 아직도 왕따의 아픈 기억들이 송곳으로 찌르듯이 생각납니다.

　외롭고 힘든 엄마 아빠에게도 말하지 못하는 그 아픈 기억이 제발 반복되지 않기를 얼마나 바라고 기도하였던가요.

　그 기도 덕분인지 어느 날 여울이네 가족과 오이도로 같이 들어왔고 동이는 여울이와 친구가 된 날부터 해맑은 미소를 다시 찾았습니다.

　동이가 한 기도가 이루어짐으로 어딘가에서 항상 지켜보고 있는 그 누군가를 느낍니다. 아마 여울이네 가족도 떠나지 않을 것이라고 믿으며, 동이는 간절한 자기의 기도가 꼭 이루어질 것이라 믿습니다.

희곡

병아리가 된 부활달걀
-부활축제 소극

전옥주 가타리나

때 : 부활절 하루 전날
곳 : 주일학교의 자그마한 교실

나오는 사람
야고보(주일학교 남자 교사)
수산나(주일학교 학생, 중 1년)
안젤라(수녀)
학생1,2,3(수산나의 친구들. 남녀 상관없음)
관객(객석에 관객으로 앉아 있음)

시그널 음악과 함께 무대 밝아지면, 교리교실을 연상케 하는 부착물들과 의자와 작은 책상 몇 개가 무대 우측에서 좌측으로 배열되어 있다. 야고보 선생이 교실에 혼자 앉자 어떤 고민에 잠겨있는데, 눈꺼풀 경련 증세로 자주 왼쪽 눈을 끔벅거린다. (객석에서 등장인물들의 표정을 충분히 관찰할 수 있게 인물의 동작과 표정 관리는 지극히 밀접하게 연출되어야 한다.)

야고보 : (독백)나는 지금 심각한 고민에 빠져있습니다. (눈을 끔벅이며) 바로 이 눈, 끔벅이는 이 버릇 때문이죠. 주일학교 학생들에게 놀림을 당하기도 하고…, 아니 이젠 놀림이 아니고 사랑의 인사로 상징화됐지만요.

…(한숨을 쉬며) 낯선 사람으로부터는 오해도 받고 봉변까지 당한 적도 있습니다. 글쎄 며칠 전에도 어이없는 일을 당했죠. 지하철 안이었습니다. 어떤 젊은 남녀와 마주 앉았는데 그들의 다정한 모습이 너무도 보기좋아 부러운 마음으로 쳐다보았죠. 그런데 갑자기 앞에 앉아 있던 그 젊은이가 벌떡 일어나서 내 앞으로 다가오더니 다짜고짜 내 뺨을 후려치는 게 아니겠습니까. 화들짝 놀란 나는 화가 나서 "왜 그러느냐?"며 항의를 하였죠. 그런데 그 사람이 하는 말이 "당신 왜 남의 아내에게 추파를 던지는 거야?" 하는 게 아니겠어요. 억울하게 한 대 맞고 이 눈 끔벅이는 증세를 자세하게 설명하고 이해를 구하긴 했지만…. 생각하면 할수록 참으로 황당하고 답답한 일이었습니다. (일어서서 무대 앞으로 나와 객석을 향해 호소하듯) 여러분 가운데 누구 용한 의사 선생님 안 계십니까? 제발 이 윙크병 좀 고쳐 주세요.

(사이) 수산나가 아주 기쁜 표정으로 등장한다.

수산나 : 야고보 선생님! 부화 축하해주세요.
야고보 : (의아스럽게 쳐다보며) 수산나~.
수산나 : 오늘 부화해서 나타났어요.
야고보 : 너 지금 뭐라고 했니? 뭐가 나타났다구?
수산나 : 부화요. 부화 축하해 달라구요. (윙크한다.)
야고보 : (되받아 윙크하며) 예수님이 무슨 병아리냐 부화하시게…, 부화가 아니고 부활!(큰 소리로 강조한다.)
수산나 : (깜짝 놀라며) …아뇨, 선생님. 저희 집 달걀이 부화

해서 병아리로 나타났다구요.

야고보 : 응, 난 또… 거참 뜻 깊은 부화로구나.

수산나 : 근데 선생님, 예수님께서 돌아가셨다가 부활하신 날이 내일이지요?

야고보 : 그럼, 그렇지.

수산나 : (약간 서먹해하며) 선생님~ 미안해요. …죄송해요.

야고보 : 뭐가 죄송해? (다시 윙크한다.)

수산나 : 선생님께 약속한 부활달걀을 못 갖고 오게 되어서요. 이번 부활절에는 우리 집 닭이 낳은 알에 그림을 그려서 선생님과 친구들에게 부활달걀 선물하기로 했는데….

야고보 : 그런데 그 달걀이 몽땅 부화해서 병아리가 되었단 말이지?

수산나 : 네, 근데 선생님 이상한 건요. 고놈의 닭이 어떻게 눈치를 챘냐는 거예요. 엄마가 닭이 알을 낳으면 모아서 부활달걀로 사용하라고 하셔서 내가 영양 사료도 주고 극진히 보살폈는데 한동안 알을 낳지 않는 거였어요. (고개를 깜찍하게 좌우로 흔든다.)

야고보 : 달걀이 부화했다며?

수산나 : 아 글쎄, 나중에 알고 보니 내가 알을 걷어 내가지 못하게 저 안쪽 구석에다 차곡차곡 숨겨두었다가 몰래 깟더라구요. 오늘 아침 갑자기 삐약삐약 소리가 나서 뜰에 나가봤더니 글쎄, 일곱 마리나 되는 병아리를 거느리고 어미닭이 자랑스럽게 앞장서서 돌아다니지 않겠어요. 그 모습을 보니 너무나 놀랍고 예쁘고 기뻐서 가슴이 콩당콩당 뛰더라구요. 얼미니 귀엽고 앙증맞은지…. 선생님, 우리 눈에 보이지 않아

도 너무나 많은 새 생명이 태어나고 있다는 걸 이번 부활절 내 부활달걀이 증명해 주었어요.

야고보 : (수산나가 귀여워서 짧게 웃고는) 그래, 정말 부화를 축하한다. 기쁜 부활절에 부화 된 새 생명을 보게 되어 더 기쁜 날을 보내게 되었구나. 병아리 엄마에게도 이 야고보 선생님이 부화를 축하한다고 전해주렴.

수산나 : 네. 꼭 전할게요. 그리고 내년 부활절엔 올해 몫까지 합쳐서 많은 달걀을 주어야 한다고 부탁할게요. 그리고 선생님, (절을 꾸벅하며) 정말 부화, 아니 부활을 축하합니다. (고개를 들며 윙크를 한다.)

야고보 : (역시 눈을 끔벅이며 인사를 받다가 근심스러운 듯) 얘, 수산나!

수산나 : 네? 선생님.

야고보 : 너 제발 거 윙크하는 내 버릇 좀 따라하지 마라.

수산나 : 왜요? 그게 뭐 나쁜가요? 우리 교리반 아이들은 선생님의 그 정다운 인사법이 매력있다고 다 이렇게(윙크하며) 하는 게 유행인데요.

야고보 : (간절하게) 너희들 괜히 내 흉내 내다가 버릇되면 내 꼴이 되는 거야.

수산나 : 선생님 꼴이 뭐 어때서요? 멋만 있는데요.

야고보 : (약간 소리 지르듯 과장해서) 버릇되면 봉변당하기 십상이라구.

수산나 : 봉변이요? 인사하는 사람에게 왜요?

야고보 : (안타깝다는 듯) 이봐 수산나, 실은 말이야. 내가 어렸을 때, 우리 본당 신부님께서 눈을 깜박이는 습관이 있으셨어. 그때 복사를 하던 나는 신부님을 무척 따랐지. 나를 귀여워해 주시고 인자하기 그지없으

신 신부님의 눈 깜박이가 어찌나 근사하고 멋지게 보이던지 혼자 있을 때는 열심히 흉내를 내곤 했지. 그러다가 그만 이 지경이 되고만 거야. (목소리를 높이며) 나 지금 그 신부님을 무지 원망하고 있다구….

수산나 : (깔깔대며) 호호…. 그 신부님도 참 멋지셨겠다. 근데 선생님은 선생님의 멋이 뭔지도 모르시나 봐. (웃음을 멈추고) 선생님 저 집에 갈래요. 안녕히 계세요. (인사하고 쪼르르 뛰어나간다.)

수산나 퇴장하고, 잠시 후에 안젤라 수녀 등장한다. 손에는 붓과 물감을 들고 앞치마를 두르고 있다. 앞치마에는 여러 가지 물감이 묻어있다.

안젤라 : (공손하게) 안녕하세요? 야고보 선생님이시죠?
야고보 : (일어서며) 아이구, 어서 오세요, 수녀님.
안젤라 : 저 원장 수녀님이 그러시는데, 주일학교 아이들이 달걀을 갖고 왔을 것이라고 해서…. 부활달걀이 좀 부족할 것 같아서요.
야고보 : 네. 아이들이 올 시간이 되어갑니다만…. 참, 좀 전에 수산나란 아이가 왔다 가긴 했는데 몽땅 부활을 했다는군요.
안젤라 : (어안이 벙벙해서) 네? 몽땅 부활하다니요?
야고보 : (실언한 것을 깨닫고) 아, 부활이 아니라 부화요.
안젤라 : 지금 뭐라고 하셨어요?
야고보 : 제 말은요. 달걀이 몽땅 부화해서 병아리가 탄생했다는 겁니다. (자신도 모르게 눈을 끔뻑한다.)
안젤라 : (놀라며) 아니 지금 농담하시는 거예요?

야고보 : (다시 눈을 끔벅이며) 농, 농담이라니요?

안젤라 : (더욱 당황해하며) 아니, 지금 저에게 무슨 짓을 하는 겁니까?

야고보 : 무슨 짓을 하다뇨?

안젤라 : (윙크 흉내를 내며) 지금 나에게 이러지 않았어요?

야고보 : 제가 언제 수녀님께 (윙크하며) 윙크했어요?

안젤라 : 지금도 이러구 (윙크) 있잖아요?

야고보 : (답답하다는 듯) 아이구, 이놈의 눈 버릇 때문에…. 오해는 말아주세요. 사실 저는요…. (윙크한다.)

안젤라 : (화나는 것을 자제하며) 이보세요, 야고보 선생님! 그런 행동 함부로 해선 안 되지요.

야고보 : 제가 뭘 어쨌다구… (또 윙크를 한다.)

안젤라 : 여긴 성당입니다. 그리고 전 수도자의 길을 걷는 수녀구요. 그렇게 경박한 행동을 보이다니요.

야고보 : (억울하다는 듯, 관객을 향하여) 도대체 내가 뭐 어쨌기에 수녀님께서 이러실까요?

관　객 : (객석에서 일어나) 수녀님을 향해 눈을 찔끔했잖아요. 그것도 몇 번씩이나. 불경스럽게시리….

안젤라 : 그 보세요. 매우, 매우 암시적인 추파를 던졌잖았어요? 회개하세요.

야고보 : 나 이거야 답답해 죽겠구먼. (자신의 가슴을 친다.)

안젤라 : 아무리 갓 부임한 수녀라도 이런 사건은 문제 삼지 않을 수 없습니다. 더군다나 아이들을 가르치는 선생님이 그런 경망스러운 행동을 하는 것을 묵과할 순 없어요. 한 번만 더 그런 행동을 보이면 신부님께 말씀드릴 겁니다. (일어선다.)

야고보 : (퇴장하려는 수녀를 향해) 저, 수녀님!

안젤라 : (나가려다 되돌아서며 말없이 야고보를 응시한다. 몹시 불쾌한 표정이다.)

야고보 : 저… 실은 드릴 말씀이… (다시 왼쪽 눈을 크게 끔벅한다.)

안젤라 : (화가 나서 고함치듯) 도대체 (흉내를 내며) 이건 뭐고 또 할 말은 뭐예요?

야고보 : 오해는 풀고 가셔야죠. 기쁜 부활절인데….

안젤라 : 오해라니, 무슨 오해 말입니까?

야고보 : …실은 전 눈꺼풀경련증이란 일종의 병증으로 눈을 끔벅하는데요. 의사 선생님 말씀이 뭐 습관성일 수도 있다는 겁니다. 재미 삼아 하다가 자신도 모르게 버릇이 되어버리는…. 이것 때문에 오해도 많이 받구 봉변도 가끔 당했죠. 제가 수녀님께 불순한 생각을 해서 그런 건 아니니까 제발 오해는 말아주세요.

안젤라 : (약간 수긍하듯) 그래요? 그런 증세는 언제부터였는데요?

야고보 : 어려서 복사할 때부터이긴 한데…, 한동안 괜찮았다가 요즘 들어 증세가 심해서 이 때문에 고민이 많습니다.

안젤라 : (고개를 끄떡이며) 그런 사정이 있었군요. (퇴장할 준비를 하며) 그럼 마음 편히 자연스럽게 계속 끔벅하세요.

야고보 : (눈이 휘둥그레지며) 네? 계속하라고요?

안젤라 수녀가 퇴장하기 전에 수산나의 친구인 주일학교 학생1, 2, 3이 계란 바구니를 들고 들어온다.

학생들 : (함께) 선생님, 안녕하세요? 수녀님, 안녕하세요? (인사를 하며 모두 윙크를 한다.)

야고보 : (역시 눈을 끔뻑하며) 오, 안녕! 부활의 기쁨을 나누려고 왔구나.

안젤라 : (아이들과 선생의 윙크하는 자연스런 모습에 놀라 번갈아 보며) 아니, 너희들도(윙크하며) 모두 이러는 거니?

학생 1 : 네, 수녀님. 우린 선생님의 (윙크하며) 이 인사가 무지 좋거든요.

학생 2 : (윙크하고는) 이렇게 하면 서로 마음이 너무 잘 통해요.

안젤라 : (신기한 듯 아이들을 쳐다본다.)

학생 3 : 선생님 부활달걀 받으세요. (윙크)

학생 1 : 수녀님도 받으세요. (윙크하며 달걀바구니를 내민다.)

  야고보 선생과 안젤라 수녀, 윙크로 답하며 달걀바구니를 받는다.

안젤라 : (감동한 듯) 야고보 선생님! 때로는 부자연스러운(눈을 찔끔 감으며) 행동도 일치감을 주는 데 도움이 되는군요.

야고보 : (수녀를 힐끔 쳐다보며) 수녀님, 누굴 놀리는 겁니까?

학생 2 : 선생님, 수산나는 안 왔어요?

야고보 : 수산나는 지금 부화의 기쁨에 빠져 정신이 없을 거다.

학생 3 : (의아해서) 선생님, 전 부활의 기쁨을 가슴 가득 담고 있지만 정신없진 않아요.

  야고보 선생이 웃는데, 수산나가 병아리를 담은 바구

니를 들고 등장한다.

수산나 : 선생님, 이게 제가 부활절에 바치겠다고 약속한 달걀이지요. 딱딱한 껍질을 깨고 어쩜 이렇게 예쁜 병아리가 나왔을까요? 너무나 신비해서 선생님과 친구에게 보이고 싶어서 갖고 왔어요.

수산나의 말이 끝남과 동시에 학생들은 병아리를 둘러싸고 환호성을 지르며 좋아라 하고, 야고보 선생과 안젤라 수녀는 흐뭇한 표정으로 아이들을 쳐다보는데, 〈거룩하다 부활이여〉 성가가 울려 퍼지면서 조명이 꺼진다.

평론

신경림 시인을 보내며

구중서 분도

오늘의 한국 문단에서 우뚝한 위치에 있던 신경림 시인이 지난 5월 22일 별세했다.

그가 살던 지역의 구청이 신경림 시인을 위한 한 행사를 마련하고 절친 한 명을 초대하라고 했을 때 신 시인이 나를 지명했다고 해 내가 동석한 적이 있다. 나도 이런 저런 행사에 신경림 시인과 동행을 한 경우들이 있다. 행사에 동석하는 외에 각기 자신의 책자를 간행하는 경우에도 서로 평설을 게재하기도 했다.

신경림의 첫 시집「농무」가 창작과비평사에서 출간된 때에도 뒷표지에 내 단평이 실렸다. 「신경림 문학의 세계(1995)」라는 평론집이 창비사에서 간행될 때에도 공동 편자가 구중서·백낙청·염무웅으로 되어 있고, 그 책에 나의 신경림론도 한 편 실렸다.

내 첫 평론집「민족문학의 길」이 출간되었을 때엔 뒷 표지에 신경림의 단평이 실렸다. 내 시·서·화전을 한국작가회의가 개최했을 때에도 도록에 신경림의 평이 실렸다.

무엇보다도 신경림은 내 고향인 경기도 광주의 너른고을 문학회 야유회 때면 나와 더불어 정희성·도종환 시인과 함께 동참했다. 산촌 계곡물에 발을 담그고 동심으로 돌아간 흥겨운 시간을 갖곤 했다.

신경림 시인은 1935년 충북 충주의 변두리 노은면의 한 농촌에서 태어났다. 나이로 보면 살만큼 산 셈이기도 하다.

그러나 격의 없이 한 마음으로 오랜 세월을 함께 지낸 사람을 다시는 만날 수도 없다는 사실은 무어라 형언할 수가 없다.

신경림 시인의 빈소에서도 나는 유족들에게 무어라고 인사말을 하지 못했다. 다만 손수건을 눈에 대고 있었다.

언론 지면들이 신경림 시인의 별세를 대서특필했다. 역사의 평가가 이루어지는 모습이다. 나도 이런 추세에 더불어 신경림 시인을 되새겨 본다.

한 언론 지면 기사는 중간 제목에서 이렇게 썼다. "반세기 넘게 서민들의 애환을 노래한/ 한국 문학 리얼리즘의 개척자"라고 했다. 또 다른 지면은 이렇게 썼다. "민중의 곁에서 민중의 이름으로 한국 시의 판을 뒤집은 시인"이라고 했다.

다 수긍할만한 말이다. 다만 '신경림만이' 리얼리즘의 개척자이고 민중 시인이라는 표현은 저널리즘의 상징적 표현이고, 신경림 자신도 그렇게 도식적이고 한정적인 표현을 긍정한 시인은 아니었다.

앞에서 한 신문의 기사가 신경림을 가리켜 '민중의 시인'으로 부른 예를 들었다. 이때 민중은 '시민'보다 혁명적 투쟁가를 연상시킬 수 있다. 그러나 실제로 신경림은 행동적으로 투쟁의 전면에 나서지는 않았다.

1980년 광주 5·18 민주항쟁 직후에 서울 문단에서 신경림과 조태일 두 시인과 문학평론가로 내가 함께 전두환 소장이 본부장으로 있던 합동수사본부에 연행되었다. 계엄포고령을 위반했다는 것이다. 연행 영장에는 김대중 내란음모 사건 참고인이라고 되어 있기도 했다.

우리는 신군부에 저항하는 행동적 투쟁을 한 바가 없다. 그러나 구속영장이 떨어져 우리는 서대문교도소에 투옥되었다. 이때 신경림은 웃으며 말했다. 지금 광주에서 무고한 수많은 시민이 계엄군의 총탄을 맞아 목숨을 잃었는데, 문학을 한다는 우리가 감옥에라도 한 번 간다는 것은 수지맞은 행운이라고 했다. 우리 셋은 동감이었다. 신경림의 민중성은 바로 이런 정도의 양심이었다.

투옥 후 두 달 만에 군사검찰이 신경림과 나를 부르더니, 느닷없이 기소유예로 석방한다고 했다. 석방 대기 장소로 갔는데 거기에 웬 바둑판이 하나 있었다. 신경림과 나는 맞수이므로 반갑다고 한 수 두기를 시작했다. 교도관이 우리의 소지품을 챙겨다 주며 나가라고 한다. 신경림과 나는 시작된 바둑이 끝나야 나간다고 했다. 끝내 그 한 판이 끝나고서야 우리는 바깥세상으로 나왔다. 이때 이 바둑은 '오락'이 아니고 여유였다.

돌이켜 보면 1970년대로부터 신경림과 나는 60년이 넘게 꼭 같은 길을 함께 걸어왔다. 한 번도 서로 거리를 두고 지낸 적이 없다. 민예총과 작가회의 일을 거치고, 술을 마시고 바둑을 두고 여행도 하며 지냈다. 문학을 하면서 나는 융통도 생각하면서 리얼리즘 주류론을 역사의식에 엮는 원리론을 숙고하고자 했다.

신경림은 더 일찍이 스물한 살의 나이에 벌써 인생의 내성적 감당을 깨달은 시 「갈대」를 썼다.

"바람도 달빛도 아닌 것,/ 갈대는 저를 흔드는 것이 제 조용한 울음인 것을" 조숙하게 알기 시작했다.

"비료값도 안 나오는 농사 따위야/ 아예 여편네게나 맡겨두고/ …한 다리를 들고 날나리를 불거나" 「농무」는 가망 없는 민생 나름의 신명이다. 이 신명은 포기는 아니고 살아 일어설 저력의 리듬이다.

그러면서 신경림 시의 저력은 발산으로 끝내는 것도 아니다. 그의 시 「파장」에서 보자. "못난 놈들은 서로 얼굴만 봐도 흥겹다" 밑바닥 못난이의 삶에도 인간애의 흥겨움은 남아있다.

흥겨움뿐이랴. 「가난한 사랑 노래」를 보자. 가난 속의 외로움과 두려움을 모르는 바는 아니지만 "가난하다고 해서 사랑을 모르겠는가" 가난 때문에 사랑마저 이루지 못하는 한이 있다 하더라도 "사랑을 모르겠는가"는 안다는 것이다. 알면 사랑은 있는 것이다.

신경림 시 전집 두 권 속에 수많은 시가 실려 있지만 내가 보기에 대단히 값진 시는 「정릉동 동방주택에서 길음시장까지」이다.

제목이 긴 이 작품은 전집이 나온 후에 발표되어 전집에 들어 있지도 않고 좀 덜 알려져 있다. 「가난한 사랑 노래」가 많이 읽히고 있는 것이다.

신경림의 시가 리얼리즘이고 민중의 시이면서 대단히 넓은 독자층을 가지고 있다는 것도 그의 인간적 성품이 온화하고 진실한 사랑을 시에 담고 있기 때문이다. 이때 이 사랑은 무엇인가. 인간 존재의 이유이고 증명이다.

> 정릉동 동방주택에서 길음시장까지, 이것이
> 어머니가 서른 해 동안 서울 살면서 오간 길이다.
> 약방에 들러 소화제를 사고
> 떡집을 지나다가 잠깐 다리쉼을 하고
> 동향인 언덕바지 방앗간 주인과 고향 소식을 주고받다가,
> 마지막엔 동태만을 파는 좌판 할머니한테 들른다.
> 그의 아들은 어머니의 손자와 친구여서
> 둘은 서로 아들 자랑 손자 자랑도 하고 험담도 하고
> 그러다 보면 한나절이 가고,
> 동태 두어 마리 사 들고 갔던 길을 되짚어 돌아오면
> 어머니의 하루는 저물었다.
>
> (「정릉동 동방주택에서 길음시장까지」 부분)

어머니는 동생네 집과 딸네 집에 다녀가라는 부탁이 있어도 가지 않았다.

아들인 시인은 외국의 여러 곳을 여행하며 많은 것을 보았다. 그러나 아들 신경림은 집에서 길음시장까지만 오가며 산 어머니가 아들보다 더 많은 것을 보다가 영원한 저세상으로 갔다는 것을 늘그막에야 깨닫는다.

어머니는 철학자 칸트가 80 평생에 외국의 강연 청탁에도 가지 않고 고향에서만 살다가 별세한 것을 연상시킨다.

"하늘에는 무수한 별이 있지만 내 가슴에는 하나의 도덕율이 있다"고 칸트는 말했다.

신경림은 삶의 본질적 구체성을 담은 시만 쓰다가 갔다.

부록

■ (사)한국가톨릭문인협회 제21대 임원명단 ■

지도신부 : 김치헌 바오로
평 의 원 : 조광호 엘리지오 고문신부, 구중서 분도, 신중신 다니엘,
　　　　　조창환 토마스아퀴나스, 오정희 실비아, 신달자 엘리사벳,
　　　　　김수복 스테파노, 오정국 다니엘, 허형만 가브리엘
이 사 장 : 이인평 아우구스티노
부이사장 : 이애진 수산나, 정해현 베네딕도
감　　사 : 박복금 스콜라스티카, 최성진 프란치스코
사무총장 : 정해현 베네딕도
사무국장 : 강진주 로사
기획간사 : 배효주 엘리사벳, 노미영 글라라,
사업간사 : 유수화 아녜스, 손현진 요세피나, 박진호 치릴로
홍보간사 : 양미숙 에스텔, 정택영 에드워드
출판간사 : 정지윤 베로니카, 이도훈 바오로

▪ (사)한국가톨릭문인회 연혁 ▪

1970년 〈한국가톨릭문우회〉 발족
    장소: 이효상 아길로 국회의장 공관
    참석: 구상 세례자 요한, 김남조 마리아 막달레나, 이서구 요셉,
        이석현, 임중빈, 이효상 아길로(6인)

1970~1973년 〈제1대 회장: 이서구 요셉(희곡)〉
    ＊가톨릭 신자 문인들의 모임을 추진하며 친선 도모에 힘씀
    ＊가톨릭 신자인 문인들의 역할과 필요성 논의
    ＊소모임 확장에 힘씀
    ＊단체의 성격으로 발전시키는 데 노력

1974~1976년 5월 7일 〈제2대 대표간사: 구상 세례자 요한(시)〉
1974년 3월 18회 총회 개최
1974년 3월 30일 제1차 간사 회의, 3개월에 1회의 정례 연구모임을
    갖기로 함
    대표간사: 구상 세례자 요한
    기획간사: 이석현, 연구간사: 김남조 마리아 막달레나
    재무간사: 김창수, 총무간사: 구중서 분도, 홍보간사: 임중빈
1974년 4월 8일 단체의 성격으로 전환(회원 45명)
    간사 체제로 운영
1974년 4월 26일 제1차 정례 연구모임
    연제: 영성신학에 관하여
    강사: 최민순 요한 신부
    장소: 장충동 분도회관
1974년 7월 20일 제2차 정례 연구모임

연제: 현대 세계에 있어서의 가톨릭교회와 철학적 제 문제
강사: 정의채 바오로 신부(가톨릭대학 철학과 교수)
장소: 장충동 분도회관
1974년 5월 26일 제8차 가톨릭 세계홍보의 날 행사
미사집전: 김수환 스테파노 추기경
강연 주제: 한국가톨릭 홍보 종사자들의 과제
연사: 구상 세례자 요한
영화상영: 현대의 데레사 수녀
장소: 명동대성당 지하 성당
1974년 10월 18일 제3차 정례 연구모임
연제: 순교사화(잘 알려지지 않은 한국성인 세 분에 대하여)
강사: 오기선 요셉 신부님
장소: 장충동 분도회관
1975년 1월 16일 신년축하 및 공동수상집 출판기념회
『존재 둘레의 사색』(성바오로출판사)
미사집전: 김수환 스테파노 추기경
장소: 장충동 분도회관
1975년 4월 28일 이석현 간사 캐나다 이민 환송 및 동시집 출판기념회
『가을 산마을』
장소: 동해루
1975년 5월 26일 정기총회 및 출판기념회
『한국가톨릭문학 연간작품집』
(광문출판사)
장소: 장충동 분도회관
1975년 9월 15일 제3차 정기모임 초청 강연
주제: 원인에 관하여
강사: 강성위 박사
장소: 장충동 분도회관

1976년 1월 7일 신년회 및 강연
  주제: 공동선의 의미
  강사: 오경환 프란치스코 신부
  토의: 문우회 공동저서 발간에 대해
  장소: 장충동 분도회관
1976년 1월 29일 공동수상집 『아담에게 하와에게』 원고청탁
  주제: 신자 문필인의 '이성관' 또는 자유 주제
  마감: 1976년 2월 25일

1976년 5월 7일~1979년 5월 18일
〈제3대 대표간사: 구상 세례자 요한(시) 연임〉
1976년 5월 7일 정기총회, 임원 개선 및 강연
  대표간사: 구상 세례자 요한,
  기획간사: 홍윤숙 데레사, 연구간사: 김남조 마리아 막달레나
  재무간사: 김창수, 총무간사: 구중서 분도, 홍보간사: 임중빈
  주제: 문학 소재로서의 한국천주교회사
  강사: 최석우 안드레아 신부
1976년 10월 6일 가톨릭문우회 정기모임
  주제: 현대 가톨릭과 문학
  강사: 구중서 분도
  장소: 장충동 분도회관
1977년 1월 24일 가톨릭문우회 정기모임
  주제: 비교사상의 방법론
  강사: 변구룡 박사(파리대학)
  장소: 장충동 분도회관
1977년 5월 30일 정기총회 및 공동수상집 출판기념회
  『아담에게 하와에게』(가톨릭출판사)
  장소: 장충동 분도회관

1977년 9월 13일 가톨릭문우회 정기모임
    주제: 이스라엘의 시 정신
    강사: 서인석 야고보 신부
    장소: 장충동 분도회관
1977년 11월 26일 가톨릭문우회 피정
    지도: 박병해 스테파노 신부(가르멜 수도회 지도신부, 영성신학)
    장소: 서울 상지회관
1978년 1월 10일 문우회원 공동수상집 원고청탁
    가제: 『신앙의 길목에서』
    주제: 나의 신앙생활
    분량: 200자 원고지 15장 내외 1편
    마감: 1978년 2월 10일
1978년 5월 31일 정기총회 및 선종회원 강윤희 선생 연미사
    미사집전: 고종옥 마태오 신부(캐나다 거주, 소설가)
    장소: 장충동 분도회관
1978년 9월 25일 가톨릭문우회 정기모임
    주제: 문학 속의 죽음
    강사: 이인복 마리아(문학평론가)
    장소: 장충동 분도회관
1979년 2월 5일 공동수상집 『신앙의 길목에서』 출판기념회 및 강연
    주제: 미 아이오아대학교 세계작가 워크숍 참석 소감
    강사: 김윤식 교수(서울대학교)
    장소: 동해루 2층

1979년 5월 19일~1983년 3월 18일
    〈제4대 대표간사: 김남조 마리아 막달레나(시)〉
1979년 5월 19일 정기총회, 임원 개선 및 강연
    주제: 서양인이 본 한국인의 종교관

　　　　연사: 여동찬 르레지오 신부(외대교수)
　　　　장소: 명동성당 구내 가톨릭출판사 2층
1981년 7월 19일 천진암 성지순례 및 야유회
1981년 11월 회원수첩 제작 자료 수집
　　　　수집내용: 성명, 본명, 소속본당, 문학장르, 주요작품 및 저서,
　　　　　　　　　자택 및 직장주소, 전화번호, 명함판 사진 1매
　　　　마감: 11월 21일
1981년 12월 12일 가톨릭문인회 정기모임, 공동수필집 출판기념 및
　　　　회원 명부 배부, 회원들의 저서 출간 자축, 강연
　　　　주제: 신심생활의 이런저런 이야기
　　　　강사: 구상 세례자 요한
　　　　장소: 한림원韓林苑(남영동)
1982년 1월 회원 신앙수필집 원고청탁
　　　　주제: 나의 기도문(기도에 대한 묵상), 그 외 신앙수필
　　　　마감: 2월 말
　　　　매수: 200자 원고지 20매 내외
1982년 5월 15일 가톨릭문우회 정기모임 및 문학강연
　　　　주제: 생활과 신앙, 문학과 인생
　　　　강사: 한무숙 클라라
　　　　장소: 한림원韓林苑(남영동)
1982년 10월 24일 미리내 성지순례
1982년 11월 20일『나의 기도문』(가제) 원고 마감
1983년 신앙수필집『나의 기도문』발간

1983년 3월 19일~1985년 5월 24일
　　　〈제5대 대표간사: 김남조 마리아막달레나(시) 연임〉
1983년 3월 19일 정기총회 및 임원 개선
　　　　대표간사: 김남조 마리아 막달레나

　　　　사업간사: 박광서, 연구간사: 성찬경 사도 요한
　　　　총무간사: 신중신 다니엘, 홍보간사: 신달자 엘리사벳
　　　　장소: 명동성당 사도회관
1983년 6월 12일 문우회 피정
　　　　특전미사, 〈꼴베 신부의 생애〉 영화감상, 묵상, 토의
　　　　장소: 명동 성바오로여자수도회
1984년 3월 31일 가톨릭문우회원 명부 제작 마감
1984년 4월 22일 제1회 〈부활시 낭송의 밤〉 개최
　　　　장소: 명동성당 사도회관 2층 강당
1984년 9월 22일 가톨릭문우회 정기모임
　　　　장소: 예원藝苑(인사동)
1984년 12월 22일 가톨릭문우회 송년회
　　　　장소: 예원藝苑(인사동)
1985년 1월 7일 신정 윷놀이 모임
　　　　장소: 이일향 세레나 회원 집
1985년 4월 7일 제2회 〈부활시 낭송의 밤〉 개최
　　　　장소: 명동성당 사도회관 2층 강당
1985년 4월 30일 가톨릭문우회원 공동수필집 원고 청탁
　　　　원고내용: 신앙수필(신작 1편)
　　　　원고분량: 200자 원고지 20매 내외
　　　　원고마감: 4월 30일

1985년 5월 25일~1987년 6월 22일
　　　〈제6대 대표간사: 한무숙 클라라(소설)〉
1985년 5월 25일 정기총회 및 임원 개선
　　　　대표간사: 한무숙 클라라
　　　　기획간사: 구혜영 모니카, 사업간사: 구현서 베드로
　　　　연구 간사: 박성룡, 총무간사: 김춘호 프란치스코

　　　　홍보간사: 김형영 스테파노
1985년 사업계획: 공동수필집 간행, 피정(10월), 문우회 주소록 발행,
　　　　　　　송년회 및 합동출판기념회
　　　　장소: 명동 성바오로서원 4층 회의실
1985년 12월 5일 문우회 공동 수필집『가장 소중한 만남을 위하여』출판
　　　　도서출판 제삼기획 사장 김춘호 프란치스코 후원으로 제작
　　　　(88년 중판 인쇄)
1986년 2월 28일 제3회〈부활시 낭송의 밤〉시 1편 원고 마감
1986년 4월 12일 제3회〈부활시 낭송의 밤〉개최
　　　　낭송: 김규동, 김남조 마리아 막달레나, 박성룡, 성찬경 사도
　　　　　　요한, 홍윤숙 데레사 등 22명
　　　　장소: 명동성당 사도회관 2층 강당
1986년 10월 12일 진천 배티성지 순례 및 야유회
1986년 9월 10일 신앙에세이집 원고청탁
　　　　주제: 자유
　　　　매수: 200자 원고지 15~20장 내외의 신작
　　　　마감: 1986년 12월 31일
1986년 12월 8일 송년회
　　　　장소: 퇴계로 3가 대림정 2층
1987년 4월 29일 부활 특별 강론
　　　　강사: 함세웅 아우구스티노 신부
　　　　장소: 가톨릭회관 3층 중강당

1987년 6월 23일~ 1989년 4월 15일
　　　〈7대 대표간사: 한무숙 클라라(소설) 연임〉
1987년 6월 23일 가톨릭문우회 정기총회 및 임원 개선
　　　　대표간사: 한무숙 클라라
　　　　기획간사: 구혜영 모니카, 사업간사: 이정호 요안나

    연구간사: 구중서 분도, 총무간사: 김춘호 프란치스코
    홍보간사: 김형영 스테파노
    장소: 가톨릭회관 3층 중강당
1987년 사업계획: 문우회 공동수필집 간행(11월), 피정, 성지순례,
            신앙강좌, 송년모임(12월), 문우회 주소록 발행
1987년 12월 5일 송년회 및 연간 수상집 출판기념회
    『들꽃 한 송이도 사랑인 것을』(제삼기획)
    장소: 퇴계로 3가 대림정 2층
1988년 4월 15일 부활절 가톨릭 문우회 정기모임 특별 강론 및 개정
    주소록 배부
    주제: 오늘의 한국 문학과 가톨릭시즘
    강사: 구중서 분도(문학평론가, 수원대학교 교수)
    장소: 가톨릭회관 3층 중강당
1988년 12월 9일 가톨릭문우회 송년회 및 회원주소록 배부, 신앙수필집
    원고청탁
    장소: 퇴계로 3가 대림정 2층

1989년 4월 16일~1993년 3월 13일
    〈제8대 대표간사: 홍윤숙 데레사(시)〉
1989년 4월 16일 정기총회 및 임원 개선, 1일 피정
    대표간사: 홍윤숙 데레사
    기획간사: 김여정 소화데레사, 사업간사: 전옥주 가타리나
    연구간사: 구중서 분도, 총무간사: 김형영 스테파노
    홍보간사: 정채봉 프란치스코
    주제: 〈교회의 토착화에 대하여〉
    강사: 김수창 야고보 신부(절두산 순교자박물관 관장)
    장소: 절두산싱딩
1989년 4월 제44차 성체대회 기념 시집과 산문집 원고청탁

주제: 성체와 평화

장르 및 매수: 시(동시,시조)-1~2편, 산문-15매 내외,
           소설-70매 이내

마감: 5월 30일

1989년 6월 4일 안양 수리산성지 순례 및 야유회

1989년 6월 15일 가톨릭문우회 성서연구반 모임, 월 2회 운영

강사: 심용섭 아우구스티노 신부(가톨릭대학 교수)

장소: 가톨릭대학교 성신교정

1989년 9월 5일 세계성체대회 기념 소설집 출판

『예수별곡別曲』(제삼기획)

1989년 9월 23일 제44차 세계성체대회 기념문집 출판기념회 및 문학의 밤

1부: 문집 출판기념회 (시집-오시는 임에게, 에세이집,
     소설집-예수별곡別曲) 3권

사회: 정채봉 프란치스코, 인사말: 홍윤숙 데레사

축사: 김수환 스테파노 추기경, 문집 봉정: 구혜영 모니카

2부: 문학의 밤

사회: 김홍신 리노, 시작기도: 김성태 토마스 신부

강론: 장익 십자가의 요한 신부

시낭송: 이정우 알베르토 신부, 이해인 클라우디아 수녀, 강계순 크리스티나, 구상 세례자요한, 김규동, 김남조 마리아 막달레나, 김여정 소화데레사, 김윤희 이레네, 김종철 아우구스티노, 박제천 아우구스티노, 배달순 사도 요한, 성권영, 성찬경 사도 요한, 정호승 프란치스코, 조순애 마리아, 신달자 엘리사벳, 신중신 다니엘, 유경환 클레맨스, 이영걸, 이유경 베드로, 이일향 세레나, 임영조

마침기도: 김규영 토마스 아퀴나스

         장소: 가톨릭회관 3층 대강당
1989년 10월 8일 제44차 세계성체대회 각국 대표단 영접
         대표: 한무숙 글라라, 구중서 분도
1989년 12월 7일 임시총회 및 송년회(90년도 회원 수첩 배부)
         장소: 동숭아트센터 2층 수정궁
1990년 4월 22일 배론 성지순례 및 야유회
1990년 5월 19일 가톨릭문우회 성서연구반 모임(월 2회)
         교재: 마태오 복음서
         강사: 정양모 바오로 신부(서강대학교 교수)
         장소: 서강대 종교신학연구소
1990년 제1회 1일 피정
         주제: 〈우리는 가톨릭 신자이다〉
         지도: 프란치스코 수도회 신부
         장소: 프란치스코 교육회관
1991년 4월 14일 남양 순교성지 순례
1991년 9월 29일 제2회 1일 피정
         주제: 〈우리는 가톨릭 신자이다〉
         지도: 프란치스코 수도회 신부
         장소: 프란치스코 교육회관
1991년 12월 5일 송년회 및 공동수상집 출판기념회
         『아름다운 것은 가장 오래 남는다』(제삼기획)
         장소: 동숭아트센터 2층 수정궁
1992년 4월 26일 공세리성지 순례
1992년 9월 27일 제3회 1일 피정
         주제: 〈우리는 가톨릭 신자이다〉
         지도: 정하권 플로리아노 몬시뇰(광주가톨릭대, 대구가톨릭대
               학장 역임)
         장소: 성바오로딸수도회

1992년 10월 5일 박병도 베르나르도 신부 출판기념회
  『어떨 땐, 그럴 땐, 이럴 땐』
  장소: 동숭아트센터 2층 수정궁
1992년 12월 9일 송년회 및 특별강연
  주제: 종교와 문학적 고뇌
  강사: 구상 세례자요한
  장소: 성베네딕도회 피정의 집

1993년 3월 14일~1995년 〈제9대 대표간사: 성찬경 사도요한(시)〉
1993년 3월 14일 정기총회 및 간사 선출
  특별강론: 장익 십자가의 요한 신부님 (주일미사)
  대표간사: 성찬경 사도요한(자료수집 중)
  장소: 세종로성당
1993년 9월 25일 가톨릭문우회 규약 배부
1993년 9월 25일 가톨릭문우회 작품집 원고 청탁
  장르: 수필(200자 원고지 20매 내외)
  마감: 1993년 12월 15일
1993년 10월 9일 가톨릭문우회 성서묵상모임(10~12월, 월 1회)
  과제: 욥기
  지도신부: 장익 십자가의 요한 신부
  장소: 세종로성당 사제관 2층 회의실
1994년 8월 5일 가톨릭문우회 작품집 『가장 아름다운 꽃』(성바오로출판사) 출판
1995년 1월 21일 〈가톨릭문학상〉 제정추진위원회 발족
  가톨릭문학상 운영에 관한 세칙 제정
  (1998년까지 기금 마련을 위해 애썼으나 여러 사정상 환불, 보류)

1996년~1998년 〈제10대 회장: 홍성유 토마스모어(소설)〉
      회장: 홍성유 토마스모어
      간사: 김영은 세실리아, 노순자 젬마, 박광서, 전옥주 카타리나
          (자료수집 중)
1996년 〈한국가톨릭문인회〉로 명칭 변경→대표 간사에서 회장 체제
1996년 조광호 엘리지오 신부를 지도신부로 초빙
      성지순례: 홍콩, 마카오, 심천(자료수집 중)
1997년 자료수집 중
1998년 자료수집 중

1999년 4월 12일~2002년 12월 10일
      〈제11대 회장: 구중서 분도(평론)〉
1999년 4월 12일 정기총회 및 간사 선출
      회장: 구중서 분도
      부회장: 이정호 요안나, 신중신 다니엘
      사업간사: 김영은 세실리아, 총무간사: 김형영 스테파노
      출판간사: 장진숙 엘리사벳, 홍보간사: 김현지 글라라
1999년 7월 3일 피정
      주제: 신학적 인간관과 문학
      강사: 심상태 세례자 요한 신부(수원가톨릭대 교수)
      장소: 성 베네딕도회 〈피정의 집〉
1999년 9월 14일 회원 〈김홍신 국회의원에 대한 고소 사건〉 취하
      진정서 제출
1999년 10월 13일 가톨릭 아카데미 〈수요문화강좌〉 개설
      주제: 종교와 문학적 고뇌−20세기 가톨릭문학을 중심으로
      강사: 구상 세례자 요한
      장소: 성베네딕도수도원 〈피징의 집〉
1999년 10월 27일 가톨릭 아카데미 〈수요토론마당〉 개설

　　　　주제: 언론의 이중성
　　　　발제: 조맹기 교수
　　　　토론: 진중권 선생—지성인들의 언론행위와 책임
　　　　장소: 성베네딕도수도원 〈피정의 집〉
1999년 10월 31일 해미성지 순례 및 야유회
　　　　월간 교양지『들숨날숨』과 공동 진행
1999년 11월 10일 가톨릭 아카데미 〈수요문화강좌〉 개설
　　　　주제: 이 시대의 희망
　　　　강사: 김남조 마리아 막달레나
　　　　장소: 성베네딕도수도원 〈피정의 집〉
1999년 11월 24일 가톨릭 아카데미 〈수요토론마당〉 개설
　　　　주제: 인간, 생명의 주관
　　　　발제: 김영진 교수, 토론: 이동익 레미지오 신부
　　　　장소: 성베네딕도수도원 〈피정의 집〉
2000년 1월 30일『한국가톨릭시선집』제1집 출판(도서출판 들숨날숨)
　　　　대구대교구 이문희 바울로 주교 후원, 대구가톨릭문인회와 공동 발간 추진
　　　　(가톨릭 신자 시인 300여 명 파악, 158명 시인이 보내온 시 수록)
　　　　편집위원: 이정우 알베르토 신부, 조광호 엘리지오 신부, 구중서 분도, 김형영 스테파노, 박해수 프란치스코, 신중신 다니엘, 이태수 아길로
2000년 4월 30일 미리내성지 순례
2000년 12월 7일 송년회,『한국가톨릭시선집』출판기념회,『회원수첩』배부
　　　　특별강론: 김산춘 사도요한 신부(서강대 강사)
　　　　장소: 성베네딕도수도회 〈피정의 집〉
2001년 4월 8일 배론성지 순례
2001년 12월 12일~13일 피정

주제: 해방
강의: 이제민 에드워드 신부, 조광호 엘리지오 지도신부
장소: 성베네딕도수도원〈피정의 집〉

2002년~2004년 〈제12대 회장: 신중신 다니엘(시)〉

회장: 신중신 다니엘
부회장: 김시태 프란치스코
감사: 안영 실비아, 구현서 베드로
기획간사: 이광복 프란치스코 카라치올로
사업간사: 장순금 젬마, 총무간사: 한광구 요셉-임한철 요한
출판간사: 한윤이 소피아, 이정원 체칠리아
홍보간사: 오정순 알비나, 윤지강 젬마

2002년 12월 11일 조광호 엘리지오 지도신부『막사발과 그림전』개막 축하행사
장소: 서울 백상회관

2002년 12월 12일 이정우 알베르토 신부 제7시집『사람의 길』출판 기념회
사회: 신중신 다니엘 회장
작품해설: 조창환 토마스 아퀴나스(아주대학교 교수)
장소: 서울 엠베서더호텔

2002년 12월 13일 송년회 및 총무간사 이·취임 (한광구 요셉-임한철 요한)
장소: 미성회관 3층

2003년 2월 회원 수첩 배포(총 336명)

2003년 5월 25일 피정
주제: 자비로운 어머니 교회
강의: 조광호 엘리지오 지도신부
장소: 서울 삼성산 성령 수녀원

2003년 10월 12일 배론성지 순례
2003년 12월 12일 송년회
      장소: 대림정 2층
2004년 11월 13일 피정
      주제: 현대인과 신앙생활
      강사: 김현태 루카 강화본당 주임신부(철학박사)
      주제: 참 종교인의 자세
      강사: 조광호 엘리지오 지도신부
      장소: 인천가톨릭대학교 청소년회관
2004년 12월 14일 송년회, 문학상 수상 축하, 문집출판기념회
      장소: 문학의 집·서울
2005년 1월 3일 제2집 『한국가톨릭시선』(도서출판 그루) 출판
      대구대교구 이문희 바울로 주교 후원, 대구가톨릭문인회와 공동 발간

2005년 2월 27일~2008년 3월 6일
      〈제13대 회장: 김형영 스테파노(시)〉
2005년 2월 26일 정기총회 및 임원선출
      회장: 김형영 스테파노,
      부회장: 조창환 토마스 아퀴나스, 한광구 요셉
      감사: 임기환 보나벤뚜라, 전옥주 카타리나
      운영위원: 김종철 아우구스티노, 김홍신 리노, 노순자 젬마, 신달자 엘리사벳, 유안진 글라라, 유홍종 베르나르도, 윤호병 빈첸시오, 이동진 비오, 이충우 안드레아, 정희성 토마스아퀴나스, 최인호 베드로, 한수산 요한크리소스토모
      기획간사: 정호승 프란치스코, 사업간사: 김정인 아녜스
      총무간사: 장진숙 엘리사벳, 출판간사: 오정국 다니엘

　　　　홍보간사: 김원석 대건안드레아
2005년 5월 1일 남양성모성지 순례
2005년 5월 그리스도교 문화영성 총서 제1집 원고청탁
　　　　주제: 십자가
　　　　형식: 시 1편
　　　　마감: 8월 15일
2005년 9월 16일 그리스도교 문화영성 총서 제1집 『詩와 십자가』(art & Caritas) 출간
　　　　인천가톨릭대학교 종교미술학부와 공동으로 펴냄
2005년 9월 23일 『그리스도교 미술 심포지엄』 개최
　　　　장소: 명동성당 및 평화화랑
2005년 11월 25일 송년회, 시낭송 및 『詩와 십자가』 출판기념회
　　　　특별강론 주제: 21세기 가톨릭의 여성
　　　　강사: 조광호 엘리지오 지도신부
2006년 4월 7일 [명사 초청 테마 강연회] 개최
　　　　주제: 천사에 대한 철학적, 신학적 고찰
　　　　강의: 조광호 엘리지오 지도신부
　　　　장소: 명동성당 코스트홀
2006년 4월 23일 충남 당진 솔뫼성지 순례
2006년 5월 그리스도교 문화영성총서 제2집 원고 청탁
2006년 9월 15일 그리스도교 문화영성 총서 제2집 『詩와 천사』(art & Caritas) 출간
　　　　인천가톨릭대학교 종교미술학부와 공동으로 펴냄
2006년 9월 23~24일 제1회 영성세미나
　　　　주제: 성경에 나타난 생명관
　　　　강사: 최혜영 엘리사벳 수녀
　　　　주제: 가톨릭문학과 생명
　　　　강사: 조창환 토마스 아퀴나스

　　　　　장소: 대전 가톨릭대 정하상 교육회관
2006년 10월 6일 제2회 영성 세미나
　　　　　주제: 예수는 정말 부활했을까
　　　　　강사: 이제민 에드워드 신부
　　　　　주제: 부활신앙과 신자 생활–부활시와 산문 낭독
　　　　　강사: 조광호 엘리지오 지도신부
　　　　　장소: 문학의 집·서울
2006년 11월 29일 송년회 및 『詩와 천사』 출판기념회, 2007년 회원수첩 배부
2007년 2월 23일 구상선생기념사업회 창립총회 참가
2007년 3월 30일 회원수첩 발송(총 365명)
2007년 익산 나바위성지 순례
2007년 5월 그리스도교 문화영성 총서 제3집 원고청탁
　　　　　주제: 부활
　　　　　형식: 시, 시조(28행 이내), 수필, 꽁트(15매 이내)
　　　　　마감: 7월 31일
2007년 9월 10일 그리스도교 문화영성 총서 제3집 『詩와 부활』(art & Caritas) 출간
　　　　　인천가톨릭대학교 종교미술학부와 공동으로 펴냄
2007년 12월 송년회 및 『詩와 부활』 출판기념회
　　　　　장소: 대림정

2008년 3월 7일~2010년 12월 8일
　　　〈**제14대 회장: 조창환 토마스 아퀴나스(시)**〉
2008년 3월 7일 정기총회 및 임원선출
　　　　　회장: 조창환 토마스 아퀴나스
　　　　　부회장: 노순자 젬마, 정호승 프란치스코
　　　　　감사: 오정국 다니엘, 이정원 체칠리아(미국이주, 감사변경–

　　　　　임나라 아녜스)
　　　운영위원: 김시태 프란치스코, 김원석 대건안드레아, 김종철 아우구스티노, 김춘추 루카, 김홍신 리노, 맹광호 이시도로, 박완서 정해 엘리사벳, 안영 실비아, 오정희 실비아, 유홍종 베르나르도, 이충우 안드레아, 전옥주 카타리나, 정희성 토마스 아퀴나스, 한광구 요셉, 한수산 요한크리소스토모
　기획간사: 장진숙 엘리사벳, 사업간사: 김선희 베로니카
　총무간사: 최영규 예로니모, 출판간사: 김소양 베로니카
　홍보간사: 최춘희 벨라뎃다
2008년 4월 25일 한국가톨릭문인회 소식지 창간호 발간
2008년 5월 17일 전주 초남이성지, 전동성당, 최명희 문학관 순례
2008년 6월 28일 제2호 소식지 발간
2008년 6월 29일 종교와 문학 학술세미나
　　주제: 〈시편〉의 종교문학적 성격
　　발제: 심규제 실베스텔 신부(작은형제회)
　　토론: 노순자 젬마(소설가)
　　주제: 한국 현대시에 나타난 가톨리시즘
　　발제: 김효중 마리아 글라라(대구가톨릭대학교 교수)
　　토론: 오정국 다니엘(시인, 한서대 교수)
　　장소: 명동 바오로교육관(샬트르성바오로수녀회)
2008년 10월 14일 그리스도교 문화영성 총서 제4집 『詩와 어머니』(art & Caritas) 출간
　　인천가톨릭대학교 조형예술대학과 공동으로 펴냄
2008년 11월 1일~2일 가을 피정
　　주제: 삶과 죽음 사이에서
　　강사: 조광호 엘티지오 시노신부
　　주제: 신학적 인간학-미켈란젤로의 그림을 중심으로

　　　　강사: 박준양 세례자 요한 신부
　　　　작은 음악회: 작곡가 변규백 창작곡 공연
　　　　장소: 여주 스승예수제자 수녀회 피정의 집
2008년 11월 20일 한국가톨릭문인회 역대 회장단 초청 간담회
2008년 12월 1일 제3호 소식지 발간
2008년 12월 12일 송년회
　　　　장소: 야래향
2008년~2010년 한국가톨릭문인회 사무실 마련 발전기금 모금,
　　　　조성된 기금, 차기 집행부로 이월함
2009년 4월 26일 해미성지 순례
2009년 5월 6일 가톨릭 신앙시화전
　　　　참석: 조광호 엘리지오 신부 그림과 김형영 스테파노, 마종기
　　　　　　　라우렌시오, 조창환 토마스 아퀴나스, 한광구 요셉 시
　　　　장소: 가톨릭회관 평화화랑
2009년 10월 10일 그리스도교 문화영성 총서 제5집 『詩와 빛』(art &
　　　　Caritas) 출간
　　　　인천가톨릭대학교 조형예술대학과 공동으로 펴냄
2009년 10월 24일 가을 피정
　　　　주제: 가톨릭 미술의 이해와 감상
　　　　강사: 조광호 엘리지오 지도 신부
　　　　　　　김정락(김종영미술관 학예실장)
　　　　장소: 인천가톨릭대학교
2009년 12월 7일 송년회 및 정기총회
　　　　장소: 문학의 집·서울
2010년 3월 5일 제4호 소식지 발간
2010년 3월 19일 한국가톨릭문인회 현판식 및 축성식
　　　　장소: 서울시 강남구 논현동 123번지 성바오로서원 3층
2010년 4월 17일 배론성지 순례

2010년 5월 15일 제3집 『한국가톨릭시선』 출판
　　　대구대교구 이문희 바울로 대주교 후원, 대구가톨릭문인회와
　　　공동 발간
2010년 10월 9일 가을 피정
　　　주제: 나의 문학과 신앙
　　　강사: 성찬경 사도 요한
　　　주제: 내 안의 나와 만나기
　　　강사: 노순자 젬마
　　　장소: 우이동 예수고난회 피정의 집
2010년 10월 15일 그리스도교 문화영성 총서 제6집 『詩와 문』(art &
　　　Caritas) 출간
　　　인천가톨릭대학교 조형예술대학과 공동으로 펴냄
2010년 12월 8일 송년회 및 신앙수필집 출판기념회
　　　『몸, 영혼의 거울』(도서출판 우리글), 회원수첩 배부(355명)
　　　장소: 문학의 집·서울

2011년 3월 5일~2014년 3월 7일
　　　〈제15대 회장: 김종철 아우구스티노(시)〉
2011년 3월 5일 정기총회 및 임원선출
　　　회장: 김종철 아우구스티노
　　　부회장: 김원석 대건 안드레아, 오정희 실비아
　　　감사: 안영 실비아, 유희봉 루카
　　　기획간사(사무국장): 장순금 젬마, 봉사간사: 이애진 수산나
　　　총무간사: 김소양 베로니카, 출판간사: 박민호 바오로
　　　홍보간사: 김춘성 프란치스코 드 살, 박성배 루카
　　　회계간사: 신혜솔 안나
　　　장소: 문학의 집·서울
2011년 3월 7일 역대 회장님 초청 간담회

2011년 3월 23일 제15대 출범 집행부 회의
2011년 4월 12일 제5호 소식지 발간
2011년 5월 7일 갈매못성지 순례
2011년 8월 13일~21일 이스라엘 성지순례
2011년 10월 15일 그리스도교 문화영성 총서 제7집 『詩와 성경』(art & Caritas) 출간
　　　　인천가톨릭대학교 조형예술대학과 공동으로 펴냄
2011년 11월 18일 제6호 소식지 발간
2011년 11월 22일 신당동 성당 데이케어센터 방문(시낭송 봉사)
2011년 12월 송년회 및 정기총회
　　　　2012년부터 집행부 활동에 사무국장 체제 도입-초대사무국장 장순금 젬마
2012년 2월 한국가톨릭문인회 사무실 이전-파주 출판단지 [문학수첩] 4층(경기도 파주시 회동길 503-1)
2012년 3월 28일 제7호 소식지 발간
2012년 4월 28일 미리내성지 순례
2012년 10월 13일 영성 세미나
　　　　1부 주제: 니사의 그레고리우스와 아가 강화
　　　　　　강사: 김산춘 사도요한 신부
　　　　2부 주제: 자아 성찰을 위한 미술 치유
　　　　　　강사: 오정순 알비나
　　　　장소: 문학수첩 출판사 강당
2012년 11월 8일 요셉의 집 방문(구호물품 전달)
2012년 11월 무크지 편집 회의(원고청탁, 정리, 교정 등)
2012년 12월 1일 제8호 소식지 발간
2012년 12월 10일 송년회
　　　　장소: 문학의 집・서울
2013년 4월 8일 무크지 창간호 출판『한국가톨릭문학』(문학수첩)

2013년 5월 4일 죽산성지 순례
2013년 10월 2일~5일 일본 나가사키 성지순례
2013년 12월 1일 제9호 소식지 발간
2013년 12월 9일 송년회
　　　　장소: 문학의 집 • 서울

2014년 3월 8일~2016년 3월 4일
　　　〈제16대 회장: 오정희 실비아(소설)〉
2014년 3월 8일 신년미사 및 정기총회, 회장 이 · 취임식, 임원소개
　　　　새 지도신부로 김산춘 사도요한 신부 초빙〈조광호 엘레지오 신부 이임〉
　　　　회장: 오정희 실비아
　　　　부회장: 임나라 아녜스, 장순금 젬마
　　　　감사: 유희봉 루카, 이창건 승훈베드로
　　　　사무국장: 김정인 아녜스(미국이주, 사무국장 –김선희 베로니카)
　　　　총무간사: 신혜솔 안나, 간사: 김춘성 프란치스코 드 살, 배효주 엘리사벳, 송미란 프란체스카 로마나, 양미숙 에스텔, 이애진 수산나
2014년 4월 26일 연례 봄 성지순례(60명)
　　　　미사집전: 김산춘 사도요한 지도신부
　　　　장소: 공세리성당
2014년 6월 제10호 소식지 발간
2014년 7월 5일 제15대 김종철 아우구스티노 회장 선종
2014년 7월 16일 16대 집행부 회의
　　　　장소: 교육문화회관
2014년 8월 18일 역대 회장님 초청 간담회
2014년 9일 2일 16대 집행부 회의
　　　　장소: 사당역 파스텔시티 6층

2014년 9월 20일 음악피정(60명)
    강사: 박유진 바오로 신부
    장소: 한국가톨릭문화원
2014년 11월 1일 '위령성월' 작고한 가톨릭 문인회 회원들을 기리는 추모 미사
    미사집전: 김산춘 사도요한 지도신부
    장소: 서강대학교 사제관
2014년 11월 사무실 이전-서울시 영등포구 여의도동 13번지 진미파라곤 727호
2014년 11월 회원주소록 총정리: 우편번호, 도로명주소로 바뀜
    〈최종 확인 회원 338명〉
2014년 12월 제11호 소식지 발간
2014년 12월 8일 송년의 밤(55명)
    장소: 문학의 집·서울
2015년 3월 7일 신년미사 및 정기총회
    미사집전: 김산춘 사도요한 지도신부
    장소: 문학의 집·서울
2015년 4월 1일 제4집 『한국가톨릭시선』(도서출판 그루) 출판
    대구대교구 이문희 바울로 대주교 후원, 대구가톨릭문인회와 공동 발간
2015년 4월 11일 부활 봄 피정, 특강 및 주일특전미사
    주제: 단테 신곡과 문학적 구원
    강사: 박상진 부산외대 교수
    미사집전: 김산춘 사도요한 지도신부
    장소: 라자로마을 아론의 집
2015년 5월 20일 제12호 소식지 발간
2015년 7월 2~6일 일본 북해도 수도원 문학기행
2015년 8월 27일 16대 집행부 회의

2015년 9월 12일 가을 성지순례(50명)
　　　미사집전: 김산춘 사도요한 지도신부
　　　장소: 풍수원성당
2015년 10월 12일 홍윤숙 데레사 제8대 대표간사 선종
2015년 9월 19일 구중서 분도 제11대 회장 문학비 제막식 참가
　　　장소: 경안천 습지공원
2015년 10월 20일 제13호 소식지 발간
2015년 12월 7일 송년감사미사 및 사화집 제3집 출판기념회
　　　『나는 누구인가』(책만드는집), 수첩 배부(356명)
　　　미사집전: 김산춘 사도요한 지도신부
　　　장소: 예술의 기쁨

2016년 3월 5일~2018년 2월 9일
　　　〈제17대 회장: 신달자 엘리사벳(시)〉
2016년 3월 5일 축복미사 및 정기총회, 회장 이·취임식, 임원소개
　　　회장: 신달자 엘리사벳
　　　부회장: 이승하 프란치스코, 주연아 안젤라
　　　감사: 방지원 세실리아, 이순아 도미니카
　　　사무국장: 김선희 베로니카, 총무간사: 한경옥 말가리다
　　　간사: 박진호 치릴로, 송미란 프란체스카 로마나, 양미숙 에스텔,
　　　　　이승용 데레사
　　　미사집전: 김산춘 사도요한 지도신부
　　　장소: 예술의 기쁨
2016년 5월 20일 제14호 소식지 발간
2016년 7월 9일 여름 숲 자연과 함께하는 피정
　　　강의: 황창연 베네딕도 신부
　　　장소: 강원도 평창 〈성필립보생태마을〉
2016년 9월 8일 비영리 단체 한국가톨릭문인회 사단법인 승인

2016년 9월 24일 사무실 기금 마련 1차 바자회
　　　　장소: 예술의 기쁨
2016년 9월 30일 (사)한국가톨릭문인회 사무실 구입
　　　　서울시 종로구 돈화문로11길 29 낙원오피스텔 804호
2016년 10월 8일 연례 가을피정 및 특강 및 주일특전미사
　　　　주제: 교회건축과 전례
　　　　강의: 김광현 안드레아(서울대학교 건축학과 교수)
　　　　미사집전: 김산춘 사도요한 지도신부
　　　　장소: 서강대 예수회 본부 106호
2016년 10월 22일 〈시와 더불어 70년〉 강연회 개최
　　　　강사: 김남조 마리아 막달레나
　　　　참석: 김동길, 고은, 김훈, 이어령, 김후란 크리스티나, 신달자
　　　　　　엘리사벳 시인 등
　　　　장소: 평창동 영인문학관
2016년 11월 29일 사무실 축복식, 대림 1주간부터 업무 시작
　　　　서울시 종로구 돈화문로 11길 29, 804호(낙원오피스텔)
2016년 12월 15일 제15호 소식지 발간
2017년 2월 11일 신년축복미사 및 정기총회
　　　　장소: 예술의 기쁨
2017년 3월 23일 연례 피정
　　　　주제: 자신 껴안기
　　　　강사: 황창연 베네딕도 신부
　　　　장소: 예술의 기쁨
2017년 사화집 원고청탁 7월 31일 마감
　　　　주제: 자신의 본명이나 존경하는 분의 본명에 대한 작품
2017년 5월 31일 제16호 소식지 발간
2017년 9월 9일 사무실 대출금 청산 2차 바자회
　　　　장소: 예술의 기쁨

2017년 10월 20~22일 해외성지순례-일본 아키타 〈눈물 흘리는 성모 성지〉

2017년 11월 3일 제17회 성음악 발표회
  장소: 가톨릭대학교 교회음악대학원 최양업홀

2017년 11월 30일 역대 회장단 초청 간담회
  안건: 제18대 이사장 선출, 김수복 스테파노 내정

2017년 12월 1일 제15대 故 김종철 아우구스티노 회장 시비 제막 - 부산 구덕문화공원

2017년 12월 6일~ 2018년 1월22일 조광호 엘리지오 고문신부님 전시회
  장소: 인천 케이아트미디어갤러리

2017년 12월 20일 제17호 소식지 발간

2018년 2월 10일~2020년 2월 14일
〈제18대 이사장: 김수복 스테파노(시)〉

2018년 2월 10일 신년축복미사 및 정기총회, 임원소개, 사화집 제4집 출판기념회 『사람에게 이름은 무엇인가』(책마루)
  이사장: 김수복 스테파노
  부회장: 오정국 다니엘, 정두리 세라피나
  감사: 방지원 세실리아, 이인평 아우구스티노
  사무국장: 이애진 수산나
  기획간사: 권현지 에우세비아, 신정아 스텔라
  사진간사: 박진호 치릴로, 양미숙 에스텔
  총무간사: 김영 요비타엘리사벳, 행사간사: 고연희 베로니카
  홍보간사: 홍보영 엘리사벳
  미사집전: 김산춘 사도요한 지도신부
  장소: 예술의 기쁨

2018년 4월 3일 사단법인 등기서류 변경(종로세무서)

2018년 5월 19일 남양성모성지 순례

2018년 6월 8일 김산춘 지도신부 사제 수품 25주년 은경축 미사, 기념문집 출판기념회 『나를 넘어 당신 안에서』(문학수첩), 북콘서트 (서강대 이냐시오성당)

2018년 7월 7일 제18호 소식지 발간

2018년 10월 6일 연례 가을피정

    장소: 서울 절두산 순교성지

2018년 12월 12일 제19호 소식지 발간

2019년 1월 26일 신년축복미사 및 정기총회

    미사집전: 김산춘 사도요한 지도신부

    장소: 예술의 기쁨

2019년 5월 25일 연례 봄 성지순례

    미사집전: 김산춘 사도요한 지도신부

    장소: 솔뫼성지

2019년 7월 3일 제20호 소식지 발간

2019년 7월 10~8월 10일 사화집 원고청탁

2019년 10월 26일 주일특전미사 및 가을피정, 특강, 사화집 제5집 출판기념회 『흰 수염 나무의 고백』(황금마루)

    주제: 고대철학에서 배우는 삶의 기예―자기 배려와 관조

    강사: 최대환 세례자 요한 신부(가톨릭대 교수)

    미사집전: 김산춘 사도요한 지도신부

    장소: 예술의 기쁨

2019년 11월 15일 제21호 소식지 발간

2020년 1월 20일 19대 임원 상견례

    안건: 2020년 사업계획안 논의

    장소: 싱글벙글복어

2020년 2월 15일 〈제19대 이사장: 오정국 다니엘(시)〉

2020년 2월 15일 창립 50주년 감사미사 및 정기총회, 이사장 이·취임식, 임원소개, 조광호 엘리지오 고문신부 감사패 전달
　　　이사장: 오정국 다니엘
　　　부이사장: 방지원 세실리아, 이인평 아우구스티노
　　　감사: 김태호 라우렌시오, 이애진 수산나
　　　사무국장: 송미란 프란체스카 로마나
　　　기획간사: 강진주 로사, 오승희 마리헬레나
　　　사진간사: 박진호 치릴로, 양미숙 에스텔
　　　총무간사: 이정남 노엘라, 행사간사: 고연희 베로니카
　　　홍보간사: 이선재 소화데레사, 홍보영 엘리사벳
　　　미사집전: 김산춘 사도요한 지도신부
　　　장소: 예술의 기쁨
2020년 3월 4일 18대 집행부로부터 인수인계
2020년 3월 20일부터 봄 성지순례 참가 신청 접수
2020년 4월 2일 19대 출범 및 임원회의, 선임장 수여식
　　　안건: 2020년 사업계획 및 회칙 개정 논의, 한국가톨릭문인회 창립 50주년 기념문집, 회원수첩 제작, 성지순례, 피정, 카카오톡 단체방 및 밴드 개설, 연회비 미납 회원 안내 방안 및 80세 이상 회원 회비 면제, 제22호 소식지 편집 방향 논의
　　　장소: 문인회 사무실
2020년 4월 4일 제22호 소식지 원고청탁
　　　조광호 엘리지오 고문신부, 구자명 임마꾸라따, 김남조 마리아 막달레나, 이봉하 디모테오 수사, 이인복 마리아
2020년 4월 4일 1차 문인회 카카오톡 단체방, 밴드 개설
2020년 4월 5일~5월 5일 2016년부터 2020년까지 연회비 납부내역 총정리
2020년 5월 8일 사단법인 19대 임원변경 등기(종로세무서)

2020년 5월 10일부터 연회비 납부 현황 안내 개인 카톡 및 문자 발송
2020년 5월 16~17일 봄 성지순례(영광) '코로나19'로 6월로 연기
2020년 5월 20일 제22호 소식지 편집(회계, 출간 및 수상소식 정리)
2020년 5월 30일 임원회의 (김산춘 지도신부 참석)
        안건: 한국가톨릭문인회 창립 50주년 기념문집 편집 방향,
            제22호 소식지 발송 논의
        장소: 국립중앙박물관
2020년 6월 3일 제22호 소식지 발간
2020년 6월 4일 제22호 소식지 발송, 간사 회의
        장소: 문인회 사무실
2020년 6월 10일~8월 30일 〈50주년 기념문집〉 원고 모집
        시, 시조, 동시(제목, 이름 포함 23행 이내), 수필(13매 이내),
        소설, 동화(18매 이내), 희곡, 평론
2020년 6월 15일 2차 카카오톡 단체방 개설
2020년 6월 19일 봄 성지순례 9월로 연기
2020년 7월 1일 문인회 카페에 손님, 카페회원, 닉네임 회원 일괄 정리
2020년 7월 21일 임원회의
        안건: 회칙 개정안 논의
        장소: 문인회 사무실
2020년 8월 4일 평의회
        안건: 창립 50주년 회고 원고청탁, 회칙 개정 자문
        장소: 문인회 사무실
2020년 8월 10일 제23호 소식지 원고청탁
        강순아 레지나, 이용식 안토니오, 이원우 아우구스티노, 장성자
        글라라
2020년 8월 30일『50주년 기념문집』원고 마감
2020년 9월 예정 성지순례 10월로 연기
2020년 9월 1일 피정(노틀담수도원) '코로나19'로 취소

2020년 9~10월 한국가톨릭문인회 〈50주년 기념 회원수첩〉 제작, 자료 취합(사진, 우편번호, 주소, 이메일, 전화번호)

2020년 9월 8일 임원회의
 안건: 50주년 기념문집 표지화, 제호 및 편집 논의, 제23호 소식지 편집 방향, 80세 이상 회원 회비면제 논의
 제호: 『은총이 꽃으로 서 있다』 결정-한분순 글라라 선생 작품명
 표지화: 조광호 엘리지호 고문신부, 제호 글씨: 고은희 동양화가
 장소: 문인회 사무실

2020년 10월 성지순례 '코로나19'로 취소

2020년 10월 12일 제23호 소식지 기획특집 [내 인생을 바꾼 한 권의 책] 취합

2020년 10월 15일 제23호 소식지 편집(회계, 출간 및 수상소식 정리)

2020년 11월 3일 제23호 소식지 발간 및 발송, 간사회의
 장소: 문인회 사무실

2020년 11월 16일 『회원수첩』 편집

2020년 11월 28일 한국가톨릭문인회 50년 연혁 총정리

2020년 12월 15일 임원회의(김산춘 지도신부 참석)
 안건: 2021년 정기총회 및 사업계획
 장소: 문인회 사무실
 2022년 12월 16일부터 50주년 기념문집 『은총이 꽃으로 서 있다』 선주문 접수

2020년 12월 20일~30일 정기총회 및 출판기념회 참가 신청 접수

2020년 12월 25일 창립 50주년 기념문집 발간
 『은총이 꽃으로 서 있다』(황금마루)

2021년 1월 8일 임원회의
 안건: 정기총회 및 50주년 기념문집 출판기념회 장소 변경, 초대이사 후보 추천, 2021년 사업계획

　　　　　장소: 문인회 사무실
2021년 1월 24일 50주년기념문집 1차 발송, 간사회의
2021년 1월 25일 2020년 회계감사
　　　　　감사: 김태호 라우렌시오, 이애진 수산나
2021년 1월 30일 정기총회 및 50주년 기념문집 출판기념회
　　　　　『은총이 꽃으로 서 있다』(황금마루), 회칙 개정안 통과
　　　　　[문학의 집•서울]에서 개최할 예정이었던 정기총회 및 50주년 기념문집 출판기념회는 '코로나19' 사태로 문인회 사무실에서 개최
2021년 2월 1일 한국가톨릭문인회 회원수첩 발행
2021년 2월 3일 50주년 기념문집 2차 회원수첩 동봉 택배 발송
2021년 2월 9일 낙원오피스텔 토지 분쟁 소송비 50만원 분담
2021년 2월 10일 선임장 인쇄 및 케이스 제작
2021년 2월 15일 제13대 회장 김형영 스테파노 선종
2021년 2월 16일 임원회의 및 선임장 수여
　　　　　안건: 제24호 소식지 편집 방향 및 이사회 준비
　　　　　장소: 문인회 사무실
2021년 3월 4일 한국가톨릭문인회 제1대 이사회 개최, 선임장 수여식
　　　　　상임이사: 이사장 오정국 다니엘, 부이사장: 방지원 세실리아, 이인평 아우구스티노, 사무국장: 송미란 프란체스카 로마나
　　　　　이사: 구자명 임마꾸라따, 김계남 아녜스, 김선진 안젤라, 김영자 클라라, 김인숙 로사, 박수화 마리아, 박진호 치릴로, 양미숙 에스텔, 오길순 안젤라, 이성림 프리스카, 이원우 아우구스티노, 이진숙 데레사, 장순금 젬마, 정호승 프란치스코, 한경 줄리아, 허형만 가브리엘
2021년 3월 16일 제24호 소식지 원고 청탁서 발송
　　　　　조광호 엘리지오 고문신부, 김월준 파스칼, 김춘호 프란치스코, 정운헌 율리아, 최영규 예로니모

2021년 4월 27일 사무실 비치도서목록표 1차 정리
2021년 5월 12일 제24호 소식지 편집(회계, 출간 및 수상소식 정리)
2021년 6월 1일 제24호 소식지 발간, 발송 및 임원회의
        안건: 가을피정 장소 및 일정, 회원수첩 정오표 정리
        장소: 문인회 사무실
2021년 8월 18일 제25호 소식지 원고 청탁서 발송
        김산춘 사도요한 지도신부, 강계순 크리스티나, 신말수 비비안나, 이해인 클라우디아 수녀, 진길자 베로니카
2021년 8월 27일 사무실 비치도서목록표 2차 정리
2021년 9월 2일 임원회의 및 오정국 다니엘 이사장 시집출판기념회
        『재의 얼굴로 지나가다』(민음사)
        안건: 가을피정 준비, 제25호 소식지 편집 방향
        장소: 문인회 사무실
2021년 9월 10일 가을피정 특강 원고청탁
        김치헌 바오로 신부, 조현범 토마스 박사
2021년 9월 17일 가을피정 참가 신청 접수
2021년 10월 7일 평의회
        안건: 가을피정 일정 및 특강 안내, 이사회 개최, 회원현황 보고
        장소: 용수산
2021년 10월 8일 가을피정 책자 인쇄
2021년 10월 16일 가을피정
        제1강의 주제: 평신도 사도직과 신앙생활
        강사: 송익나시아 수녀(노틀담교육관)
        제2강의 주제: 조선 대목구 설정과 브뤼기에르 주교
        강사: 조현범 토마스 박사(한국중앙연구원)
        제3강의 주제: 문학과 종교
        강사: 김치헌 비오로 신부(서상내 녕분학과 교수)
        친교시간 : 소망초 봉헌과 사행시(묵주성월) 시상 및 자기소개,

신입회원 소개
미사집전: 김산춘 사도요한 지도신부
장소: 가회동 노틀담교육관

2021년 10월 19일 제25호 소식지 편집(회비, 출간, 수상소식 정리)
2021년 11월 1일 제25호 소식지 발간 및 발송, 간사회의
2021년 11월 25일 이사회(이사 총원 20명, 참석 13명 위임 7명)
  안건: 〈1부〉 한국가톨릭문인회 제20대 이사장(1人) 및 감사 (2人) 후보 투표, 선출
  〈2부〉 문인회 현황, 현 오피스텔 공사 건, 평의회 추천 후보명단 발표, 기타 건의사항
  장소: 문인회 사무실
2021년 12월 1일 평의회
  안건: 제20대 이사장(1人) 및 감사 (2人) 후보 내정
  장소: 용수산
2021년 12월 10일 정기총회 책자 편집
2021년 12월 22일 임원회의
  안건: 정기총회 장소 및 기념타올 제작, 친교시간 논의
  장소: 문인회 사무실
2021년 12월 25일 정기총회 준비 및 참가 신청 접수
2021년 12월 27일 사무실 비치도서목록표 3차 정리
2022년 1월 5일 2022년 정기총회 기념 타올, 감사패 제작
2022년 1월 12일 2021년 회계감사
  감사: 김태호 라우렌시오, 이애진 수산나
2022년 1월 13일 20대 임원 상견례
  안건: 2022년 사업계획안 논의
  장소: 문인회 사무실

2022년 1월 22일 〈제20대 이사장: 허형만 가브리엘(시)〉

2022년 1월 22일 신년축복미사 및 정기총회, 이사장 이·취임식, 임원소개, 오정국 다니엘 이사장 감사패 전달
　이사장: 허형만 가브리엘
　부이사장: 이애진 수산나, 이인평 아우구스티노
　감사: 이성림 프리스카, 정해현 베네딕도
　사무국장: 송미란 프란체스카 로마나
　기획간사: 노미영 글라라, 배효주 엘리사벳
　사진간사: 양미숙 에스텔, 최예원 글라라
　총무간사: 이정남 노엘라
　행사간사: 박진호 치릴로, 윤혜현 소피아
　홍보간사: 이도훈 바오로, 정지윤 베로니카, 정혜영 글라라
　미사집전: 김산춘 사도 요한 지도신부
　장소: 가회동 노틀담교육관
2022년 1월 30일 한국가톨릭문인회 로고 디자인 제정
　제작: 조광호 엘리지오 고문신부
　참석: 이사장 허형만 가브리엘
　　　　부이사장 이애진 수산나, 이인평 아우구스티노
　장소: 인천 가톨릭조형연구소
　로고설명: 십자가를 통한 구원의 신비를 샛별같은 예언적 사명으로 진리(진·선·미)의 파수꾼이 되자.
2022년 2월 15일 선임장 인쇄 및 케이스 제작
2022년 3월 16일 20대 출범 및 임원회의, 선임장 수여식
　안건: 문인회 로고 소개, 2022년 사화집 주제 및 편집 방향, 제26호 소식지 편집 방향, 서울시 종교단체 사업공모 건, 5월 성지순례, 6월 문학세미나
　장소: 인사동 산촌, 문인회 사무실
2022년 3월 17일 "한국문학에 나타난 가톨릭 정신" 세미나 원고청탁
　오정국 다니엘, 우찬제 프란치스코, 이경철 암브로시오, 이성림

　　　　　프리스카, 이승하 프란치스코
2022년 3월 18일 제26호 소식지 원고 청탁서 발송
　　　　　김산춘 사도요한 지도신부, 김영곤 시몬 신부, 김신운 대건안
　　　　　드레아, 나기철 프란치스코, 정주연 베로니카
2022년 3월 23일 이사회 및 선임장 수여식
　　　　　상임이사: 이사장 허형만 가브리엘, 부이사장 이애진 수산나,
　　　　　　　　　이인평 아우구스티노, 사무국장 송미란 프란체스카
　　　　　　　　　로마나
　　　　　이사: 김선진 안젤라, 김영자 클라라, 나고음크리스티나, 박경희
　　　　　　　　미카엘라, 박복금 스콜라스티카, 방지원 세실리아, 안영
　　　　　　　　실비아, 안홍진 알퐁소, 오정순 알비나, 이승하 프란치스
　　　　　　　　코, 이화은 요안나, 임병호 안토니오, 장순금 젬마, 최성진
　　　　　　　　프란치스코, 최영규 예로니모, 한경 쥴리아
　　　　　안건: 문인회 로고 소개, 2022년 사화집 주제 및 편집방향,
　　　　　　　서울시 종교단체 사업공모 건, 5월 성지순례, 6월 문학세
　　　　　　　미나
　　　　　장소: 인사동 산촌, 문인회 사무실
2022년 4월 4일부터 봄 성지순례 신청 접수
2022년 4월 14일 20대 임원변경등기신청(종로세무서)
2022년 4월 15일 서울시 종교문화예술 향유 확대를 위한 종교단체
　　　　　지원사업 공모 준비
2022년 4월 16일 정관 개정 1차 수정(법무사 자문)
2022년 4월 20일 조광호 엘리지오 고문신부님 동검도 채플 준공식
2022년 4월 20일 봄 성지순례책자 원고청탁
　　　　　김산춘 사도요한 지도신부, 조광호 엘리지오 고문신부
2022년 4월 27일 사무실 비치도서목록표 4차 정리
2022년 4월 29일 평의회
　　　　　안건: 문인회 로고 소개, 20대 임원명단소개 및 이사명단소개,

서울시 종교단체 사업공모 건, 2022년 사화집 주제, 5월 성지순례, 6월 문학세미나
장소: 용수산
2022년 5월 4일 서울시 종교단체 사업공모 신청
2022년 5월 10일 봄 성지순례책자 편집 및 인쇄
2022년 5월 11일 성지순례기념 딸기장바구니 제작
2022년 5월 14일 강화도 갑곶성지 및 동검도 채플 성지순례
특별강의: 동검도 채플
　　　　 - 모든 것이 낮은 목소리로 다가오는 섬
　　　　 - 동검도 갯벌 위에 펼쳐지는 생명과 사랑의 반주
　　　　 - 다시 떠나기 위해 잠시 머물다 가는 오늘 이 순간
　　　　 - 생명의 깨달음은 '마음의 가난'으로부터 옵니다.
강사: 조광호 엘리지오 고문신부
친교시간: 스승의 날 행사, 삼행시(동검도)시상 및 자기소개, 신입회원 소개, 회원출판기념회
특전미사집전: 김산춘 사도요한 지도신부
2022년 5월 16일 서울시 주무관 문인회 사무실 실사 방문
2022년 5월 20일 제26호 소식지 편집(회계, 출간 및 수상소식 정리)
2022년 5월 30일 제26호 소식지 발간, 발송 및 간사회의
2022년 6월 1일~8월 30일까지 2022년 사화집 원고청탁
시, 시조, 동시(제목, 이름 포함 23행 이내), 수필(13매 이내), 소설, 동화(18매 이내), 희곡, 평론
(제26호 소식지 원고청탁서 기재 및 단톡방, 개인별 문자 공지)
2022년 6월 15일 정관 개정 2차 수정(법무사 자문)
2022년 6월 20일 국회 문학세미나 책자 편집 및 인쇄
2022년 6월 22일 문학세미나기념수첩 1천부 제작
2022년 6월 30일 한국가톨릭문인회 세미나 개최
주제: 한국문학에 나타난 가톨릭 정신

  축사: 도종환 아우구스티노 국회의원
  좌장: 오정국 다니엘(전 한서대 교수, 본회 19대 이사장)
  발표1: 한국가톨릭문학의 위상과 방향
     - 우찬제 프란치스코(서강대 교수)
  토론1: 이성림 프리스카 (명지대 명예교수)
  발표2: 한국가톨릭문인 작품세계와 발자취
     - 이경철 암브로시오(문학평론가)
  토론2: 이승하 프란치스코(중앙대 교수)
  장 소: 여의도 국회의원 제2회의실
2022년 7월 22일 이사장, 부이사장, 국장, 총무 임시회의
2022년 7월 26일 가을 음악피정 장소 섭외(성음악아카데미 최양업홀)
2022년 8월 1일 이상철 안드레아 신부님 가을음악 피정 강의 원고청탁
2022년 8월 10일 임원회의
  안건: 가을피정 준비사항, 임시총회 정관 개정안 상정 토의
  장소: 문인회 사무실
2022년 8월 24일 이사회의
  안건: 가을피정, 임시총회 정관 개정안 상정 토의
  장소: 가회동 백년토종삼계탕
2022년 8월 26일 평의회
  안건: 가을피정, 임시총회 정관 개정안 상정 보고
  장소: 효창동 즐겁소
2022년 8월 27일 사무실 비치도서목록표 5차 정리
2022년 8월 30일 사화집 원고 마감
2022년 9월 14일 제27호 소식지 원고청탁
  조광호 엘리지오 고문신부, 남궁경숙 안나, 서향숙 로사리아, 유시연 레아, 임병호 안토니오
2022년 9월 15일 정관 개정 3차 수정(법무사 자문)
2022년 9~11월 사화집 작품 교정

2022년 9월 20일 회원명단 및 주소록 정리(회비 미납 회원 제명)

2022년 9월 29일 임원회의

 안건: 2022년 사화집 편집, 제27호 소식지 편집 방향, 가을 피정 일정

 제호:『결국은 빛이다』결정-김산춘 사도요한 지도신부 작품명

 표지화: 조광호 엘리지오 고문신부, 제호 글씨: 류상애 아녜스 수녀

2022년 10월 13일 가을음악피정 책자 인쇄

2022년 10월 15일 가을피정 및 임시총회, 연중 제29주일특전미사

 음악특강: 성가와 세상, 찬미시

 강사: 이상철 안드레아 신부(서울대교구 성음악위원회 위원장, 가톨릭 성음악아카데미 원장)

 친교시간: 삼행시(최양업)시상 및 자기소개, 신입회원 소개, 회원출판기념회

 특전미사집전: 김산춘 사도요한 지도신부

 장소: 중림동 성음악아카데미 최양업음악홀

[임시총회 안건: 정관 개정]

제1조(명칭) 이 법인은 "사단법인 한국가톨릭문인협회"(이하 "본회"라 한다)라 하고, 영문 표기는 "Korea Catholic Literary Writers Association"로 한다.

제7조(제명회원의 재가입) 5년간 연회비의 미납으로 자격이 상실된 회원이 재가입을 원할 시에는 제6조에 더하여 5년간 밀린 연회비를 완납하여야 한다.

제9조(회원의 탈퇴 및 사격상실) 정당한 이유 없이 5년 동안 회비를 미납할 경우에는 탈퇴의 의사표시로 간주하여 개별 통보 없이 다음 회계년도 1월 1일 기준으로 회원 자격이 상실된다.

제33조(회비) 1. 사제 및 수도자는 입회비와 당해 연회비를 납부하고 다음 해부터는 연회비를 면제하며, 평의원 또한 연회비를 면제한다.

2. 사무총장과 사무국장은 실무를 담당하는 기간은 회비를 면제하며, 모든 회원은 만 80세가 되는 당해부터 연회비를 면제한다.

제39조(사무처) 사무처에 사무총장 1명과 사무국장 1인을 두며 필요에 따라 사무국장 아래 사무차장을 둘 수 있다.

2022년 10월 20일 제27호 소식지 편집(회계, 출간 및 수상소식 정리)
2022년 10월 28일 제27호 소식지 발간
2022년 10월 31일 제27호 소식지 발송, 간사회의
2022년 11월 22일 연회비 납부 안내 단톡방 공지
2022년 11월 30일 연회비 미납 회원 개별공지
2022년 12월 7일 임원회의(이사장, 사무총장, 사무국장)
  안건: 2022년 사화집 출판 건, 정기총회 건, 특강 강사 섭외 건, 현수막 제작 건
2022년 12월 8일 2023년 정기총회 특강 원고청탁
  도종환 아우구스티노, 이기영 바오로 박사
2022년 12월 10일부터 사화집『결국은 빛이다』선주문 접수
2022년 12월 20일부터~31일까지 2023년 정기총회 참석 신청, 접수
2022년 12월 21일 20대 임원회의 및 허형만 가브리엘 이사장 시집출판기념회(김산춘 사도요한 지도신부 참석)『만났다』(황금알)
  안건: 2023년 정기총회 및 사화집 출판기념회, 신년축복미사
  장소: 문인회 사무실
2022년 12월 25일 사화집 1천 부 발행
2022년 12월 27일 사무실 비치도서목록표 6차 정리
2023년 1월 10일 본회 2022년도 회계감사

감사: 이성림 프리스카, 정해현 베네딕토
장소: 문인협회 사무실
2023년 1월 12일 사화집『결국은 빛이다』, 회원수첩, 기념타올, 복주머니 동봉 발송
2023년 1월 15일 가톨릭신문사, 가톨릭평화신문사에 정기총회 보도자료 이메일 발송
2023년 1월 28일 신년축복미사 및 정기총회, 사화집 제7집 출판기념회 『결국은 빛이다』
(황금마루)
문학특강: 문학은 우리에게 무엇을 주는가
강　　사: 도종환 아우구스티노(시인, 국회의원), 감사패 전달
건강특강: 식생활과 문명의 전환
강　　사: 이기영 바오로(시인, 식품학박사, 호서대 명예교수)
장　　소: 노틀담교육관
2023년 2월 27일 임원회의
안건: 봄 성지순례 및 제28호 소식지 편집, 원고청탁, 회원수첩 기재사항 논의
장소: 문인협회 사무실
2023년 3월 4일 송미란 프란체스카 로마나 제5회 경암문학상 수상
장소: 서울시 중구 구민회관
2023년 3월 6일 김남조 마리아 막달레나 회장 자택 병문안
2023년 3월 15일 만 80세 이상 연회비 면제회원 자료정리, 회원 저서 사무실 비치도서 목록 정리, 봄 소식지 원고청탁서 발송
시: 박봉준 요셉, 신경희 마리안나, 수필: 오정순 알비나
2023년 3월 16일 봄 성지순례지 서소문성지 1차 답사
2023년 3월 28일(화)~5월 7일(일) 김남조 마리아 막달레나 회장 『사랑하리 사랑하리』시화전 개최
장소: 김세중미술관

2023년 4월 12일 이사회
> 안건: 본회 사무실 토지분쟁소송 변호사 비용 및 재건축, 리모델링, 봄 성지순례, 제28호 소식지 편집, 기타 논의
> 장소: 문인협회 사무실
> 2024년 4월 14일 허형만 가브리엘 '작가와 함께하는 낭독의 밤' 행사개최
> 장소: 다시서점 문화공간

2023년 4월 20일 한국가톨릭문인협회 법인 체크카드 재발급 신청 (우리은행)

2023년 4월 25일 봄 성지순례지 서소문성지 2차 답사

2023년 4월 29일 봄 성지순례 및 부활 제4주일 특전미사
> 역사특강: 한국천주교회사 안에서의 서소문 밖 네거리 순교성지
> 강　　사: 백종원 마르코 신부(학예연구원)
> 장　　소: 서소문성지 역사박물관 명례방
> 미사집전: 김산춘 사도요한 지도신부, 김영곤 시몬 신부
> 성지순례 후 평의회 개최: 오후 5시
> 참　　석: 김산춘 사도요한 지도신부, 구중서 분도, 조창환 토마스 아퀴나스, 오정국 다니엘

2023년 4월 29일 성지순례 참석 회원: 정관개정안 문화체육부 등록 관계로 인감증명서 제출 및 인감 날인

2023년 4월 29일 최영규 예로니모 제13회 김구용시문학상 수상
> 장소: 부평문화사랑방

2023년 5월 11일 이해인 클라우디아 수녀 제26회 한국가톨릭문학상 수상
> 장소: 정동 프란치스코 교육회관

2023년 5월 17일 임원회의
> 안건: 정관개정안 주무관청 등록 진행사항 보고 및 제28호 편집방향, 기타 논의

장소: 문인협회 사무실
2023년 5월 20일 정채원 로사 제33회 편운문학상 수상
장소: 안성시 조병화문학관
2023년 5월 25 제28호 소식지 원고 마감
(회계 보고, 수상, 출간, 회원 동정)
2023년 6월 2일 제28호 봄 소식지 발행, 400부 발송
장소: 문인협회 사무실
2023년 6월 회원수첩 자료정리(사진, 이메일, 주소, 전화번호 변경 회원, 선종 및 제명 회원)
2023년 6월 12일 임원회의
안건: 본회 명칭 변경으로 인한 근조기(謹弔旗) 제작, 가을 성지 순례 단체 티 제작, 기타 논의
2023년 6월 10일 박제천 아우구스티노 선종
2023년 6월 18일 이규희 지따 선종
2023년 7월 5일 한국가톨릭문인협회 근조기(謹弔旗) 제작(2개)
2023년 7월 28일 김신운 대건 안드레아 한국문인협회 주관 제16회 한국문학백년상 수상
장소: 대한민국예술인센터
2023년 7월 30일 회원 저서 사무실 비치도서목록 정리
2023년 8월 회원수첩 자료정리(사진, 이메일, 주소, 전화번호 변경 회원)
2023년 8월 10일 박다윤 마틸다 선종
2023년 8월 11일 구중서 분도 회장 제21회 유심작품상 특별상 수상
장소: 인제 만해마을 문인의 집
2023년 8월 23일 임원회의
안건: 이사회, 평의회 날짜 변경, 가을 성지순례 안내책자 및 단체 티 제작 협의, 회원 수첩, 회원 저서 사무실 비치도 서목록표 발행 논의
장소: 문인협회 사무실

2023년 8월 30일 가을피정지 절두산성지 1차 답사
　　　　　장소: 절두산성지 성당, 역사박물관, 부활의 집 및 꾸르실료회관
2023년 9월 5일 임원회의
　　　　　안건: 제29호 소식지 편집 방향, 원고청탁 및 청탁서 발송
　　　　　동시: 선용 베드로, 시조: 권영춘 바오로, 동화: 김율희 임마누엘라, 꽁트: 최의선 세실리아
2023년 9월 8일 안영 실비아 제12회 황순원작가상 수상
　　　　　장소: 양평군 황순원문학촌소나기마을
2023년 9월 11일 본회 정관 변경 완료, 본회 명칭 변경 직인 제작(2개)
2023년 9월 19일 본회 개정정관 법인인감등기 완료
2023년 9월 20일 윤세중 프란치스코 선종
2023년 9월 23일 박봉준 요셉 제42회 강원문학상 수상
　　　　　장소: 강릉시 TG홀
2023년 10월 5일 가을 피정 가을피정지 절두산성지 2차 답사
　　　　　절두산성지 꾸르실료회관 특전미사 제대 및 책상정리, 기타 준비물 점검
2023년 10월 10일 김남조 마리아 막달레나 회장 선종(본회 제4~5대 대표간사 역임)
2023년 10월 14일 가을 피정
　　　　　부활의 집: 본회 제15대 김종철 아우구스티노 회장 및 선종 회원 추모기도
　　　　　절두산성당: 유해실, 한국천주교순교지박물관, 최종태 요셉 작가 초대전 관람
　　　　　문학 특강: 시(詩)에 대한 생각들
　　　　　강　　사: 이해인 클라우디아 수녀(자작시 엽서 선물)
　　　　　친교 시간: 회원 시낭송, 장기자랑
　　　　　장　　소: 절두산성지 꾸르실료회관
　　　　　이해인 클라우디아 수녀 저서 사인회

2023년 10월 15일 정두리 세라피나 제2회 풀꽃동시상 수상
　　　　장소: 공주시 풀꽃문학관
2023년 10월 20일 제29호 소식지 원고 마감(회계 보고, 수상, 출간, 회원 동정)
2023년 10월 27일 배종영 마태오 제10회 경북일보 주관 청송객주문학대전 시부문 동상
　　　　장소: 청송객주문학관
2023년 10월 30일 임원회의
　　　　안건: 제29호 소식지 발행 및 400부 발송, (단체 티, 안내책자 동봉 발송-가을 피정 신청 후 개인 사정으로 불참 회원)
　　　　장소: 문인협회 사무실
2023년 11월 3일 ~11월 14일까지 낙원오피스텔 엘리베이터 보수공사
2023년 11월 16일 임원회의
　　　　안건: 11월 29일 이사회, 12월 12일 평의회 준비 및 김남조 마리아 막달레나 회장 추모미사, 회원수첩 발송, 회원 저서 사무실 비치도서목록표 발행, 2024년 정기총회, 회계감사 날짜 논의
　　　　장소: 문인협회 사무실
2023년 11월 24일 배종영 마태오 제25회 여수해양문학상 본상
　　　　장소: 진남문화회관
2023년 11월 25일 박명영 카타리나 제15회 한반도문학아동문학상 수상
　　　　장소: 서울시 자생한방병원 강당
2023년 11월 27일 김남조 마리아 막달레나 회장 추모미사
　　　　주　　최: 김세중미술관
　　　　미사집전. 조광호 엘리지오 초대 지도신부, 김산춘 사도요한 지도신부
　　　　강　　소: 김세중미술관
2023년 11월 29일 이사회

안건: 2024년 차기 감사 2인 선출 및 이사장 후보 선출, 제3대 김치헌 바오로 신부 소개, 가을 피정 결과 보고 및 회원 수첩 발행, 회원 동정, 사무실 현판 제작, 2024년 정기 총회, 회계감사, 기타 논의
　　　장소: 문인협회 사무실
2023년 11월 30일 회원 수첩 주소 및 변경사항, 사무실 비치도서목록표 마감
2023년 12월 4일 유안진 글라라 제21회 서초문학상 대상 수상
　　　장소: 서초구청 2층
2023년 12월 5일 홍경자 베로니카 제42회 조연현문학상 수상
　　　장소: 대한민국예술인센터
2023년 12월 8일 박복금 스콜라스티카 제33회 관동문학상 수상
　　　장소: 강릉모루도서관
2023년 12월 9일 배종영 마태오 제34회 성호문학상 시부문 대상 수상
　　　장소: 안산문화예술의전당
2023년 12월 12일 평의회
　　　안건: 2024년 차기 임원 감사 2인 승인 및 이사장 선출, 제3대 김치헌 바오로 신부소개 인사, 가을피정 결과 보고 및 회원수첩 발행, 회원동정, 2024년 정기총회, 회계감사, 한국가톨릭문인협회 명칭 변경 사무실 현판식 거행, 기타 논의
　　　장소: 문인협회 사무실
2023년 12월 15일 정효모 베드로 제20회 부산가톨릭문학상 수상
　　　장소: 부산시 서면 영광도서 8층 문화홀
2023년 12월 16일 김도연 아녜스 제1회 한사랑문화예술인상 수상
　　　장소: 서울·문학의 집
2023년 12월 16일 방지원 세실리아 제7회 한국시원문학상 대상 수상
　　　장소: 국일관(종로)

2023년 12월 18일 전경애 젬마 제39회 펜문학상 소설 부문 수상
　　　　장소: 연세대학 동문회관
2023년 12월 19일 강병숙 안젤라 제28회 선사문학상 수상
　　　　장소: 강동구민회관
2023년 12월 22일 서달희 모니카 제2회 부여문학상 수상
　　　　장소: 부여문화원
2023년 12월 27일 임원회의 및 송년회
　　　　안건: 제3대 지도신부 김치헌 바오로 신부 소개, 2024년 정기
　　　　　　　총회 및 회계감사 일정, 김산춘 지도신부 영명축일 축하식
　　　　장소: 문인협회 사무실
2023년 12월 28일 허형만 가브리엘 이사장 제28회 중앙대문학상 수상
　　　　장소: 대청마루(인사동)
2024년 1월 3일 서혁수 스테파노 제7회 대한민국 베스트작가상 대상
　　　수상
　　　　장소: 한국문학세상 사무실
2024년 1월 10일 본회 2023년도 회계감사
　　　　감사: 이성림 프리스카, 정해현 베네딕토
　　　　장소: 문인협회 사무실
2024년 1월 12일 김인숙 로사 제9회 계간문예문학상 수상
　　　　장소: 이화회관 대강당

2024년 1월 20일 정기총회 및 이사장, 지도신부 이·취임식, 신년축복
　　　미사 및 회원수첩, 회원 저서 사무실 비치목록표 출판기념회,
　　　감사패 전달 및 위촉장 수여
　　　　이임 감사패: 허형만 가브리엘 이사장, 김산춘 사도요한 지도
　　　　　　　신부
　　　　취임 꽃다발: 제21대 이사장 이인평 아우구스티노, 제3대 지도
　　　　　　　신부 김치헌 바오로

고문변호사 위촉장 수여: 차진태 모세 회원
　　　문학 특강: 인공지능 시대와 인간 존재의 의미 – 감정
　　　강　　　사: 김치헌 바오로 신임 지도신부
　　　미사 집전: 김산춘 사도요한 지도신부, 김치헌 바오로 신임
　　　　　　　지도신부, 김영곤 시몬 신부
　　　장　　　소: 노틀담교육관(가회동)
　　　한국가톨릭문인협회 제20대 해단식
2024년 1월 24일 조한금 카타리나 제5회 수필미학문학상 수상
　　　장소: 대구매일신문사빌딩 11층
2024년 1월 25일 노혜봉 데레사 선종
2024년 1월 30일 정태수 스테파노 선종
2024년 2월 5일 차기 21대로 인수인계
　　　20대 사무총장 송미란 프란체스카 로마나 : 21대 사무총장 최예원 글라라
　　　20대 사무국장 이서은(정남) 노엘라: 21대 사무국장 강진주 로사
2024년 2월 14일 이사장단 회의
　　　이사장 이인평 아우구스티노, 부이사장 이애진 수산나, 부이사장 정해현 베네딕도, 사무국장 강진주 로사
　　　사무총장 최예원 글라라의 사임으로 정해현 부이사장이 사무총장직을 겸임하기로 함
2024년 2월 29일 임원(운영위원)회의 : 21대 임원 상견례 및 2024년도 운영 협의
2024년 4월 3일 이사회의 개최 : 법인 등기 서류 준비, 이사의 연회비 책정 등
2024년 4월 17일 평의원 회의 개최 : 평의원 상견례, 협회 문학상 제정 등 의논
2024년 4월 사단법인 대표자 변경, 허형만 → 이인평(이형로) 등기 완료

문화관광체육부 법인설립허가증 재발급 완료

종로세무서 고유번호증 재발급 완료

2024년 5월 22일 성춘복 토마스 모어 선종

2024년 5월 29일 임원(운영위원회)회의, 협회보 제30호 발행 및 발송

2024년 6월 1일 2024년 사화집 원고 모집 공지

2024년 6월 4일 김여정(정순) 소화 데레사 선종

2024년 6월 28일 송동균 바오로 선종

2024년 9월 28일 가을 성지순례 (70여 명)

    순례지 : 천진암 성지 → 양근성지 → 두물머리 탐방

    미사 : 천진암 성지 성모대성당

2024년 10월 31일 임원(운영)위원회의

    안건: 제31호 소식지 발행 및 발송, 장소: 문인협회 사무실

2024년 10월 10일 김남조 마리아 막달레나 1주기 추도식(숙명여대 백주년기념관)

2024년 10월 22일 평화방송 TV 취재 및 인터뷰 – 이인평 아우구스티노 이사장

2024년 10월 26일 박광호 모세 선종

2024년 12월 13일 협회 사무실 낙원오피스텔 관리단 임시총회 참석 (이사장, 사무총장)

2024년 12월 25일 사화집 『생태적 회개』 출간. (황금마루)

2024년 12월 31일 종무식

(사)한국가톨릭문인협회
2024년 사화집

생태적 회개

초판1쇄 인쇄, 발행 • 2024년 12월 25일

지은이 • (사)한국가톨릭문인협회
발행인 • 이인평 아우구스티노
책임편집 • 정해현 베네딕도
편집위원 • 이애진 수산나, 강진주 로사

출판등록 • 제2010-000158호
펴낸곳 • 도서출판 황금마루
주소 • 10914 경기도 파주시 번영로 55, 116-1503
전화 • 010-5286-6308
이메일 • iplee6308@hanmail.net

값 • 25,000원
ISBN • 979-11-88021-26-0

※ 이 책의 내용은 저작권법에 의해 무단 전재 및 복제를 금합니다.
※ 인지는 저자와 협의하여 생략합니다.
※ 잘못 만들어진 책은 교환해 드립니다.